漯河印记·文史资料集萃

百业春秋

政协漯河市委员会　编

吕　岩　主编

中国文史出版社

《漯河印记·文史资料集萃》编委会名单

序

漯河市政协主席　吕岩

沙河、颍河如两条闪亮的丝带，从漯河大地上穿境而过，亘古不息。她们忠实地记录了这块土地上演绎的故事。

远古时期，这里是先民们刀耕火种、开拓缔造的摇篮。一万年前，黎明时分，大岗之上响起“哼育！哼育！”的号子声，穿着兽皮、草裙的男女以打制石器、烧制陶器、狩猎采撷为生；八千年前，贾湖部落在悠扬的骨笛声中，走出地穴，走下干栏，把美酒洒向天空，祈愿稻粱早日成熟；越千年，郝家台上筑起了一座城，以黑陶的名义宣示着薪火相传、生生不息的文明；三代连绵交替，留下了动人的传说、英勇的故事、壮阔的城郭；两汉以降，汝水、颍水成为行政区划重要地标，流域之内渐趋繁盛，文化遗存星罗棋布；直至平汉铁路通车，河上街始现市镇雏形。

近现代以来，国家命运多舛，洪波涌起、激浊扬清，推翻“三座大山”成为主旋律。铁路工人在“二七”怒潮中率先觉醒，中国共产党的组织在三县生根发芽。北伐战争如火如荼，将士热血沃四岸；救亡图存浪潮席卷，民先春笋立百竿。抗日战争时期，先后走出了沈东平、赵伊坪、李曾志等著名英烈，也涌现出效信�、蔡永令、支天雷等地方武装和孤胆英雄。三年横扫残章，中国人民解放军二野四兵团诞生在此，“打过长江去，解放全中国”唱出了浩荡绝响。

新中国成立七十年，社会主义在探索中前进，汝颍大地同样发生着翻天覆地的变化。特别是改革开放的东风唤醒了城市和乡村，创造出一个个历史性的奇迹。1986年区划调整，漯河向区域性中心城市迈开新生的步伐；1992年创办内陆特区展示了敢为人先的胆识与气魄；南街村一枝独秀率先实现了亿元梦想；双汇集团日益增长成为全球领先。

七届漯河市政协恰逢三十而立，一批地方文史学者提出整理建市以来前三十年《漯河文史资料》的设想，这无疑是顺应文化复兴潮流，彰显地方文化特色之良策。文史资料工作是人民政协重要的基础工作，具有不可替代的“存史资政，团结育人”作用，支持这个动议理所当然。整理工作专班历时三年多的时间，从浩繁的文史稿中精选出689篇，逐篇审读，删繁补简，纠正讹误，做必要的注解和附录，达到了“去伪存真，去粗取精”的目标，并几经研讨，提出了按目分类的出版方案。

抚摸案头的十二册书卷，不能不感佩历届政协委员和社会各界人士的辛勤耕耘，赞叹三十年来政协文史工作者的孜孜追求。其成果必将成为漯河记忆里弥足珍贵的见证。

今天，漯河已经进入新时代，正阔步走在建设社会主义现代化，实现中华民族伟大复兴的新征程上。许多时点熠熠闪光，许多人事灿若星辉，也期待更多的人秉笔记录，让后来者因我们而更加自豪，也因我们而更加发愤。

本丛书定稿恰逢中国共产党百年华诞，谨以初版献礼志庆。

2021年6月19日于许慎故里

卷首语

每一座城市都是一个生命体，文化是它的底色，基础设施就是它的骨架和器官，百业经济就是它的血脉。具备了这些，这个生命体就充满活力而且被赋于特色。

翻阅1987年至2016年编辑的23辑《漯河文史资料》800余篇文章，一幅浓缩了近现代漯河政治、经济、军事、文化各个方面光辉历程的画卷徐徐展开。细细品读每一篇文稿，我们领略了这片土地古往今来所发生的嬗变，延续千年的刀耕火种，字里行间中记录着风云变幻的历史事件，图文并茂中蕴含着山水民风的勃勃生机，娓娓叙事中彰显着漯河儿女的勤劳汗水，生动回忆中凝聚着眷恋故土的博大情怀。每一段历史，都是一面镜子；每一段文字，都是一种历练。详细对比23辑的各篇文稿，认真回味各界人士的生动描述，均可感受到时代的变迁。在经济发展上，漯河已从最早的"靠天收"农业发展成为产业结构合理、新兴产业突出的经济强市；在城乡建设上，漯河已由狭小落后的小镇成长为富有特色的地区性中心城市，获得了中国食品名城、国家园林城市、全国文明城市等诸多荣誉；在民生事业上，衣食住行物资短缺、科教文卫资源匮乏的情况一去不复返，人民正朝着更加幸福美好的生活大步迈进。

本卷选自1987年至2016年征编的《漯河文史资料》，共收录了53篇37位作者的文章，分为食品名城、农牧工业、商贸金融、医药卫生四个板块。本书内容的选择，侧重于各行各业发展与城市社会经济变迁的关系，记录了漯河经济各业从无到有、从小到大、由少到多、由弱到强的发展历程。

在整理过程中，本着尊重历史、保持原貌的工作原则，除对文字内容进行勘误、对作者身份进行了补充外，原版资料原则上不做增删。在选取文章时，力求以亲历亲见亲闻为依据，重视事件参与者或当事人口述的亲身经历与体验，但这种回忆性、口述性的史料，不可避免地会存在一些不足，如记忆偏好或片断缺失，也有一些缺疑因史料不足难以在较短的时间内比对澄清，所以，本卷也遵循文史资料允许“多说并存”的原则。卷中所选史料多数仅讲述了漯河发展历程中的某个项目、某个事件或其中的某些片断，然而管中窥豹亦可得真趣，愿读者能从中了解区域发展的脉络，体会创业创造的艰辛，感知可歌可泣的精神。

在本书的编辑过程中，得到了有关单位、部分作者和文史爱好者的大力支持，在此，一并表示诚挚的谢意。

本书历经三载，虽几易其稿，终因水平有限，加之资料欠缺，考证不足，难免舛误或纰漏之处，敬请读者不吝赐教和批评指正。

编　者

2021 年 12 月

目 录
Contents

食品名城

农牧工业

商贸金融

医药卫生

食品名城

故乡忆旧

韩儒斌[1]

半个世纪以前的农村，与现在的是无法相比的，毕竟是新旧社会两重天啊！那时流传着这么一句话：河南水、旱、蝗、汤（国民党第十三军）四大害。对十三军还有一个说法：宁愿日本人来杀，不愿十三军驻扎。当然日寇对河南人的烧杀抢掠所犯下的滔天罪行，罄竹难书，绝不亚于十三军的骚扰，这里只是言明老百姓对十三军的极度不满罢了。

如此大的社会背景，何谈小农乐园？这就是人的活力、人的创造性、人的根本之所在。人们总是要生活在与之相适应的生存环境里，随遇而安，对现实既感满意，又觉不足，总是满怀着新的希望，致力于新的追求。在平衡—不平衡—平衡看不到接缝的变化发展中，随着岁月的流逝不断地前进。

那时，我的故乡大韩村有个明显的特点，就是果树园林、人丁畜禽、鸡鸣狗叫、欢声笑语、如诗如画。哪一家都有棵果树或一片果园。最大最好的是村西南角上韩富圈家的老桃园和村西北角上吴金孟家的新桃园，还有我家和三奶家的柿树园、吴金昌家的梨树园等。尤其是韩进成家的大桃树、吴金昌家的大梨树、我家的大杏树，都大得喜人，堪称三大果王。

杏、桃、李、梨等四时应果给人们添了不少口福。但赐予孩子的享受远远不是几个果子下肚，而是连吃带玩。一开春他们就忙着寻觅刚刚出土的果芽幼苗，小心翼翼地移栽到自己的家园，像大人照顾小孩儿一

① 韩儒斌，男，1934 年出生，郾城县人。1949 年入省立郾中初中部，1954 年漯高毕业入军校。后在南京军事学院、西安炮兵学校任教等。1976 年转业后曾任漯河市第一人民医院院长、源汇区计生委主任。

样照料其“吃喝”，以期有日能吃上自己亲手种的果子。一种天真可贵潜在的爱果、爱树、爱绿意识在幼小的心灵里播下了种子。待到初夏麦收季节之后，各种果子按照自然规律相继应时而熟。可急性的孩子们往往等得不耐其烦，他们追求是不品其味，但占其先，先尝为快。总是偷偷摸摸地顺手揪来，或拾个碎砖瓦块，或把鞋子脱掉抛向果树上冲下几个，或直接爬到树上亲手去摘，能吃就吃，不能吃就玩。他们把尚未成熟、又涩又苦的果肉扒掉，除去果核硬壳，把嫩白嫩白的果仁含在嘴里“抱鸡娃”，真是其乐无极。有趣的是小孩子这种偷吃果子的场景还不时有大人来凑热闹。不同之处是大人所追求的是真吃实惠，吃到肚里才是真享受。

其他树木更是成林成园，除各家院内、场地、空地的散栽树木外，全村的大块园林就有五处之多，即便现代城市的绿化工程也是无与类比的。

全村个体小手工业经营也颇有亮点。一是韩风鸣家的打铁业，因他家人多，自打自卖十分红火，是方圆有影响的铁匠。打铁业的红火，使他的家境较好，喂有骡、马。还用其专业技术的优势，自制一辆高脚木轮大马车，气派、轻便、快捷。

这是全村唯一的一辆大马车，给大韩村挂上了一道亮丽的光环。那时拥有这种车的多是地主、老财，大的村庄才可能有一两辆，像我们这样的村庄一般是与之无缘的。

这种技术先进的大马车，显示着社会生产力发展的方向。但对阶级烙印较深的穷苦老百姓而言，并无多少好感，特别在孩子群里更为明显，当他们一看到这种车走过时，就要唱起当时颇为流行的顺口溜：“大马车，咯吨喧，上边坐着老龟孙。”

正是这一辆车，又为他家打通了第二道进钱的门路。用这辆车，在大新店镇至郾城县城之间的公路上拉出租，称之为“趟车”。按现在出租车名称序列排称，应该是“马的”，相当于现在的面的，排第二位。在它之前还有人力拉的东洋车，有身份、有地位、有钱的人才坐得起。在“马的”之后，还有农民种地用的低脚铁轮牛（马）车，甚至还有小毛驴或人力拉的轻便车（架子车）等。

二是韩小宝家的油坊，也是自打自卖，颇有名气。油坊屋（生产间）就在北大坑的南沿小宝家的场北边，紧靠大坑。每天从老远处就能听到有节奏的打油声“啊—哦—哦—砰，啊—哦—哦—砰”……声音单调且一天到晚不停，但村里人并不厌烦。因为谁都知道，人们天天食用的香油，就是随着这种声音的起伏，一点一滴地压榨出来的。单调的声音与人们感情的融合，谱写了一曲和悦动听的交响旋律，就好像南方水乡纤夫的号子得到劳动人民的赏识一样。

油坊也因此在村里格外显眼，围绕它的话题相对较多，也较易引起人们的兴趣和关注，作为儿时的我也有较深的印象。如说女人不能进油坊屋，进了犯忌讳、不吉利、打不出油或出油少。开始只是听说，后来父亲带我去洗了两次热水澡，才算真正明白了这一禁忌的诠释。原来手工作坊榨油的基本程序是：先是将芝麻用大铁锅炒熟，然后用大石碾碾碎制成大圆饼，再将芝麻饼置入榨油器内，用不同大小的木楔子依次楔入榨油器的压力器内，用人力举起大铁锤用力往下砸到加压的木楔子上，这时芝麻油就会点点滴滴地入槽，积少成多，一桶桶的香油就生产出来了。这种用铁锤加压的动力源直接来自于人，是一项重体力劳动，所以才自然而然出现了前边提到的听而不烦的“啊—哦—哦—砰”的油坊号子声。

完全可以想象得到，在这样的环境下、用这样的气力干活的人，穿着什么样的衣服，怎样穿着。若是现在特制一种适合于穿着的衣服，不该是件难事，但在那时是谁也无法办得到的。因此，在油坊屋内的所有人员自然是清一色的男人，个个一丝不挂。作为女人，当然谁也没有资格踏进油坊屋的门槛。

至于说油坊屋的人员，收工回家之前，自然要想法净一净身子。办法是将热水倒进一个不大不小的水缸里，人跳进去洗刷一下完事。究竟能不能洗得干净，只有天才知道。但总比不涮一下为好，常说以水为净么。难怪像我和父亲两个局外人，也去享受过两次油坊的浴缸。

三是韩相盈、韩宽儿的扎鞭杆，整天扛着赶集赶会，远近闻名。

四是韩松林家的切烟丝；五是韩二宾家的修鞋业；六是韩聚川的石匠活；七是韩金敌的厨师活；八是韩大廷等家季节性（春节）的制蜡烛业。还有在漯河开店经商的韩钦、韩金波以及那些种瓜种菜、小商小贩不固定的经营等。此外，还有定点娱乐场所两处，一处设在老坟东头北侧韩合法家，一处设在东过道南段路西韩大廷家，都是娱乐性的打牌场。其他诸如滚铜钱（硬币）等农民自己各种各样的娱乐方式也不少。

星移斗转，冬去春来；日出而耕，日落而息；春种秋收，各收其谷；餐饮娱乐，各得其所，却似一个诗情画意的小农乐园。正如儿歌所道："农家乐，农家乐，农家自有农家乐，耕耘中大汗如雨，丰收时节笑似歌。"

选自 2007 年 9 月《漯河文史资料》第十五辑

走向世界的双汇集团

王艳葵[①]

21世纪，世界经济格局正发生深刻变革。中国以其经济高速增长和发展的巨大潜力引起世界各国的关注。作为新兴的发展中国家，中国食品行业发展波澜壮阔。在全球经济一体化大潮中，中国最大的肉类加工基地——双汇集团，正以坚定的信念融入全球经济发展的浪潮，以豪迈的步伐走向世界。

双汇集团是以肉类加工为主的大型食品集团。总部位于河南省漯河市，总资产70多亿元，员工5万人，拥有国家级的技术中心、国家认可的实验室和博士后工作站，市场覆盖全国31个省市，年产销肉类产品250万吨，是中国最大世界领先的肉类供应商，农业部等八部委授予的“国家农业产业化重点龙头企业”。

双汇集团是在中国改革开放的大潮中发展壮大起来的。20多年来，双汇集团在万隆董事长的带领下，坚持走新型工业化之路，发展现代肉类工业。企业由小变大、由弱变强，由国内一个不知名的小型肉联厂发展成为产加销一条龙、科工贸一体化的大型食品集团。20世纪80年代中期，双汇年销售额不足1000万元，90年代初达到1亿元，2000年突破60亿元，2003年突破100亿元，2005年突破200亿元，2007年突破300亿元，2008年实现销售收入350亿元，年均增长30%以上。2009年将突破400亿元。双汇已成为中国肉类行业改革发展的一面旗帜、中国肉类行业的领军企业。

中国传统的肉类加工业设备简陋、技术落后，加工粗放、产品单一，改造传统肉类工业是企业发展的必由之路。双汇集团先后投资40

① 王艳葵（缺）。

多亿元，从发达国家引进先进技术和设备4000多台套，高起点、上规模、高速度、高效益建设现代肉类工业园区。在双汇工业园里，一头猪经过加工，就可以生产出上千种高质量的双汇冷鲜肉、双汇调理产品、双汇高低温中西式肉制品、双汇调味产品、双汇生化制药等系列产品，实现肉类产品的标准化系列化精细加工和现代化规模化大生产，确保产品质量和安全。

双汇集团

双汇集团不断研究市场需求。以“消费者的安全和健康高于一切、双汇的品牌形象和信誉高于一切”为宗旨，围绕热鲜肉、冷冻肉向冷鲜肉转变、白条肉向调理产品转变、高温肉制品向低温肉制品转变、家庭厨房向工业化转变，不断开发营养、安全、方便、卫生的肉类产品满足消费需求。家庭厨房向工业化转变，使广大消费者从传统的厨房中解脱出来，享受肉类食品便捷安全所带来的快乐和健康。双汇集团已成为广大消费者信赖的、现代化的国人后厨房。

双汇集团是第一家把国外的冷鲜肉概念引入国内的企业。双汇集团摒弃传统的生猪生产和销售模式，把“冷链生产、冷链配送、冷链销售、连锁经营”这一国际先进的冷鲜肉经营模式引入国内，按照欧盟标准建设冷分割工厂，改热鲜肉、冷冻肉产品为冷鲜肉产品，改作坊式小生产为工业化的大生产，改“沿街串巷、设摊卖肉”为“冷链配送、连锁经营、品牌销售”，结束了中国卖肉没有品牌的历史，开创了中国肉类品牌，引导了行业的发展方向。

双汇冷鲜肉严格按照ISO9001、HACCP等国际标准，从原料采购、接收检验、产品加工、配送销售全过程实施严格的管理和控制。生猪进厂实行严格检疫和标准化静养，屠宰加工实行十八道同步检验、两段冷却排酸、冷链配送销售、信息化全程控制，确保双汇冷鲜肉安全放心。双汇冷鲜肉以其高质量的品质和良好的售后服务赢得了广阔的市场和广大消费者的信赖，成为消费者购买的首选肉类品牌。

中国是世界上肉类产量第一大国，生猪出栏多，肉类市场大。双汇集团地处中原腹地，面向全国发展，实施区域化发展战略，整体谋划在全国的工业布局。重点围绕北京开发京津唐地区、围绕上海开发长江三角洲、围绕广东开发珠江三角洲、围绕沈阳开发东北、围绕重庆开发西南、围绕河南开发中部地区。双汇集团已在黑龙江、辽宁、内蒙古、河北、山东、江苏、上海、浙江、湖北、四川、广东、河南等10多个省市建设了20多个肉类加工基地和配套产业，实现了就地采购、就地生产、就地销售，形成了养殖业、饲料业、屠宰业、肉制品加工业、化

双汇某车间一角

工包装、物流配送、商业等完善的产业链，走出了一条企业发展速度快、投资规模大、科技含量高、产业集群效益好、品牌影响力强的发展之路。

双汇集团的屠宰业和肉制品两大主业规模大、带动能力强。目前，双汇每年消化3000万头生猪、50万头活牛、30万吨鸡肉、5万吨植物蛋白，年转化粮食900多万吨，带动农业产值400多亿元，有100多万人从事与双汇产业配套的原辅料供应、产品分销、物流配送和养殖，实现了工业发展、农民增收、市场繁荣。

20多年来，双汇集团依靠“优质、高效、拼搏、创新、敬业、诚信”的企业文化，培养和塑造了双汇优秀的管理团队和员工队伍，打造出了“按标准做事、用数据说话、看业绩评判”的管理文化。双汇集团坚持招商引资、对外开放、股票上市和企业战略重组，把一个传统的国有小型肉联厂改造发展成为一个产权明晰、管理科学、信誉度高、融资功能强大的现代化大型企业集团。

双汇集团肉制品分割车间

新世纪，双汇集团面临新挑战，抓住新机遇，实现新突破。双汇集团万隆董事长高瞻远瞩，精心筹划双汇更大的发展目标、更加宏伟的蓝图。双汇集团的发展目标是：到“十一五”末，双汇肉类总产销量将达到300万吨，销售收入达到500亿元，跻身世界行业产量前三强，为“十二五”收入超1000亿元打下基础。

面对世界经济一体化搭建的平台，双汇集团制定了国际化和产业化的发展战略。

双汇的国际化，就是把双汇做成一个国际性的大公司，由国内的企业做成国际性的企业，由国内经营实现跨国经营；利用好国际资本、国际资源、国际市场、国际化的人才和管理等，实现产权国际化、经营国际化、管理国际化、产业国际化，把双汇做成具有国际竞争力的大型企业集团，实现从中国第一到世界领先，从中国双汇到世界双汇的跨越。

双汇的产业化，就是完善产业链、做大养殖业、调整养殖结构，保证食品安全，实现从农场到餐桌的全程质量控制。双汇集团用工业理念发展现代化的养殖业。养殖基地的建设，推行“公司+基地”的产业化模式，实行“统一投资、统一建场、统一供应种畜、统一供应饲料、统一防疫、统一污水处理、统一收购、统一管理”。通过“八个统一”的产业化发展，推动养殖业由庭院式向工厂化转变，实现退院进场；由散养方式向集中化、规模化养殖转变；实现集中防疫和环境治理；由传统方式养殖向标准化、规范化养殖转变，实现饲料、繁育、饲养的标准化、科学化管理；由自养自给的小农经济养殖向市场化养殖转变，实现工厂与农场的市场化对接，促进养殖业健康发展。

双汇集团20多年的发展，在中国肉类行业创造了辉煌成就。双汇集团在万隆董事长的带领下，在中国经济发展和世界经济格局变革中，必将以海纳百川的胸怀、坚实有力的步伐走向国际、走向世界！

选自2009年《漯河文史资料》第十七辑

双汇辉煌三十年

杨志有[1]

一、双汇辉煌三十年

倏忽而过三十年，双汇集团创奇迹。

在过去的三十年里，双汇集团从亏损、扭亏开始，到上马新产品、实行新机制、上市成为公众企业，再到成为行业领袖、走出国门、成为世界同行“老大”、培育出两家绩优上市企业，一路辉煌，完成了众多企业难以企及的跨越。

这是令世人啧啧称奇的奇迹。

创造奇迹的是双汇集团董事长万隆及其率领的双汇人团队。

1984年，也就是30年前，双汇集团的前身漯河肉联厂还是一个资不抵债的小型肉类加工厂；30年后的今天，它已经发展成为世界最大的猪肉食品企业。

30年，双汇人创新求变，努力拼搏，与时俱进，破浪前行。在中国传统的肉类行业发展中，走出了一条工业化、规模化、现代化、国际化的发展之路。

30年，双汇人培育起了庞大的肉类产业帝国：在生猪养殖业和屠宰业，肉制品深加工业三个领域做到了全球第一。在中国、美国和欧洲，分别拥有全球最大的猪肉食品企业和养殖、生产基地，市场遍布欧、美、亚三大洲十几个国家。

---

① 杨志有，笔名有只羊、扬州、只有一人等，1963年生，1984年毕业于河南大学中文系，高级编辑，曾任漯河日报社总编辑。

30年，双汇人打造了养殖、屠宰、肉制品加工、新材料包装、物流配送、连锁商业等全产业链，组建起覆盖全球的市场网络，具备了整合全球资源、发挥协同效益的能力。“买遍全球、卖遍全球”从神话变为现实。

30年，“双汇”从一个区域品牌发展成为享誉全国、走向世界的肉类品牌。“双汇”不仅代表着安全、诚信，还代表着高效的管理机制、完善的内控体系、专业的管理团队、先进的管理理念和不懈的创新能力。

30年，双汇人培育起两家上市公司，“双汇发展”和“万洲国际”。在深圳上市的“双汇发展”被美国《福布斯》评为2013亚太地区最佳上市公司50强。在2014福布斯全球最具创新力企业100强排序中，“双汇发展”列全球第24位，中国大陆第1位；在香港上市的“万洲国际”股票被列入英国富时指数、香港恒生综合大型股指指数，成为全球有影响力的上市公司，受到国际投资银行关注。

双汇第一工业园

围绕着双汇集团、“双汇”品牌，有如此之多的成就和荣誉，以至于常年致力于研究双汇的专家都难以统计，以至于双汇集团总部的荣誉室内都难以穷尽这些荣誉的牌匾和证书奖状。这些荣誉和称号是双汇人拼搏奋斗的结果，是社会各界关爱的结果，更是市场经济大潮荡涤的结果。

2014 年 12 月 8 日晚，漯河体育馆内，以“万洲同庆”为主题的庆祝双汇集团成立 30 周年庆典文艺晚会上，通过主持人讲述、幻灯图片、专题镜头，让观众了解了双汇集团 30 年的奋斗历程。场馆内，一首首动人的歌曲、一场场炫目的舞蹈、一次次动情的解说，让在场观众欣赏视觉盛宴的同时，无不随着节目的律动而情感跌宕，无不为双汇集团这 30 年取得的成就而振奋。人们从现场传来的来自世界各地双汇人祝福贺岁的视频录像中，看到了天南地北双汇人昂扬向上、永不止步、充满憧憬的精神风貌，让我们更深切地体会到作为双汇人所拥有的自豪和骄傲。

双汇，已不仅是漯河的双汇、河南的双汇、中国的双汇，而是世界的双汇！

二、双汇辉煌 30 年大事记（1984—2014 年）

1984 年 7 月万隆当选厂长。

1986 年 6 月 18 日漯河肉联厂第一批分割肉出口。

1989 年 1 月“双汇”商标在国家工商局注册。

1989 年漯河肉联厂被河南省授予“省一级先进企业”。

1989 年 1 月双汇开始培育“优质、高效、拼搏、创新”的企业文化。

1992 年 2 月第一支“双汇”牌火腿肠问世。

1994 年 1 月合资成立华懋双汇集团有限公司。

1994 年 8 月以漯河肉联厂为核心组建并成立双汇集团。

1996 年 9 月双汇食品城一期工程全部竣工。

1997 年 7 月双汇集团通过 ISO9002 质量认证。

1998 年 12 月“双汇实业”5000 万 A 股股票在深交所成功上市。

1999 年 12 月双汇集团被列入国务院 512 重点企业。

1999 年 12 月漯河双汇商业连锁有限公司成立。

1999 年 12 月“双汇”商标被认定为中国驰名商标。

2000 年 12 月双汇工业园二期工程全面竣工投产。

2000 年 12 月双汇集团经国家人事部批准建立企业博士后科研工作站。

2001 年 5 月肉制品车间通过对日出口注册。

2001 年 12 月双汇集团技术中心被评定为国家级技术中心。

2002 年 2 月与日本火腿公司合资成立河南万东牧业有限公司。

2002 年 10 月与杜邦合资成立杜邦双汇漯河蛋白有限公司。

2002 年 12 月唐山双汇食品有限责任公司投产。

2002 年 12 月宜昌双汇食品有限责任公司投产。

2003 年 2 月与日本吴羽、日本丰田合资成立南通双汇丰新材料有限公司。

2003 年 3 月双汇工业园三期工程开工建设。

2003 年 9 月浙江金华双汇食品有限公司投产。

2003 年 10 月上海双汇大昌有限公司、内蒙古双汇食品有限公司投产。

2003 年 12 月双汇集团通过 ISO14001 认证。

2004 年 4 月广东双汇食品有限公司投产。

2004 年 5 月山东德州双汇食品有限公司投产。

2004 年 7 月阜新双汇肉类加工有限公司投产。

2006 年 10 月武汉双汇食品有限公司投产。

2007 年荣获中华人民共和国农业部颁发的中国名牌农产品称号。

2007 年荣获农业部颁发的农业产业化国家重点龙头企业称号。

2008 年 4 月望奎双汇北大荒食品有限公司投产。

2008 年 7 月哈尔滨北大荒双汇食品有限公司投产。

2008 年荣获中华人民共和国民政部颁发的中华慈善奖。

2008 年荣获农业部农产品质量安全中心颁发的无公害农产品证书。

2008 年荣获中国肉类协会颁发的中国肉类食品行业强势企业称号。

2009 年 6 月淮安双汇食品有限公司投产。

2009 年 8 月济源双汇食品有限公司、黑龙江宝泉岭双汇北大荒食品有限公司投产。

2010 年 8 月绵阳双汇食品有限责任公司新建项目投产。

2011 年 9 月南昌双汇食品有限公司投产。

2011 年 11 月郑州双汇食品有限公司投产。

2012 年 7 月双汇集团完成重大资产重组，实现整体上市。

2013 年 9 月 24 日双汇发展 A 股市值超过千亿元。

2013 年 9 月 26 日双汇国际成功并购全球最大的猪肉加工企业——美国史密斯菲尔德食品公司。

2013 年 7 月芜湖双汇食品有限公司投产。

2014 年 1 月南宁双汇食品有限公司投产。

2014 年 1 月 21 日“双汇国际控股有限公司”更名为“万洲国际有限公司”。

2014 年 8 月 5 日万洲国际有限公司在香港上市。

三、谁为万隆加冕？

无论谁在将来走向前台，都已经不再重要，重要的是，万隆已为双汇做好机制准备，那或许是一个真正千锤百炼的国际化班底！

每次见到万隆，总有一些关于企业经营的问题想问他，但挨到最后，常常噤声——不用问了，做企业做到他这份儿上，往往最简短的话和最不起眼的举动，就暗含禅机、关系全局。

比如你问他关于自身的定位，他总说：“我就是个杀猪的”或“双汇收购了美国史密斯菲尔德，就是世界最大的杀手了”；你问他经营管理的关键，他斩钉截铁：“实业、资本运作、人才，就这三点”；你再问他站在现在这个位置上是不是很孤独，他就说："有时候你自己还不能孤独，孤独时要想办法解脱出来，多和员工、其他人沟通。"

人老了，就会想许多将来的事。马上75岁的万隆也是。2014年12月8日，当大部分的中国企业都在当前的形势下刻意保持低调时，双汇集团却以无比隆重的形式举行集会，庆祝企业走过"辉煌30年"。在会上，万隆尽管以平和的语调回顾了双汇的不平凡历史和今日无人能比的业绩，但接近他的人都明白，"老爷子很高兴、很自豪，他很有信心把双汇顺利带入下一个30年"。

往年一年一度的销售大会上，总有经销商动情地喊出"双汇万岁，万隆万岁"。这一次没有这样喊，而是改换了说法："双汇，我把青春献给你；青春没了，我把终身献给你；终身没了，我把子孙献给你。"山东一个经销商依然很忘情。旁边的人看着他说："这是真话，是真情流露！"对于一个老人而言，讲真话可能比说几句奉承话更重要，因为他已经历经沧桑，早已把世间的许多事情看透。这次会议，当双汇真的要为它的30年加冕，它的创始人、掌门人万隆，已经毫无疑问地成为那个手托"皇冠"的最受尊重的人。

如果中国企业界有类似于影视界的"终身成就奖"，那么这样的奖就应该颁发给像万隆这样的人（"双汇辉煌30年庆典"上，漯河市授予万隆"漯河特等功勋企业家"称号）。在中国，像万隆这样笃信"专注坚守，水滴石穿"产业经营理念和"生而不息，死而不已"人生信念的企业家，真的太少太少。

定　力

万隆脸上常年的波澜不惊，有时会带着一种沉静的笑。会看面相的人因此说，此人胸有韬略、非富即贵。这等于什么也没说。其实，即使是普通人也能看出来，作为企业家的万隆，其举手投足之间显现出的定力，特别突出，有点"任尔东西南北风，我自岿然不动"的味道。

万隆军人出身。1984年在漯河肉联厂，他被职工推选为厂长，从此开始了30年的企业家生涯。他把他的从业经历划分为四个阶段：

1984年至1991年，以改革求生存阶段。当时，万隆在肉联厂破

“三铁”，推行“三能”，触及了厂内所有的既得利益阶层，有人往万隆家里扔黑砖，有员工拿着杀猪刀当面恐吓他，但万隆眼都不眨一下，“憋的就是一口气”。铁腕之下，不到5年的时间，双汇产品远销苏联、东南亚及港澳地区，成为当时中国最大的肉类出口基地。有一个人所皆知的经典段子是，为疏通关系搞贷款，万隆曾肩扛两箱精心准备的风干肉，半夜敲开某银行领导的家门。

1992年至1999年，以创新谋发展阶段。1992年，双汇火腿肠问世，开启肉制品深加工元年，当年双汇产销量进入全国前三强。1994年与香港华懋集团合资，建设亚洲最大的肉制品加工项目。随后，通过建设双汇食品城一、二期工业项目，兼并漯河市罐头厂、四川绵阳肉联厂、内蒙古集宁肉联厂等，使双汇肉制品产销量迅速发展壮大。1997年，国家统计局、经贸委公布“全国最大工业企业最优500强评价排序”，双汇列第107位，屠宰和肉类加工业第1位。曾经的春都、郑荣等肉制品企业的“三国演义”，以双汇的胜出而告终。

万隆是这场战役的指挥者，人们第一次领略了他运筹帷幄的“将帅风采”。

万隆曾这样总结：“这一时期，我们在中国改革开放的特殊阶段，在中国这个特殊的人口大国，选择了适合国情的高温肉制品这一特殊产品，迅速做大了规模，做强了企业，实现了企业集团化、产品名牌化、管理科学化、技术现代化，催生了双汇庞大的肉制品产业。”

紧接着是2000年至2012年的凭竞争上规模阶段。2000年，双汇引进第一条现代化、规模化、标准化的屠宰冷分割生产线，率先把“冷链生产、冷链销售、冷链配送、连锁经营”的冷鲜肉模式引入国内，开创了中国肉类品牌。这期间，双汇制订了“六大区域发展战略”：围绕北京开发京津唐，围绕上海开发长江三角洲，围绕广东开发珠江三角洲，围绕沈阳开发东北地区，围绕成都开发西南地区，围绕河南开发中部地区。双汇产业化成功配套，产业集群效益大幅提高。双汇肉类年产销量从50万吨发展到300多万吨，年销售收入从60亿元发展到500亿元，成为中国最大、世界领先的肉类供应商。

但这样的辉煌仅仅是开始。2013 年 9 月，双汇以 71 亿美元并购美国最大同时也是世界最大的猪肉食品企业史密斯菲尔德；到了当年年底，双汇再以 7 亿欧元收购欧洲最大的肉制品企业 Campofrio，到 2014 年 8 月 5 日，双汇旗下另一家公司万洲国际在香港成功上市，与双汇发展一样，成为全球关注的公众公司。万隆真正让双汇实现了国际化。

每个企业的风格就是老板的风格。30 年，万隆领导着双汇，把一个资不抵债的小型肉联厂，发展成为世界最大的肉类食品企业（总资产由不足 500 万元到 670 多亿元，员工由不足 800 人发展到 12 万人，年销售收入由不足 1000 万元发展到 1300 多亿元），在生猪养殖业和屠宰业、肉制品深加工业三个领域均排名全球第一。正应了《汉书》中的那句老话："盖世必有非常之人，然后有非常之事；有非常之事，然后有非常之功。"

对此，万隆看得清楚："双汇能做到世界最大，不是因为我们哪一步走得好，而是我这些年来在企业发展上，没有出现重大战略失误。"

制订和把握战略，即是万隆 30 年中作为掌门人的守正之道。此"大权"从未旁落，而万隆，也从未在战略上对市场、对他人作出丝毫的妥协。此即为他的定力所在。

闯　关

万隆的老朋友、河南天则经济研究所所长王在安把万隆和张瑞敏等人并列，称为"经营之圣"。其他许多曾与万隆有过深入接触的人则认为，万隆的"本事"并不仅仅体现在他的经营韬略上，还表现在应对各种危机、处理政商关系等方面，"后者，在当前的中国更为重要，因为中国企业的经营环境相当复杂"。

这样的话不难理解。2011 年双汇"瘦肉精事件"，全国 600 多个城市的双汇产品下架，很多人认为双汇必垮。但是万隆临危不乱，在逆境中看到机遇，将每年的"3·15"定为自己的食品安全日，采取铁的措施死守产品质量关、规范生产流程、收购弱小竞争对手，制订了双汇集团的未来五年发展规划，终于扭转乾坤。

作为掌握巨大权力的企业一把手，许多人会犯三类错误：钱令智昏、权令智昏、情令智昏，其中，钱令智昏的发生概率居首。1998年，春都和双汇的销售收入是差不多的。但春都公款报销的手机有200多部，双汇不到30部；春都购买的小轿车有200多辆，双汇10辆；春都每年的招待费用达1000多万元，双汇不到50万元。仅这些费用，春都就比双汇多了近2000万元。这样的"不差钱"，让春都的决策者钱令智昏，不断地多元化投资，前后上马了近20个项目，最后不但没有创造价值，还把主业火腿肠生产所产生的利润全部赔掉。据此，万隆有了一个根深蒂固的"专注成就辉煌"理念：有钱不能乱用，只干自己有优势的事，"我不是什么企业家，只是一个杀猪的，一辈子只干一件事——杀猪"，"今后我们就干好这一行，不走多元化的道路。因为我们这些人来自农产区，本事都不大，就这一件事你能把它做大做好，做得叫别人不敢碰你，我觉得就可以了"。

万隆对企业的财务管理和资本运作也极为重视。在他看来，企业管理要以财务管理为中心，而财务管理以资金管理为中心，资金管理则以

位于漯河市郾城区的双汇中国总部大厦

流动资金管理为中心，流动资金管理以现金流量管理为中心。所以，30年中，双汇一直实行最为严格的财务管理政策，企业从未在这方面出现过风险。与此相适应，万隆对资本有着天然的敏感性，他自始至终要求双汇“借力资本，海纳百川”：从最初与香港华懋集团、美国杜邦公司合资，到陆续引进6个国家和地区共计16家战略投资者、财务投资者进驻，特别是2006年高盛集团、鼎晖投资以2.5亿美元收购地方政府持有双汇股份的国有股，这些举措让双汇彻底改变体制。

“我们始终控制着这个企业，包括发展定位以及战略目标。如果国有资产不退，这些大的资本进不来，双汇早没了。”万隆曾如此评价双汇历史上的“最关键一跳”。实践证明，借助资本的力量，企业获得了长治久安，企业家“获得保护”。尽管当时“贱卖国有资产”的言论曾一度甚嚣尘上，但仅仅数年，它们都在双汇的“硬通货”指标面前，被击得烟消云散。

终其大半生，万隆在各种关隘面前，都表现出了强有力的意志，这就是创业型企业家独有的风范。就性格而言，参军的经历影响了万隆的一生，“锻炼了胆略、意志和吃苦能力，现在干企业遇到点困难，那都不算啥，我都不怕”。的确，他注重强健的体魄，平时很注意保养；他严格遵守作息时间表，痛恨迟到和不守规则；除了工作，他也无其他任何享乐及爱好，生活极其机械单调。他心直口快，从不怕得罪人，也不在乎外界的批评和看法，一向我行我素。在过去数十年间，他与市场较量，与体制博弈，与资本过招，与时间赛跑，向来都是大赢家。

他是超人吗？不！他只是与一般的企业家有些不同而已，而这种不同，成就了双汇，成就了中国企业界的一个传奇。

传　承

万隆老了，老得你能看到他手上和脸上的一些老人斑。但是，无论你是正面、背面看还是侧面看，老人家都虎背熊腰，“站如松、坐如钟、行如风”。曾有一句戏言，说只要他一走进生产车间，猪见了他都不敢叫唤。这句话道尽他几十年从没减弱的威严。

到现在为止，万隆一直没有考虑退休的事。自2000年以后，他和他的管理团队一直在思考“如何实现双汇长治久安”这个问题。

“我曾在多个场合说过，什么时候双汇从我手里交出去了，还能保持现在的发展势头，我就算成功了。我要的不是个人如何，而是双汇的长治久安。”他这样告诉记者，“这几年来，我侧重于对双汇集团体制的改造、机制的创新以及团队的建设，这三件事是我经常要思考的问题。因为影响双汇做成百年老店的主要因素是体制和机制的落后。”

5年过去，通过引进外资、国有股退出、上市，双汇成功实现了这个目标，彻底变成了外资企业、民营企业，万隆及其高管团队对双汇发展、万洲国际的掌控力自始至终没有减弱。体制问题解决了，双汇的运营机制也进行了大幅度调整与改动，包括管理层的竞争上岗、目标管理、退出机制、激励机制，等等，万隆推进起来也都没什么后顾之忧。

“体制和机制解决之后，相应的激励问题也得以解决，我就不担心这个企业今后的发展了。可以说过去都是靠人为控制企业的发展，今后就靠机制了，以后我万隆在不在这个企业都没有问题了。因为已经有了好的机制，这就能让企业稳健地发展。”

目前，没有人能预测出谁将来能接万隆的班。曾有传言万隆两个远在中国香港、美国的儿子有可能是最强有力的人选，但直到目前为止，他们两位都远离双汇的权力中心，未有任何“上位”的迹象。其实，无论谁在将来走向前台，都已经不再重要，重要的是，万隆已为双汇做好机制准备，那或许是一个真正千锤百炼的国际化班底！

这，是双汇的幸运，也是万隆的幸运。与万隆同时代的企业家，春都高凤来、云烟褚时健、安彩李留恩、莲花李怀清，等等，都没有在有生之年完成企业的体制和机制转换，更没有在最年富力强的年龄带领各自企业走向下一个辉煌。这，既与一个企业家的“小宇宙”有关，也是“时也”“势也”“运也”眷顾的综合结果。

从这个角度说，双汇选择了万隆，而万隆成就了双汇。万隆为双汇打造并希望传承的，根本上其实是一种机制、一种格局！

选自2016年《漯河文史资料》第二十二辑

肝胆相照　共创辉煌

——记龚如心女士在漯投资

漯河双汇集团有限责任公司

双汇集团，是全国最大的肉类出口和罐头生产基地，世界最大的火腿肠生产厂家，是一个功能齐全、实力雄厚的集科、工、贸于一体的跨国食品集团。

目前，集团公司下属15个子公司，其中国内10个，国外5个，总资产14亿元，现有职工8000人，其中专业技术人员2500人。公司主要从事肉类加工、粮食加工以及与这两个产业相配套的化工包装、生化制药、果蔬加工、饲料业和养殖业。年屠宰生猪50万头，肉牛10万头，生产火腿肠20万吨，罐头5万吨。企业拥有进出口经营权。多年来，产品畅销全国，并出口欧洲、亚洲的20多个国家和地区，年出口创汇5000多万美元。

“八五”期间，双汇集团以市场为导向，坚持改革，加速改造，内抓管理，外向带动，勇于参与市场竞争，在竞争中迅速发展壮大。累计完成产值45亿元，年平均递增44%；累计实现利税4.04亿元，年均递增106%。1995年完成产值18亿元，总销售20亿元，利税2.04亿元，出口创汇5054万美元。企业先后荣获“全国食品行业质量效益型先进企业”“国内贸易系统优秀企业”。在国家经贸委、国家统计局公布的“95全国工业企业最优500家”综合评价排序中名列第107位，居国内贸易系统、肉类加工行业第一位。双汇的商誉价值也从无到有，从小到大，发展到9.46亿元，成为带动双汇经济发展的强大动力。

许多到双汇集团视察的各级领导，许多到双汇集团考察的国外朋友，许多到双汇采访的新闻记者，都感到双汇的发展速度是一个谜。那么谜底是什么呢？我们认为：双汇的辉煌业绩离不开改革开放的大政方针，离不开河南省实施的“开放带动”和漯河市实施的“外向带动”战略，离不开各级政府和领导的关怀，离不开双汇人只争朝夕、永不懈怠的敬业精神，但更离不开几年来风雨同舟、携手并进、甘苦相依的香港华懋集团，更离不开香港华懋集团总裁龚如心女士对我们的支持、帮助和信任。

香港华懋集团在河南漯河投资始于1994年。双汇集团的前身是原漯河肉联厂，当时已发展成为一个拥有净资产1.27亿元，年产值8.57亿元，年利税7045万元的大型肉联厂。从这令人惊喜的数字中，我们看到了胜利的曙光，看到了一个规模宏大、实力雄厚的大型企业就要在中国大地上崛起。但是原漯河肉联厂和其他兄弟肉联厂一样，同样也面临着重重困难，面临着各种各样的挑战。我们强烈地感受到：要想在国内乃至国际肉类行业中占据重要位置，进而独领风骚，就必须扩大规模，增强实力，具备抗击国际市场大风浪冲击的功能。然而尽管漯河市地处平原腹地、物华天宝、人杰地灵、交通便利，是河南省改革试点城市和唯一的特区，有着宽松的软硬环境，但是它毕竟是新兴的工业小城市，资金存量相对不足。企业要想超常规发展，就必须改变“等、靠、要”的思想观念，两眼向外，大胆寻求国有企业的合资道路，以企业的良好信誉和软硬件建设吸引国际资本，以国际资本振兴我们的民族工业，通过引资嫁接改造的方式，转换企业的经营机制，实现国际间的强强联合。

在这样的“资本经营”理论指导下，1994年1月6日，我们随河南外贸粮油公司参观考察香港，就合资事宜与华懋集团进行洽谈协调。龚如心女士主持的香港华懋集团，以经营西药、化工原料、石油化工产品、农药及饲料起家，20世纪60年代末开始经营房地产，70年代已成为香港最大的私营地产发展商之一。华懋集团参与了700多个地产发展项目，物业遍布港九、新界。同时华懋集团在美国、英国、加拿大、新加坡、中国台湾等国家和地区也有很多投资项目。由于我们的极富诚意，也由于我们企业的过硬产品质量、科学管理和漯河市的宽松环境，洽谈工作进展非常顺利，龚如心女士以她企业家的独具慧眼和远见卓识，毅然决定选择漯河肉联厂作为合作伙伴。为此，李长春书记曾对龚如心女士给予了高度评价，称赞她选准了一个好企业，一个好产品，一个好带头人。

当天，在友好的气氛中，我们与华懋集团签订了协议书。协议书规定：漯河肉联厂为甲方，华懋集团公司和豫港财务公司为乙方，甲方以现有全部净资产 1.27 亿元人民币为出资额，乙方以相当于 1.27 亿元人民币的美元和港元为出资额，共同组建华懋双汇（漯河）集团有限公司，其中漯河肉联厂的股份为 50%，华懋集团有限公司的股份为 42.5%，豫港财务有限公司的股份为 7.5%，乙方同意董事长和总经理职务由甲方现任法人代表担任，龚如心女士只担任名誉董事长。

协议签订之后，龚女士又以她对朋友的满腔热忱，要求我们尽快办理手续，1994 年 1 月 15 日，华懋集团董事长三人赴河南正式签字。之后一周内按甲方要求，资金到位。

接下来的一段紧张的工作，华懋双汇（漯河）集团有限公司章程、合同、可行报告迅速制定并通过。

1994 年 1 月 19 日，龚如心女士从香港飞抵郑州。

1994 年 1 月 20 日，龚如心女士冒着大雪和严寒，来到漯河市，在热情洋溢的气氛中，出席了华懋双汇集团合资的签字仪式，成立了由三方共同出资，注册资本 998 万美元的华懋双汇实业（集团）有限公司，其中漯河肉联厂出资 499 万美元，占注册资本的 50%，华懋集团出资 424.15 万美元，占 42.5%，香港豫港财务公司出资 74.85 万美元，占 7.5%，成为当时在国家工商局注册的全国肉类加工行业最大的合资公司。从此，我们开始了真诚的合资合作。

合资公司成立以来，龚女士又几次不辞辛苦，亲临华懋双汇集团视察指导。从那时起，我们就以龚女士对合资企业认真负责的态度，以她对朋友的真诚及对事业的追求为榜样，下定决心，生产一流的产品，创造一流的合资企业，在国内外市场竞争中，使华懋双汇集团永远立于不败之地。我们利用外方注入的 1.27 亿元资金，建造了集先进技术和规模优势于一体的2万平方米的肉制品大楼，国外的许多先进技术和设备得以引进。大楼内部采用了国内先进的溴化锂制冰技术，设置了冷暖式中央空调，大楼内冷热供水系统采用了国际先进水平的变频控制技术和循环水冷却技术，实现了恒压供水。我们还把从美国引进的质量检测分析仪引入生产工序，使双汇火腿肠在杀菌之前，就对内在质量指标进行分析测定，保证双汇火腿肠根根营养成分都一致；对火腿肠加工环节进行微机监控，使整个工序处于严密的受控状态，保证火腿肠质量。火腿肠生产线增加了30条。企业依靠规模生产消化成本，依靠外资注入还贷减债，依靠技术改造提高产品质量，使企业在国家宏观经济政策的调整中，在金融系统压缩贷款，原辅材料不断涨价等情况下，不但没有陷入困境，反而解决了企业的资金、技术、设备不足问题，使企业在竞争中抢占了机遇，渡过了难关。

合资公司成立后，我们本着对国家负责、对香港华懋负责、对双汇负责的态度，把合资企业的事业当作自己的事业来办，把华懋集团的资金当成自己的资金来经营，以对华懋集团高度负责的诚意，以中华民族传统的大义大德，以宽厚宏廓、处事以诚的道德风范，以言必信、行必果的严格信念，兢兢业业，全力以赴，干好华懋双汇的事业。在合资企业中，我们提出了“优质、高效、拼搏、创新”的企业精神，始终以高昂的斗志，严格的纪律和令行禁止的工作作风，奋斗在华懋双汇建设的岗位上；公司经营班子以全部精力和聪明才智，卧薪尝胆埋头苦干，锐意进取，自强不息。几年来，我们凭着忠诚于合资企业的耿耿忠心，凭着生命不息、奋斗不已的开拓意志，为了企业的生产经营，常常是顶着朝露来，披星戴月走，两头不见太阳，形成了从家到厂，从厂到家两点一线的工作模式。几年来，我们的干部自觉养成了习惯，总是提前一个小时到厂，晚上总是拖后几个小时离厂，没有星期天，没有节假日，每天至少加班4个小时，每月要干一个半月的工作。我们的领导班子成员也是血肉之躯，由于长年奔波于华懋双汇事业，有的同志累病了，有的同志身体搞垮了，但没有一个人抱怨。正是华懋双汇领导干部在企业员工中享有很高的威信，才带动了全体员工在各自的工作岗位上，奉献着自己的青春年华。

春华秋实，苦尽甘来，我们付出了常人难以忍受的艰难辛苦，但我们的心血没有白流，我们的超常付出带来了超常的效益。1994 年，华懋双汇集团实现销售收入 10 亿元，比上年增加 2.4 亿元；1995 年，销售收入突破 15 亿元，比上年增长 53.68%。几年来，外商投资的回报率一直保持在 25%—30%。以这样的投资回报率，所有的投资可以在 3—4 年内全部收回。

合资公司建成投产后，壮大了企业实力，企业经济高速发展，国有资产得到了保值、增值，为国家创造了更多的财政收入，外商得到了优厚回报，企业职工收入及福利待遇大幅度提高，给国家、社会、企业、外商和职工带来了实实在在的好处。

正是有了我们这种干事创业的态度，我们才赢得了龚如心女士的信赖。1996 年 9 月 28 日竣工的双汇食品城一期工程 7 个合资公司，总投资 2.54 亿元，其中华懋集团注入资金达 7114 万元，这 7 个合资公司的建成，将年新增产值 8 亿元，利税 2 亿元，利润 1 亿元。二、三期工程全部建成投产后，加上华懋双汇集团“九五”期间新开发的产品和原有的生产规模，到 2000 年，集团年产值将达到 100 亿元，销售收入 100 亿元，实现利税 20 亿元，出口创汇 1.5 亿美元。到那时，我们将会以更多的名牌产品，更雄厚的经济实力，在强手如林的国际市场竞争中展示风采。

对华懋双汇集团的发展，龚女士感到非常高兴，1996 年 10 月，龚如心在豫投资新闻发布会上说，她认准了投资方向，认准了投资伙伴，她要加大在漯河的投资，在漯河高新技术开发区兴建华懋双汇工贸城，为河南的经济发展作出更大的贡献，使华懋双汇集团更加兴旺发达，成为中国第一、世界第一。

我们将永远珍视与龚如心女士的合作和友谊，在将来更长远的合作中，肝胆相照，再创辉煌，共同创造美好的明天。

选自 2004 年《漯河文史资料》第十二辑

豫南一枝花南街村

胡民安[①]

这是一个美丽而带有传奇色彩的村庄，不是神话，也不是乌托邦，她是实实在在存在着、生长着、前进着的南街村。

南街村地处河南省临颍县城东南隅，紧靠107国道、京深高速和京广铁路。全村700多户3100多口人、2006亩耕地。和全国无数乡村的百姓一样，南街村的老百姓承袭着祖先的传统美德，伴随着沉重滚动的历史车轮，重复着日出而作、日落而息的生活方式，祖祖辈辈在那块十分贫瘠的土地上残喘劳作，维持生命，繁衍后代。

南街村俯瞰图

1978年，改革开放的春风，吹醒了960万平方千米的土地，也吹绿了南街村。南街村人懂得了“无农不稳、无工不富、无商不活”的道理，在村党委一班人的带领下，沿着党的“一个中心、两个基本点”的基本路线，活学活用马列主义、毛泽东思想，遵循邓小平改革开放的战

① 胡民安，男，1934年9月生，河南郾城县人。1956年漯河高中毕业考入河南师范学院（今河南大学）中文系学习，毕业后先后在唐河高中、郾城高中、漯河铁路中学、漯河职工大学任教。

略方针，“围绕农业办工业，围绕龙头上配套”，实行生产资料全部公有制和生活资料大部供给制，走发展集体经济共同富裕的道路，一鼓作气办起了26个企业，其中5个是中外合资企业。从1991年起，产值连年翻番。一亿、二亿、四亿，到1994年，南街村的生产总值达到8.02亿元，比1984年70多万元增长了1100多倍，创利税4060万元，企业固定资产4.6亿多元，人均收入1800多元（不含各项福利），使这个在中国地图上难以寻找的小村庄一下子出了名。

南街村现有方便面厂、食品厂、等级面粉厂、包装材料厂、养鸡场和中外合资的彩印厂、胶印厂、奶油酥条厂、啤酒厂等，产品70多种，职工12000多人。

主要产品“颍松”牌方便面、龙须面双获省优部优产品奖、全国优质保健食品金奖银奖、全国A级畅销产品奖、1994中国消费者协会金奖等荣誉称号。“颍松”牌锅巴获河南省首届优质保健食品金奖、湘鄂边区全国部分食品评比质量合格年年香金杯奖、1993国际保健精品金奖。南德啤酒获1994中国消费者协会金奖。村办企业生产的“颍松”牌食品，经国家有关部门检验，被批准为国际公认的无污染绿色食品。由于企业重质量、讲信誉，产品长期供不应求。“颍松”牌系列方便面、锅巴畅销省内120多个市、县，远销26个省、市、自治区，出口俄罗斯、蒙古等国。

南街村在发展村办企业中，依靠当地资源优势，大搞农副产品深加工，实现层层增值，狠抓龙头产品，兴办配套企业，形成良性循环。中原工贸公司已成为产、供、销一条龙，农、工、贸一体化的坚实经济实体。骨干企业方便面厂，30条生产线，日产方便面240吨，规模居全国同类行业之最。食品厂有锅巴生产线100条，龙须挂面生产线2条。老少皆宜的高档食品巧克力棒（奶油酥条）、巧克力果，世界上仅有4个国家生产，南街村中日合资河南麦恩食品有限公司就是中国唯一生产这两种产品的厂家。中日合资彩印厂，引进日本世界一流七色彩印先进设备，生产的产品除供给本村企业使用外，又为外地十多个企业进行加工。合资胶印厂引进德国海德堡世界先进设备，为全国各地加工多种类高精度胶印制品。年产4万吨高档啤酒厂，生产的“南德”牌10°、12°啤酒，投放市场以来，深受消费者欢迎。为满足生产物流的需要，南街村成立了汽车运输队，大型货车已发展到160多部，标准吨位800多吨。

南街村的农业生产按照政策，尊重民意，实行统一规模经营，建立集体农场，分设四个专业队，70多人从事农业生产，劳动者全部实行工资制。近几年来，连续投资350多万元，改变农业生产条件。现有大型康拜因收割机4部，链轨车7部，胶轮拖车19部，各种配套机具齐全，实现了耕播收打机械化，浇水喷灌自动化，种植区域化，品种优良化，管理专业化。形成了林、田、路、电、渠、水、机械七配套，达到了旱涝保丰收。近几年来小麦亩产均在450千克以上。

随着集体经济的逐年壮大，南街村免费对村民供给水、电、煤、气、食用油、节假日食品，免交入学、入托、防疫、人身保险、计划生育、文化娱乐等费用，农税和各项农村提留均由村集体负担，免费供应村民每人每月20千克面粉。每年承担免费款达280多万元。仅1995年春节，村集体向村民发放的鱼、肉、蛋等29种过节食品，人均一次享受免费金额达290多元。新建高标准现代化六层村民集体住宅楼，每户建筑面积92平方米，每套三室一厅，家用电器、家具、炊具、制冷、取暖设备由村统一配备。村民生活正在阔步迈向城市化。

由于集体经济实力的壮大，南街村公益设施日益增多。全村街道完全硬化，一路两侧钠灯照明。相继办起了文艺演出厅、图书室、各类灯光球场、文工团、敬老院，实现了老有所养，壮有所用，少有所教，幼有所育。1992年11月，国家文化部常务副部长高占祥带领全国26个省、市、自治区文化战线上的领导到南街村视察后，颇受感动，欣然命笔题诗一首：“颍河弯弯绕万家，骨笛新声颂中华。文经结合五彩路，中州文明一枝花。”对南街村给予了高度评价。3条国际、50条国内直拨和2000门内部程控电话的安装，北大方正打印机、传真机的购置，实现了通信、办公的现代化；35米宽与京深高速公路接通的“颍松”大道，为南街村交通运输业的发展及人民生活水平的提高创造了便利条件。

南街村坚持“两手抓，两手都要硬”的方针，在搞好物质文明建设的同时，重视精神文明建设。坚持用马列主义、毛泽东思想武装人的头脑，指导发展商品经济工作，开展多项有意义的活动，提高广大干群的思想政治觉悟。学雷锋、树新风、讲奉献已蔚然成风，自觉参加义务劳动每年都不少于2.5万人次。爱党、爱国、爱集体、爱社会主义已深入人心。仅1990年至1993年就向亚运会、灾区、残联捐款捐物达58万多元，向村敬老院、学校及公共集体事业捐款达14.5万元。南街村1991年、1992年、1993年连续被省委、省政府命名为“文明村”，1993年被省命名为“河南省明星村”。

南街村党委坚持开展批评和自我批评，以“公生明、廉生威”的古训为座右铭，加强党的思想、组织、作风建设，形成了坚强的领导核心，具有较强的凝聚力、吸引力与号召力。党委要求党员、干部、职工、村民正确对待和处理经济往来中的回扣款、好处费及所收一切礼品。几年来，已有480多人次上交此类款物折价达58.8万余元。村党委

南街村“两委”办公楼

多次受到省、市领导的表彰，1991 年、1994 年分别被省委命名为“先进党组织”。

民兵工作多次受到省军区、济南军区领导的表彰。南街村民兵营 1992 年获解放军总参谋部、总政治部“民兵预备役部队基层工作先进单位”，获省委、省政府、省军区“民兵预备役标兵单位”等荣誉称号。南街村重视计划生育工作，且常抓不懈。全村连续多年无计划外生育，获省政府“计划生育先进单位”荣誉称号，1994 年人口自然增长率下降到 0.6%。社会治安的综合治理，南街村采取了齐抓共管、群防群治的措施，全村连续多年无一起刑事案件发生。民调工作 1993 年被国家司法部命名为先进单位。现在的南街村，村风正、民风好，路不拾遗、夜不闭户，社会秩序井然，村民安居乐业。

“百年大计，教育为本。”近几年来，南街村累计投资 500 多万元，新建高标准现代化教学楼三幢、教师住宅楼二幢，改善了办学条件，受到了省政府的表彰。1992 年 9 月，全国教育工作会议领导到南街村视察后，给予了高度评价。

南街村方向明，路子对，多项工作成绩突出，受到了中央、省、市领导的称赞。全国人大原常委会委员长乔石同志视察南街村，连声称赞:“你们干得好，路子对头！”全国政协原副主席王恩茂同志视察南街村后，满意地说:“感谢南街村的人民，祝愿南街村两个文明建设搞得好上加好！”国务院原副总理张爱萍老将军到南街村视察后，高兴万分，题诗一首:“山穷水尽焉无路，柳绿花红南街村。各尽其劳同富裕，美好未来奋勇奔。”原国务委员、国家科委主任宋健题词，南街村是“发展乡镇企业的尖兵”。原中纪委副书记侯宗宾同志亲笔题词:“共同富裕路，豫南带头村。”中央政治局常委、原河南省委书记李长春将南街誉为“豫南一枝花”。中央政研室领导对南街村考察后，满意地说:“你们南街村的路子好，是中国农村发展的方向！”仅 1994 年就有 6 个国家与地区的新闻单位发表南街村事迹文章 8 篇，《人民日报》《经济日报》《光明日报》《河南日报》、中央电台、电视台等国家级、省级新闻单位播发、刊登南街村党委领导事迹及南街村工作成绩文章 80 多篇，国家

20多个部委领导亲自到南街村视察工作，22个国家与地区的朋友对南街村进行了考察。1994年4000多个单位、16.5万多人次到南街村参观、指导工作，均对南街村所取得的成绩给予了高度评价和热情赞扬。

南街村俯瞰图

发展是硬道理。前进中的南街村实实在在，埋头苦干，朝着既定的目标一步一个脚印。到2000年已完成产值11亿元，创利税5800万元，人均收入6300元。2003年完成产值14亿元，利税7000万元，人均收入6900元。可以看出，实现“小康”正在成为南街人的现实。但这还不是他们的理想，他们的理想是决心把南街村建设成为共产主义的小社区，尽快让南街村人真正过上完全按需分配的共产主义生活。

选自2004年《漯河文史资料》第十二辑

农牧工业

梦圆亩产千斤粮

张富村① 阎书华执笔②

我爷爷是个不惜气力的庄稼高手。20世纪40年代我幼年时期，无水旱、蝗灾的正常年份，在打麦场上最常听到的是他那句口头禅：“跟装儿”，长大后才明白，一装（帆布制的长口袋）四斗，一斗三十五斤，“跟装儿”就是够或者勉强够一装，百十斤上下。50年代经过土地改革，实现了耕者有其田，但由于仍沿袭着祖祖辈辈传下来的种子和耕作方法，土地贫瘠，一直没能突破这个不景气的“跟装儿”。据《郾城县志》载：新中国成立前，小麦单产一般20—30千克，50年代初，单产50多千克。因为小麦产量太低，乡下人能吃上一顿白面蒸馍都是奢侈，只有麦收的几天和过年才能吃上几顿。我上学来往穿行的集市上，那蒸馍篓上摆的又白又光又香的“洋面蒸馍”，常常诱得我直咽唾沫，最大的理想就是长大挣钱后，敞开肚皮吃上一顿“洋面蒸馍”。

1958年，饿怕穷怕了的庄稼汉，在“大放农业卫星”“跑步进入共产主义”等美丽诱人的政治口号下，梦想一口吃个胖子，一锹掘出口井来，使出了“眼熬烂，腿跑断，麻绳捆着也要干”的冲天干劲，“深翻密植”，掘地二三尺，下种百十斤，挖沟开塘，打机井，扒房拆墙找肥源……1958年夏收后，遂平卫星农业社第一个放出了5亩麦子亩产2100斤的“卫星”，各省前来取经的有300多个县，在全国造成了很大负面影响。是年9月，继安徽宣布早稻亩产千斤省后，河南宣布为第

① 张富村，男，召陵区河状村人。曾任原郾城县教育局扫盲组长、老窝乡五七中学副校长、铁炉小学校长。

② 阎书华，女，1934年5月生，河南省郾城县人。1951年省立郾中毕业参加抗美援朝志愿军。曾任军委总政文化部文化教员，商务印书馆俄语资料员，漯河市商管委科长。

二个小麦亩产千斤省。后来随着“浮夸风”的劲吹，你高我比你还高，4000斤、7000斤甚至15000斤。漯河市也曾报出粮食亩产2000斤、红薯亩产20000斤，临颍县计划1959年小麦亩产1000斤，争取1500斤，再跃进2000斤，这在当时还是比较保守的数字。

不过，这种违背科学和客观实际虚夸出来的东西，很快就遭到了天谴。据《郾城县志》记载：50年代至60年代，小麦亩产一直在100斤上下徘徊。夏秋两季合计亩产：“大跃进”的1958—1960年三年，分别为196斤、156斤、118斤，平均亩产156斤，连祖辈的“跟装儿”也没“跟”上。

一代人的“千斤”美梦，泡影般地破灭了。

20世纪60年代初，党中央多次工作会议讨论制定的《农业发展纲要四十条》，提出了一个4、5、8指标，即粮食单产黄河以北400斤，黄河以南500斤，长江以南800斤。河南省提出的口号是“跨黄河，过长江！”但由于“四清”“文革”的折腾动乱，连这个比较切实的指标也没能达到。《郾城县志》证明，1962年至1969年，8年的全年平均亩产为186斤，1970年至1978年十一届三中全会前，9年的平均亩产为317斤。

“大跃进”年代，尽管夹杂有迎上所好、沽名钓誉的浮夸等不良动机，但也确实反映出了多少代庄稼人的千斤梦想。正因为有了实现千斤梦想所付出的沉重代价，才有了后来的“改革开放”“联产承包”。祖祖辈辈梦寐以求的“亩产千斤粮”，终于在神州大地悄然实现了。

2008年夏收后，《漯河日报》报道：我市夏粮作物总面积209.5万亩，总产首破186万吨。全市五个县区小麦单产平均都在470千克以上，各地还涌现出一大批单产突破600千克的高产典型，郾城区小麦百亩示范方平均单产630千克，3个千亩方单产突破600千克，两个万亩方平均单产550千克。

全市11.6万亩农业综合开发区小麦平均单产达504千克，比全市平均单产的470千克高出34千克，个别地块亩产563千克，创项目区夏粮单产历史最高纪录。

2008年我市秋季粮食作物播种面积197万亩，总产量达79万吨，平均单产突破400千克。

秋后，我和张富村分别到我们各自的家乡，对2004—2008年夏秋两季的总产量和单产做了调查，调查结果与新闻报道的数据基本一致，5年的产量是“步步高”。张富村的老家河状村，秋收作物以花生为主，花生单产亦达400千克至500千克，与2004年前的200千克相比高出一倍以上，与改革开放前的45千克相比高出近八九倍。

今昔相比，天还是原来的那个天，地还是原来的那个地，长出的粮食却是原来的10倍，靠的是什么？各地的结论几乎是一致的：科技兴农、政策惠农、人的实干，当然也有老天风调雨顺的惠顾。

科技兴农。过去祖祖辈辈用的是在自己地里选留的轮回不变的种子，而今河南自己研究培育的良种就有豫麦34、豫麦57、郑麦366、郑麦9036等十多个。它们的共同点是穗大、个矮、茎粗、强筋，暖冬麦苗不旺长，抗倒伏、抗病虫害等。玉米良种有浚单98–3、澳玉3103、纬玉5号、晋单51等。它们同样具有茎粗、穗大、子密、抗涝抗倒伏、抗病虫害等特点。这些良种在我省我市得到了广泛推广。源汇区大刘镇大刘村农民陈清波一家三口种八亩小麦，平均单产600多千克，用的就是郑麦366。河状村农民张孝传一家四口，种14亩小麦，平均亩产550千克，用的是豫麦57号。

大力推广小麦种植新技术。郾城全区推广测土配方施肥面积25万亩。改变了农民单施化肥不施有机肥，偏施氮磷肥不施钾肥和微肥，以及施肥方法不当，盲目施肥的传统做法，有效提高了土壤的肥力。

积极发挥农业有害生物预警机制，全程监控小麦病虫草害及流行动态，及时发出预警信息提出防治措施。郾城区防治面积超过110万亩次，小麦亩均单产454千克。

2008年，全市小麦纹枯病、赤霉病、蚜虫等病虫害发生总面积达531万亩次，共出动应急队3个，投入烟雾机、弥雾机780台，手动喷雾器1.2万部，防治病虫害1202.6万亩次。

政策惠农。自1982年至1986年，2004年至2008年，中央先后发出了十个关于“三农”的“一号文件”。1982年“一号文件”，肯定了“包产到户，包干到户”。1983年“一号文件”，进一步肯定了“家庭联产承包责任制”，鼓励发展社队企业，专业户生产致富，允许农民进城镇务工、经商办企业。1984年“一号文件”，历史性地实施“两减免”（减免农业税和农林增长税）、“三补贴”（粮食直补、良种推广补贴和农机具购置补贴）。1985年“一号文件”，取消农副产品的统购派购，使农民获得了经营自主权。1986年“一号文件”，强调增加农业投入，取消指令性种植计划。特别值得提出的是2006年“一号文件”，全面免除了持续2600年的“皇粮国税”——农业税，取消了“三提五统”。全国农民当年减负500多亿元。2008年中央财政安排“三农”投入5625亿元，创历史新高。新世纪开始以来的五个“一号文件”，充分体现了“多予、少取、放活”的政策措施，使长期负重的农民得到休养生息，有力地调动了农民种田的积极性。

2008年，中央对粮食直补、良种补贴、农机具购置补贴、农资综合补贴的“四补贴”，规模达950.63亿元，比2007年增长85%。

按照国家统一部署，漯河市2008年发放粮食直补和农资综合补贴资金19003万元，加上省追加的农资综合补贴1749万元，两项补贴累计20753万元，亩均补贴86元。良种补贴资金890万元，补贴标准每亩10元。投入农机具购置补贴757万元。几项补贴均采取“一卡通”，直补到农户。

2008年，国家对粮食收购规定的最低保护价：白小麦0.77元，红小麦及混合麦0.72元，稻谷0.94元，玉米0.75元，大豆1.85元，油菜籽2.20元。实际收购价大都超过最低保护价。国家发改委根据物价上升指数，每年都不断调整对粮食收购的最低保护价。

为确保丰产丰收，我市每年投入联合收割机5500台左右，实现了快打、快收，颗粒归仓。

河南人脚踏实地的不懈努力，得到了中央领导人的关注关怀鼓励。胡锦涛总书记2003年至2008年四赴河南，考察了全国闻名的粮食高产区。温家宝总理任职的九年中，曾九次来河南调研夏收情况，给予了河南三个第一的评价："全国第一人口大省、第一农业大省、第一粮食大省。"

2012年3月17日至18日，在小麦拔节期间，温家宝总理来到漯河，先后考察了临颍县固厢乡高产创建示范区——临颍承担的农业部小麦万亩优质高产示范区，面积10500亩；考察了舞阳县莲花镇泥河洼农业综合项目区；参观了漯河市农业科学院，农业科研成果展览；考察了双汇集团生产过程，并作出了"要讲安全，讲质量，讲诚信，讲责任"的重要指示。

《大河报》自2010年至2012年，连续三年报道河南省夏粮总产实现八连增、九连增、十年增。我市和全省一样，自2003年至2012年夏粮总产实现了十连增。

"五谷丰登"也带来了"六畜兴旺"。麸皮、杂粮等充足的饲料养肥了鸡鸭猪牛羊，使百姓的一日三餐变得更加有滋有味。

粮食作物的增长，为食品加工业提供了充足的原料。截至2008年，全市规模以上肉食品加工企业有双汇集团、金运公司、北徐集团等21家。粮食加工制造业有南街村集团、中粮（漯河）集团、雪健公司等136家。饮品制造业有乐天澳的利、舞阳奥克啤酒、郾城金星啤酒、三剑客公司等19家。果蔬加工业有龙云集团、南街村集团等5家。各类大小食品加工业7000多家，其数量及创增加值均占工业企业的一半以上。其中有4家进入中国食品工业百强，8家进入全省50强，使漯河市荣获了全国首家"中国食品名城"称号。

双汇集团，以中国最大的食品加工企业名扬天下。世界肉类组织主席、秘书长评价："双汇已经达到或超过世界上肉类工业的最高水平。"双汇生猪屠宰量排世界第五位，肉制品产量排世界第二位，双汇已成为中国最大、世界领先的肉类供应商。许多外地人不知道漯河，却知道"双汇"，"双汇"为漯河人增添了光彩，漯河因"双汇"而闻名全国、全世界。

选自2013年《漯河文史资料》第二十辑

原许昌地区 20 世纪 70 年代红薯根腐病的危害和控制

靳利民[1]

红薯根腐病最早发生于何时已难查考。1976 年首先在叶县旧县公社的老鸦大队发现。全大队 10 个生产队有 8 个发病，减产 40% 以上的严重发病面积 246 亩，其中绝收 10.7 亩，多为长期沿用多年连作的胜利百号，占红薯种植面积的 32.5%。病田内到处可见不发棵、叶片落光成独杆的“站岗红薯”和茎秆顶端叶片丛生的“鸡头红薯”。入秋后，日照渐短，红薯大量开花；地下部分变黑腐烂，不结薯，或成“柴根”，有的仅结一些葫芦状的畸形薯，薯块表面龟裂，严重影响红薯产量和品质。当年全区 9 个县 37 个公社 250 个大队发病，重病面积 2.5 万亩；1977 年扩大到 123 个公社 562 个大队，重病面积 8.2 万亩，绝收 0.62 万亩；1979 年遍及全区各县、市。1981 年全区重病面积达 37 万亩，损失鲜薯折粮 6000 万千克，已对红薯生产构成严重威胁。

为了摸清病害发生规律，找出有效防治措施，1977—1986 年，在各级领导的高度重视和支持下，许昌地区农科所（现漯河农科所）以重病区叶县旧县乡老鸦村和禹县朱阁乡石河村为基地，采取多种形式，对红薯根腐病的发生和防治技术进行了较为系统的研究。1977—1979 年首先在老鸦村进行了以换种品种和病田调茬为主的初步防治试验。1980—1982 年在老鸦村进行了三年定点综合防治示范，1982 年同步在全区 7 个县进行了多点综合防治示范。经过 6 年试验研究和 3 年两级防治示范，总结出了换种抗病丰产良种徐薯 18 和增施磷肥（栽种时每亩穴施 30—

[1] 靳利民，河南新郑人，出生于 1943 年 1 月，九三学社社员。1966 年毕业于河南农学院植保系。曾任漯河农科所副研究员。

45千克）、春薯早栽（“谷雨”前后栽种，最迟不过4月底）、适时浇水（春薯适浇返苗水，夏薯浇好底墒水）等行之有效的综合防治措施。此间，我们还及时编写了技术材料和专题报告，宣传研究示范成果，使综防措施在全区产生广泛影响。据此，1983—1984年在全区组织了大面积综合防治推广，基本上控制了红薯根腐病为害，红薯产量大幅度提高。为防止反复，1985—1986年，又对经过多点鉴定和示范筛选出的比徐薯18抗病丰产性更好的77-6和78-28两个新品种，在全区进行了大面积推广，至此红薯根腐病的危害得到了完全控制。

回想当年科技人员兢兢业业进行研究示范推广的那股子劲，各级领导对科技工作高度重视和支持的程度，部门和单位间的协作精神，农民群众渴望科学技术的热情，激动的心情久久不能平息。最难忘的是1977—1982年艰苦奋斗六年和老鸦大队农科站、叶县农业局植保站共同创建老鸦村试验示范样板的日日夜夜。1977年，首先由地区农科所的马明扬同志肩负重任，进驻叶县，以老鸦大队为基点，搞起了红薯品种引种鉴定和全区调查研究，初步查明了全区发病情况，明确了红薯重茬时间愈长发病愈重、调茬时间愈长病害减轻愈明显的发病规律，筛选出抗病丰产性优于胜利百号的丰薯1号新品种，引进抗病丰产良种徐薯18，在鉴定的同时，进行了加速繁殖和试种。到1979年，良种面积达477亩（其中丰薯1号422亩，徐薯18号55亩），占红薯种植总面积的66.1%，危害程度明显减轻，发病面积下降了71.6%，红薯单产提高17.8%。为我们以后的深入研究奠定了基础，增强了信心。在老鸦村我们成功进行了红薯根腐病发生规律观察和传病途径、品种抗病、春薯早栽病田浇水、施肥防病等多项试验，在全大队进行了连续三年定点防治示范，为全区创建了综合防治样板。几年间，我们从省内外引进鉴定红薯新品种（系）90多个，筛选出抗病丰产良种徐薯18与生产上推广的宁薯1号比较，春薯增产78.4%，夏薯增产2.9—4.5倍。同时，我们用引进的2千克种薯，采用火炕育苗、采苗圃、剪春蔓栽夏薯的办法，在无病地加速繁殖，当年种植10亩，第二年扩大到55亩，1980年达630亩，不仅满足了老鸦村防治需要，还为兄弟县、乡提供了大量无病种薯和薯苗，为全区大面积推广良种作出了重要贡献。

在进行施肥防病试验的同时，我们抽出时间，在老鸦村和其他重病县选择300多块病地和无病地取土样1500多份，由我所土肥研究室主任孙国舒同志亲手帮助化验。结果显示，相同土质的病地较无病地P_2O_5含量低10.7—38.9ppm，KO低21.5—45.9ppm，与施肥防病试验的结果相吻合，证明了红薯长期贫瘠连作栽培是导致红薯根腐病的重要原因之一。为了弄清土壤干旱对红薯根腐病发生的影响，我们从5月至6月，对病圃10厘米土含水量和发病情况进行三天一次的系统监测调查。两个月共调查、取土各20次，每次都是白天调查、取土，晚上加班用自制烘筒在煤火上烘干。结果表明，5月份土壤含水量和病情指数递增值呈现显著负相关，6月份呈弱负相关。同时进行的浇水防治试验结果也表明，发病高峰前后各浇一次水和仅发病高峰前浇一次水，病情指数分别比不浇水对照减轻51.4和41.6，鲜薯依次增产39.8%和27.8%。在此基础上，我们又精心设计，在控制自然降雨和区间地下隔离条件下，用宁薯1号和胜利百号做材料，进行了春薯和夏薯两个人工定量浇水防治试验，最后经病情调查和实产分析，不仅充分证明缺雨干旱是导致红薯根腐病的又一重要原因，也找到春薯栽后适浇返苗水、夏薯栽前浇好底墒水的防病增产措施。

另外我们还用自然重病土、病薯块冲洗液、病薯块、病薯苗、病薯龙头和病须根做了大量的盆栽传病试验。结果证明，病土是红薯根腐病传播的主要途径，病薯块、病残体、病薯苗也能传病，并找到了杜绝传病途径的防治措施。我们用胜利百号在重病地进行了春薯栽期防病和分期栽种田间发病规律观察试验，查明了红薯根腐病发生的10厘米土壤最低温度和适温，摸清了常年发病的始期和盛期，找到了春薯“谷雨”前后栽种的防病增产措施。为了巩固成效，推广技术，我们以大队农科站为主，各生产队参加，建立了防治领导小组，利用学习班、会议、广播、板报等形式宣传综防措施，大队还制定了相应的行政措施，以保证防治措施全面应用，效果十分显著。1980年至1982年，连续三年每年7月中旬发病盛期逐块调查，无一块发病，三年全大队鲜薯平均亩产分别高达1514千克、1433千克和1722千克，比示范前的1979年依次提高43.2%、35.5%和62.8%。

为了宣传示范成果和综合防治技术，1980—1981年在老鸦村试验示范期间，我们及时编写了《许昌地区红薯根腐病普查意见》《如何控制红薯根腐病的蔓延和危害》等6篇技术材料和专题报告。由我所主编的《农业科技简报》和《许昌农业科技》印发全区，《红薯根腐病发生情况调查与防治意见的报告》由许昌地区行署、农委转发全区。1980年8月，河南省农科院植保所研究员周汝鸿同志带领研究人员来叶县老鸦村指导工作，对我们的试验和示范给予高度评价。叶县县政府由一位副县长带队，在老鸦村召开由各公社领导和农技站全体人员参加的现场会，参观了我们的防治试验和示范，对徐薯18的熟食品质进行了鉴定，要求在全县推广老鸦村综防经验，尽快普及抗病良种徐薯18。许昌地区农业局王文左局长和赵生连局长曾两年两次组织全区各县农业局有关人员在叶县召开现场会，参观、学习、推广老鸦村经验。此期间，来老鸦村调种薯、购薯苗、参观学习的单位和农户也很多。这些措施和活动，促进了1981年全区普查工作的顺利开展，也使综防技术在全区产生了较大影响。据不完全统计，至1982年，仅抗病品种徐薯18的种植面积就由1980年的不足1万亩扩大到45万亩，具备了全区推广的基本条件。

1982年全区示范一结束，我们就立即向地区写了《关于推广红薯根腐病综合防治措施的报告》，由地委农工部和地区农委用《农村工作简报》转发全区。并报河南省农科院批准，列为农业重大科学技术推广合同项目。经协商，由我所主持，禹县、叶县、许昌、临颍、宝丰、郾城、襄县、舞阳、漯河等县、市农牧局参加，组成协作组，于1983—1984年，应用以换种抗病丰产良种徐薯18和增施磷肥为主的综合防治措施，在全区进行了大面积推广。

关于红薯根腐病的系统研究和新品种的大面积推广应用，我们曾在省级以上学术期刊发表论文3篇，获得地、市和河南省农业科研系统成果奖5项。

选自2005年《漯河文史资料》第十三辑

舞阳蚕业史话

周声远[1]

一、舞阳的蚕丝业

从幼年所见及老人谈叙中，得知豫中平原是蚕桑剿丝织编业基地之一。

自古代到民国，豫中都普遍养蚕。一种是桑蚕，由各村镇住户以桑叶饲养，俗称家蚕；一种是柞蚕，由山间住户作栎叶放养，俗称山蚕。蚕丝的生产面广量丰，缫丝、织绸作坊及刺绣、编织花边工艺，遍地皆是，产品大量向外地行销。豫中是中国丝绸的发源和出产地之一的说法，是有确凿根据的。

我幼年贪看过络丝。络丝的人扛起串着一排丝约（木制络丝工具）的架子，把丝线拉扯开，然后把铜陀螺结在丝线头上，用两个搓板搓着陀螺柄给丝线上劲儿，陀螺转得哼哼地发响。后来发现，许多村里都有络丝的丝坊。又进一步了解到，络的丝线是经过染成各色的平重色、轻重色（又叫浅重色）线，供给刺绣和编织花边用的，俗称扎线或扎花线。

花边儿俗称辫子，是用彩色丝线编织成的窄条条，专供给做衣服、鞋靴、帽子、钱袋等器物镶边用的。我幼年时候，编织花边儿（俗称打辫子）的工作一般女孩子都经常干，许多七八岁的小妞儿就会了。根据

① 周声远，舞阳县姜店乡人，1914 年出生，1937 年参加革命。曾任新四军河南挺进兵团挺进十五团文工队队长、舞（阳）叶（县）方（城）泌（阳）民主政府秘书、舞阳县人民民主政府第十一区副区长、县政府教育科副科长、县一高副校长、县政协副主席等。

花纹形色来分，花边有好几十种，成品绝大部分被收购走，到繁城出售。繁城是花边集散地，有久传的顺口溜说：“山头店儿，出磨扇儿，繁城街的花红带儿，临颍出的好蒜瓣儿……”桑杈朱庄王瑞宇的父亲，每年都要带上花线和花辫子等蚕丝制品，到苏杭二州去销售。

一些较大的绸缎机坊，经常在织绸缎。绸缎和络丝、刺绣、编织的成品，都在经常不断地向外地运销着，从这些实况足可证明河南确实本是丝绸之乡。

二、舞阳蚕桑业的勃兴

自清末至1926年间舞阳蚕桑业的勃兴，与何清沦先生的带头倡导作用分不开。

何清沦（1871—1961），字漪亭，舞阳姜店乡焦庄人，家中素以农耕及植桑、养蚕、缫丝为业。幼勤恳好学，为清朝末期秀才，无志上进，沉醉于蚕桑及教育事业，在开封省立蚕校及师范学习后，任县府劝学员，倡办新式学堂。

何先生出身贫家，受革新浪潮影响，立志反封建兴学堂，联合公正乡绅，带头将玻璃庙神像扒除一部分，创设了新式学堂。进入民国，学校已有初级小学规模。除发动各地兴办学堂外，并在县城内开元寺创办蚕业学校，带去玻璃庙学生陈莲舫等五六人做学生骨干，组成蚕校第一班学生。后因经费无源，甲种蚕校以养蚕为业，学生不愿学习而停办。

在县府支持下，何先生联系正绅，驱赶僧道，没收寺庙土地，解决了教育经费和校舍问题，又在玻璃庙创办以学习功课为主、养蚕为辅的乙种蚕业学校。先把自己家的养蚕用具搬进学校，以自家的私有桑叶开始养蚕，并推荐曹泉五先生到上海蚕业专科学校学习。曹先生学习归来，带回了植桑养蚕科学知识技术及湖桑、蚕籽新品种和养蚕制蚕种仪器，并和上海母校建立经常联系，使得河南第一所乙种蚕业学校破天荒地在舞阳姜店顺利建成。

在姜店蚕校的影响带动下，各地的养蚕者纷纷前来求取湖桑和蚕茧新品种，学习养殖技术。只见各村镇近旁渐渐地都出现了叶大如蒲扇的湖桑园，新法植桑养蚕浪潮迅速向四周涌去，形成了前所未有的蚕业发展势态。舞阳县很快就成了河南省改进技术实行科学植桑养蚕的基地。

三、反封建的带头兵

何先生废除寺庙兴办学堂，为此曾激起旧乡绅和落后群众多次强烈反对，全县乡绅结合僧道，以十八张呈文齐向县衙告状。何先生挺身而出，当堂批驳，才使知县斥退乡绅，胜利而归。而最难对付的却是落后群众，尤其是众烧香老太婆们。

那时候，老太婆们不断结成团伙，到学校——庙里和何先生家里打闹怒骂，到处喊叫着“何清沦，不是人，不该拉倒庙里神”的顺口溜，还造了“何清沦家下的饺子变成了一锅驴屎蛋儿”“何清沦家的盐罐里生蛆了”等许多谣言。而何先生置若罔闻，处之泰然。

这一类辱骂之词和谣言延续了很久。到我在校上学的时候，一天，一个老太婆走到学校附近，忽然响了一声炸雷，她“唉呀！老龙抓何清沦哩！”叫着走了。“老龙抓何清沦”的谣言很快在四乡传开来。隔了几天，我亲眼看见走过来一个老太婆，问坐在树下扇扇子的何先生（她大概不认识他）:“是何清沦叫老龙抓啦，脑油后抓了个血窟窿？”何先生骂了她一句说:“你看看！我不是还活着吗！”

旧的封建思想意识形成的怒骂和怪论，到底也未能阻碍住何先生办教育和提倡发展蚕桑事业的前进道路，终于使新兴学堂完全代替了旧型私塾学馆，新的科学植桑养蚕事业普遍开展，社会风尚大大改观。

后来姜店小学校人才辈出，弟子们给先生树立了“春风时雨”名誉方碑。

四、蚕桑业实践活动

舞阳姜店乙种蚕校鼎盛时期，我曾入校学习，亲身参加过两年养蚕活动，领会了校中栽桑养蚕的新技术操作方法。

1924 年郭子敬任校长，何先生只担教师职务，曹先生专任栽桑、养蚕、农业三个副科教学。学生分初、高级两部，高级班学生多是远处人，沙河北和城里也有来上学的，有很多人在校里住宿吃饭，初级班全是走读生。

栽桑、养蚕由何、曹和朱良辅三人主抓，每年春天只养一次蚕，平时和一般小学一样学习。校里有蚕室和各种蚕具，附近有三片湖桑园生产养蚕饲料。

我爱观察新事物，初入校在课外就不断观察先生嫁接桑树，只见先在本地桑苗枕木接近地面处开了 T 形口，从湖桑旺枝上切断皮层揭下桑芽插进 T 形口的皮层里边，用桑皮缠严实，就算嫁接完工。等接上的芽开始发展生长，割去上边的枝条，就可以慢慢长成一株湖桑树了。我学会了嫁接树。

桑叶长大开始养蚕，我又参加采桑。采桑是何先生用剪刀把一年生的湖桑条剪下来，我们学生收起来抱走。何先生剪着说："不能就根剪，要留三两个芽，叫它再发枝。"我们把剪的桑条抱回校，摘下叶子交上去，再把桑条剥光，剥的桑皮交给学校，还按重量付给钱，我们穷学生上蚕校不交学费，剥桑皮得的钱可以买笔墨纸张，心里实在高兴。

第二年我参加饲养小组，学习养蚕。学调理，就是把桑叶加工成饲料。方法是把桑叶柄去掉，平叠在木台上压上板，先纵切，再切成和蚕体长宽略等的方片。这是养幼蚕用的。等大眠起来，就不再做调理工作了。

养蚕室是宽亮得如同大教室的屋子，竖搭两排蚕架，架上可放入一蓬蓬的蚕匾。蚕匾是钉上篾席底子的木框，大约长 1.2 米、宽 0.8 米，每小组分一段蚕架。

以桑叶给食俗叫喂蚕，是细致工作，尤其是喂蚕蚁。比蚂蚁更小的蚕蚁，用等子按重量分下来，先在蚕匾里铺上画着方框的白纸，把黑色蚕蚁放在中心方格里给桑。桑中蚁蚕逐渐长大，定时按所画方框扩大面积，称为扩匾，直到发现眠蚕（到蜕皮时期停止食叶者），蚁蚕期才算结束。

发现有了眠蚕，普遍撒一层细米糠，再给桑，等发现了起子（蜕了皮的蚕）就停止喂养，不给桑叶，等蚕蜕皮，准则是“见眠蚕，入眠糠，见起子，就止桑。”

眠蚕蜕化完，除去蚕屎和叶渣，称为除沙，用鸡翎把糠上面的起子带残叶一同卷扫起，放入另匾中重新饲养。守则是绝不用手摸蚕，如有零星起子，用蚕筷轻轻夹出。所以还必须提前制出相当细的竹篾蚕筷。到最后迟迟不蜕皮的个别蚕，就被淘汰了。

以后的两次蚕眠，都用这种方法除沙和扩匾，直到大眠起来。

最后一次大眠后，蚕的食量加大，给桑、除沙、扩匾以及采桑任务加重繁忙，只是减少了调理的手续，却又加上了结蚕网的工作。

提前用细麻结成比蚕匾略长宽、眼孔可漏过鸡蛋的蚕网，到该除沙的时候，给桑前把蚕网蒙在匾上，把带柄的大桑叶撒在网上面，等蚕们都爬上新给的叶上吃叶，抬起网放入另一个匾里，除沙的目的就达到了。

蚕蔟的食量大，长得快，匾数越扩越多，蚕室容不下还得新设蚕室，分出几组。同时，又必须拧蚕蔟，准备让老蚕结茧，真够忙了。

蚕蔟是用干净而略潮湿的麦秆（麦茬）拧成的。方法是用一根麦秆松松地缠住一小纂麦秆中间，拧到匀称散开，折起来，剪齐，端一把拧好的蚕蔟，均匀地交叉按在空匾里，等蚕一个个吃光身、控完沙（排完屎）的时候，适量地放到蔟上（叫上蔟），让它结茧为止。

此外，蚕室里还有几件重要事：一是必须有干湿计测示温度和湿度，生着木炭火，以火的大小、洒水多少，稳稳掌握温度和湿度；二是每天定时扫地，扫时不能让尘土飞扬；三是注意关闭门窗，严防鼠、鸟等进来吃蚕，更须掌握空气适当流通。

上完蔟，等茧结成后，摘下茧剥下乱丝，分别交上去，按各组所交重量排列名次，给以表扬，还给每人发了纪念品。

制蚕种本是养蚕工作中至关重要的一步，已在课堂上着重讲了。朱良辅先生负责制蚕种过程，还一步步再让做实际观察，听讲解。

制蚕种的第一步，根据茧的色、形、厚度和丝质，选出高标准的茧，留做种子；第二步，把种茧放入标有号数的茧盒，每格一个，让出蛾；第三步，把雌雄两蛾放在一起让交尾，并记准号数，经过一定时间进行割爱（把两蛾分开），雄蛾放入茧盒原号格中；第四步，把交尾后的雌蛾放在蒲扇上，一手椎弹握扇柄的手，振动到雌蛾排完尿；第五步，见雌蛾开始产卵，放入制种纸格中，罩上制种小筒，记上雌雄两蛾号数，等产完卵，将雌蛾放回原茧盒原号数格内；第六步把用过的蛾一个个取出腹液，在显微镜下观察，发现有病变或病菌者，就按号数把这一对蛾产的卵剪去，另补上健康蛾产的卵，经过认真检查过的蚕种子才能留作下次使用。

制成的蚕种，还必须在冷水里浸泡一定的时间，来锻炼它的抵抗力，阴凉干的蚕种放进干燥阴凉处的箱柜里，热天还得取出冷浴。明春孵化时必须在一定温湿度中进行，收蚕蚁时只用打落法，而不宜用鸡翎扫。万一用翎扫，也必须先把鸡翎消毒。

养蚕的细小活动，步步都得按照科学原理进行，稍微疏忽便会引起不良后果，实非简易小事。养蚕培养了我细致耐心的工作态度。

五、蚕校的毁灭和影响

1927年秋，李老摸、王太领的大杆土匪，在沙河、澧河间盘踞经月，烧杀抢劫，百姓遭殃，蚕校所有的养蚕用具全被毁坏，显微镜和干湿计等仪器不知去向，多年成果尽毁。加上连年军阀混战、土匪纷扰，各地的湖桑园渐被伐掉，养蚕业从而完全终止了。

新中国成立后，在发展生产中提出蚕业的恢复和发展，河南省根据从前蚕业的基本情况，决定以舞阳为起点，恢复植桑养蚕事业，在何漪亭先生创办蚕业学校的姜店建立蚕桑业基地，委派专人，建立了姜店养蚕场。

蚕场设在姜店西南左庄北地的澧河东岸，聘任专职人员，划出场地，建起房屋，恢复了湖桑园，开始养蚕。后来以制优良蚕种为主，又把蚕场更名为姜店蚕种场。

我曾去看过两次，见湖桑园已成形，养蚕和制种全是用的科学新法。现在已多年没有去过，不知现状如何。

愿蚕种场能像何先生创办的蚕校一样，早日把蚕桑业带动起来。

选自1993年6月《漯河文史资料》第五辑

我和武湾大队“十姑娘养猪场”

孙发义[①]

我原是做教育工作的，职在教育。但公社有往县上报先进事迹材料需要写作时，常找我帮忙。

1973年，我在千刘大队调查种植棉花的先进事迹，中午在大队支部书记刘根家吃饭时，正好遇上刚刚从县里调往老窝任公社党委书记不久的孙全安同志。在饭前、饭后的交谈中，孙书记先是问了我的学历，还问了我几处《论语》中孔子的话。我知道这是在考我。此后不久，他就让我去公社上班。但不是调我去公社，而是借用或称借调，没有经过县教育局的同意。在那个年代，县教育局不管人事，也管不了，学区更不用提了。这一借就是五年。在这五年内，我作为一名驻队干部，协助武湾大队办起了“十姑娘养猪场”。我的具体任务是：为发展养猪事业做好宣传、造好舆论、培养好这个典型。在20世纪70年代，只要提起武湾大队“十姑娘养猪场”，在郾城县可以说无人不知、无人不晓。在武湾的带动下，老窝公社各大队都先后办起了集体养猪场。

1975年，全国活猪供港先进代表会议在郾城召开，会址设在许昌，重点是参观武湾大队“十姑娘养猪场”。武湾大队党支部副书记孟秀云同志代表“十姑娘养猪场”在大会上作了典型发言，介绍了武湾大队发展养猪事业促进农业生产的先进经验。1976年，武湾大队又出席了第二次全国农业学大寨先进单位代表大会。

在我借调公社不久的一天下午，孙全安书记通知我到武湾大队开会。参加开会的有公社党委秘书刘凯、党委委员常邦献、公社各部门

① 孙发义，郾城县人，1961年参加工作，先后任教师、教育局办公室副主任、县志办副主任、县志主编、郾城县史志档案办公室副主任等。

（主要指外贸经营处、粮管所、供销社、兽医站等）负责同志及武湾大队全体干部包括生产队队长。会议由孙全安书记主持，首先宣读了1973年中共郾城县委重新印发的毛主席关于发展养猪事业的指示信，号召大力养猪、广开肥源、夺取农业高产、稳产。接着孙书记说，今天会议的议题是按照县委、县革委的布置，我们要在武湾大队搞一个集体养猪试点，然后在全公社展开，贯彻“以粮为纲、全面发展”的方针，落实毛主席“农、林、牧三者互相依赖、缺一不可、要把三者放在同等的地位”的重要指示，来一个养猪业大发展，实现猪多、肥多、粮多。并提出：干就要大干，各生产队都要建猪圈。以生产队为主，建膘猪圈、母猪圈。种猪由大队喂养。生产队要解决思想问题，各部门要支援。公社党委秘书刘凯同志接着说：孙书记讲得很清楚，会议的议题很明确，参加会议的人员都要发言、表态。大队书记武怀同志说：孙书记、刘秘书讲得很好，猪多、肥多、粮多，这是每个社员都知道的道理，各生产队队长要看准形势，公社领导已经下决心了，要在咱大队搞试点，这是好事。公社有物力、财力部门的领导都来了，他们对我们养猪会大力支持的。有党的领导，公社孙书记又亲自来抓，我们还有什么思想顾虑呢？还有啥想不通的？只要我们的思想通了，认识到养猪的好处，就会想干、敢干、大干，就会舍得投资。只要舍得投资，就一定能把猪场办起来，也一定能办好。各生产队也先后表示了决心。社直部分的领导也在会上表态说，只要大队、生产队能把猪场办起来，我们一定会做好后盾、搞好服务，需要我们做的工作，一定会全力以赴。

各方面的思想工作做好以后，在公社党委书记孙全安的提议下，大队党支部书记武怀同志带领与会全体人员来到要建猪场的地点。经大家实地勘察、议论、规划，猪场蓝图基本形成。整个猪场的规划是：猪圈东西走向、前后两排。一个生产队先建一个膘猪圈，一个母猪圈。每个猪圈分上下两部分，上部为猪窝，下部为粪坑，是猪拉屎拉尿活动的场所。猪圈正面是吃食槽。还要建一个种猪圈，由大队集体管理。种猪圈，母猪圈均为一猪一栏。膘猪圈长为24米、宽为18米，能容猪20多头；母猪圈、种猪圈长为12米、宽为6米。每个生产队养母猪最少

3头。在猪场西南角建房两间，一间为兽医室，一间为饲养员住室。整个工作由大队副书记武大毛同志具体负责。猪场建成后，场面雄观、气派、大方、标致。在给猪场命名、挑选饲养员时确实费了一番心思。原则是要有时代性，还要响亮。当时正处于“文化大革命”知识青年上山下乡的热潮中。毛主席说：“农村是一个广阔的天地，在那里是可以大有作为的。”根据这一时代要求，经过反复讨论，最后定为“十姑娘养猪场”。姑娘，代表着青年，有朝气、有活力，又有时代气息；“十姑娘”，取其成数而已，不一定正好是十个姑娘。八个生产队，八位饲养员，八位姑娘，她们分别是武凤琴、贺秀琴、贺梅英、贺梅花、武翠娥、贺秀捧、武翠花、武玉梅。因为饲养员都是青年同志，所以也明确大队团支部书记贺来义同志也要关心猪场、管理猪场的事。姑娘们来上班了，生猪装圈了。在老窝公社武湾大队“十姑娘养猪场”挂牌那天，真是热闹非凡。公社领导来了，驻队干部来了，大小队干部来了，社员群众也都来了。挂牌仪式一开始，鞭炮齐鸣，欢笑声、赞扬声，声声不断。有的说，这么大的猪场，这么多的猪，还是第一次见到。还有的说，猪多，肥多，定能多增产。也有人担心说：“这么多猪，队里能喂好吗？”

为保证猪的健康成长，猪场兽医室的药品、器械配备齐全。孟秀云、段秀芳就是在建兽医室前进场的。她俩都是刚结婚不久的新娘，又都是军人家属、高中毕业生，当然也是猪场的骨干。接着猪场又办起了饲料加工厂、酒厂、豆腐坊，既能为猪场增加经济收入，酒糟、豆腐渣又可以喂猪。在猪场大门口前、路北的大坑内又引进了水浮莲，这也是喂猪的好饲料。后来各生产队还建起了贮青窖，将红薯秧贮藏起来，经过发酵，用来喂猪，效果更好。这样一来，武湾大队集体养猪的做法成了经验。公社党委、政府以武湾大队为榜样，召开大会，组织各大、小队干部到武湾大队参观学习。于是各大队迅速掀起了集体养猪的热潮。老窝养猪业的发展，很快引起了县委、县革委的重视，在老窝召开现场会，号召组织各公社各方面人士到老窝武湾参观学习，很快在全县范围内掀起了养猪热潮。县外贸局、畜牧局的领导相继到武湾大队进行调研，总结经验。县妇联、知青办的领导也把武湾大队“十姑娘养猪场”

作为他们的联系点，在日后的知青先进表彰会上，少不了武湾大队“十姑娘养猪场”的代表，县妇联开会也少不了“十姑娘养猪场”的代表。

1974年春，武湾大队集体养猪的经验已波及全省各地市县，到武湾大队“十姑娘养猪场”参观取经的络绎不绝。主抓养猪的大队党支部副书记武大毛同志因不识字，材料念不成，公社党委秘书刘凯就让我以一个驻队干部的身份向参观者介绍。我答应了。因为这材料就是我写的。

名不正，言不顺。驻队干部不能总代替大队干部。所以几经讲解之后，我向公社有关领导推荐了孟秀云同志，她是高中生，有知识，语言表达能力也好。她把我给她事先准备好的经验材料熟悉后，第一场讲解就很受欢迎。但孟秀云同志只是一个普通的社员、养猪场的一名成员，不是党员，怎能长期代表大队讲话呢？一个干部讲得好，不是党员可以发展为党员，不是干部可以提拔为干部。这下子问题得到了解决，孟秀云很快成为一名党员，并配备为大队党支部副书记，分管养猪，主抓猪场。从此，孟秀云同志名正言顺地以大队党支部副书记的身份向来参观者介绍武湾大队的养猪经验了。

1975年5月，为迎接全国活猪供港先进代表会议在许昌召开，我重点做了两件事：第一件事是写好出席会议的先进事迹材料。通过写材料，我认识了省外贸局（当时不叫厅）朱霞局长（省委副书记赵文甫的爱人）。我到省外贸局的第一天，朱霞局长就接见了我这个小兵，当她了解到我原来是教师，因办猪场才到武湾时，她握着我的手笑着说：好哇，你也为我省的养猪事业作了贡献。最后，她说：孙老师，材料一定要写好，这是代表我们河南的。当材料交卷后，她很满意。第二件事是协助做好会前的准备工作。为此，经大队党委同意，我把当时郾城毛笔字写得较好的王灵芝同志从孟庙请到武湾大队，对武湾大队的办公室、猪场门面、标准口号、语录及养猪场的各项规章制度等重新布置、重新更写一次。同时，武湾各街道的宣传标语、横幅，还有通往公社的指示路标等，也都按照要求重新做了安排。会议召开的第三天，与会人员来武湾参观沿路经过的地方，该县领导要到场迎送。郾城更为认真，除县领导到场迎接外，通往老窝的漯周公路上一华里一岗哨，参观的车辆一路畅通无阻。国家外贸部属的一个局长来了，各省地市的有关人员来了，郾城县领导及各公社负责人来了……与会人员中午在老窝吃一顿饭，据说就准备了几个月。参观后第二天，县里通知我去许昌参加会议。我列席了郾城与会的县领导和各公社党委书记参加的讨论会。这期间，我认识了郾城县两位县委书记，他们是张纪曾、白保松。

这次会议结束后，孟秀云同志被提拔为老窝公社党委副书记兼武湾大队党支部副书记。武湾大队“十姑娘养猪场”的名声更大了，许多新闻单位争先恐后到武湾大队采访报道。河南省电视台的记者付振山到武湾拍摄“十姑娘养猪场”的新闻纪录片。凡新闻单位到武湾采访，都由公社书记陪同吃饭，由我陪同实地采访。付振山在武湾大队住有十来天，孟秀云向他介绍了整个情况。付振山给我印象很深，他很虚心，工作也很认真。他每天晚上都写日记。一周多的时间，所要拍摄的镜头就完成了。他回省电视台后，经过剪辑、制作，很快在河南电视台播放了。看到这一消息，老窝、武湾“十姑娘养猪场”沸腾了，到处议论，武湾养猪上电视了。在公社有关领导指示下，我赴省电视台索要《十姑娘养猪场》的电视拷贝片。我见到付记者，说明来意，他安排我先在招待所住下，等他给台里领导请示。第二天一上班，我又来到电视台。台长接见我说：“经研究，同意你们的请求。你们是全国养猪先进单位，我们破例一次。”他又向付振山说：“你安排一下，让制作室重新给他们制一套拷贝。”拷贝带回后，由公社放映队轮回在各大队播放。这在武湾、在老窝、在郾城，实在是一件从来没有过的新鲜事。接下来是河南电影制片厂来武湾大队拍摄纪录片，来了两名记者，一是搞文学的曹付合同志，一是搞摄像的冯 ×× 同志。实际上他们已经来武湾多次了。每次来少则一星期，多则十几天，上下拉了几个月，最后制了三盘。拷贝在制片厂他们让我看过，但不是最后定稿。随后形势变了，这部纪录片也就无人问津了。其间为了宣传“十姑娘养猪场”的事迹，我也受公社领导的指示，以本报通讯员名义给《河南日报》写过一篇稿子：

发展养猪事业　促进农业增长

武湾大队实现一人一猪、一亩一猪，为农业提供大量优质肥料，今年小麦一季过“长江”，生产投资大大减少。

郾城消息　郾城县老窝公社武湾大队广大干部、群众，认真学习无产阶级专政理论，坚持党的基本路线，狠批资本主义倾向，深入开展农业学大寨活动，贯彻“以粮为纲、全面发展”的方针，养猪事业迅速发展。1974 年全大队实现一亩一猪、一人一猪，为农业大干快上提供了大量的优质肥料。今年全大队一千零四十亩小麦，平均亩产八百二十六斤，一季过“长江”，比去年每亩增产三百二十斤，超额完成国家任务，集体储备增加，社员生活相应提高。由于猪多肥多，小麦生产投资大大减少，每斤成本由 1972 年的六分下降到一分二厘七，收入大大增加，集体经济越来越巩固发展。

“文化大革命”前，这个大队受到刘少奇反革命修正主义路线的干扰，养猪事业发展不快，全年粮食单产只有五百多斤。经过无产阶级文化大革命和批林整风、批林批孔运动，广大干部、群众的阶级斗争和路线斗争觉悟大大提高，大干社会主义的积极性空前高涨，养猪事业得到了迅速发展。到 1974 年，全大队生猪饲养量达到了一千五百九十五头，实现了一人一猪、一亩一猪，平均每户六点三头。今春，大队党支部组织干部、群众认真学习无产阶级专政理论，破除养猪为自己的私有观念，树立为革命的养猪思想，促进了养猪事业的巩固和发展。

毛主席指出：“农、林、牧三者互相依赖，缺一不可，要把三者放在同等的地位。”过去这个队对以牧促农的问题认识不清，摆不正抓猪与抓粮的关系，存在着单纯依靠化肥的思想，一度出现集体养猪不积肥，社员养猪不上圈，猪尿猪屎到处流失。针对这一问题，大队党支部组织干部、社员认真学习毛主席关于发展养猪事业的有关指示，回顾总结抓养猪积肥的经验教训。养猪不积肥，单纯靠化肥，加大了农业生产的成本，造成土壤板结，影响了农业增产。为了调动群众养猪积肥的积极性，党支部发动群众，运用典型事例分析对比的方法，启发教育大家。第五和第六生产队，原来是一个队分开的，土地、农具一样多。分队后，第五生产队坚持走养猪积肥的道路，1972 年小麦一季超《纲要》，每斤小麦成本只合二分三；相反，第六生产队不搞养猪积肥，到处托人买化肥。由于底肥不足，化肥施得又不及时，小麦单产三百零三斤，仅购化肥一项就使小麦每斤成本高达一角多。活生生的事实使大家体会到：抓粮必抓肥，抓肥必养猪，不养千头猪，难积万担肥，难打千斤粮。在提高认识的基础上，大队党支部及时研究制订了一些养猪积肥的具体办法。集体养猪积肥，以生产队为单位建立三至五人的常年积肥专业队。他们的任务是拉土、割草、加工沤制肥料，必要时生产队加派劳力、集中力量、突击填沤。圈内打扫卫生由饲养员担任，每坑粪成熟要求三个月，一年四次，保质保量，沤烂沤透，发黑发臭。社员养猪积肥，按猪的大小实行以猪定肥，以猪定级、按级给分的办法。由于重视思想发动，认真落实政策。积肥数量和质量逐年提高。1973 年施猪圈肥量占总施肥量的百分之三十多，1974 年积猪圈肥一万六千多方，施猪圈肥量达到百分之八十。随着施猪圈肥量的逐年加大，改善了土壤结构，提高了耕地肥力，达到用地和养地相结合，使麦苗前期壮而不旺，后期秆粗穗大，促进了小麦大幅度增产。去年小麦播种时，每亩施粗肥十二方，施化肥比过去减少了一半，加上其他条件的紧密配合，小麦每亩产量由去年的五百零六斤猛增到八百二十六斤，增产幅度达三百二十斤，超过了历史最高水平。第五生产队九亩红薯茬小麦，品种是“复壮阿夫”，播种前施猪圈肥十二方，施化肥五十五斤，平均亩产一千零七十五斤。第三生产队有三十亩玉米茬小麦，其中二十亩施猪圈肥，其余十亩施高温肥，两块地管理施肥相同，单打结果产量大不一样：施猪圈肥的亩产八百一十二斤，施高温肥的亩产七百一十一斤，施猪圈肥比施高温肥每亩增产一百零一斤。

目前，这个大队的干部、群众正在认真总结小麦增产的经验，鼓足干劲，大搞积肥造肥，积极为种好小麦做好准备，以实际行动支援灾区人民。

1977 年底（或 1978 年初），省里来了一个考察队。一个同志问我，你叫孙发义？这几年你都在武湾驻队？材料大都是你写的吧？我一一回答后。他又说，你不要紧张，你现在谈谈对武湾养猪的看法。我说了这么几句话：养猪是落实毛主席“养猪业必须有一个大发展”的指示，养猪促进了武湾农业的发展。老窝养猪业的发展给老窝人民带来了两点明显的好处，一是为迎接全国活猪供港会议人员来武湾参观，上级专门修了一条从归村通往老窝的油路，为老窝今后农产品输出创造了良好的条件；二是在上级的扶持下，在老窝河状大队南沙河岸边建了一个向阳机灌站，对该地农业发展大有好处。至于材料的数字，我可以说，都是上报数字，重要的材料都是经过领导审查后上报的。事后我才听说，这班人代表两种思想，一是说武湾养猪好，二是说武湾这个典型是吹起来的，更严重的说法是养猪得不偿失。

这班人走后不久，武湾的驻队干部撤走了，我也重新回到了教育战线，“十姑娘养猪场”也就逐步解体了。

武湾大队十姑娘养猪厂

选自 2009 年《漯河文史资料》第十七辑

清末临颍农民抗税捐斗争砸衙门

阎理之[①]

1900年（清光绪二十六年），八国联军攻陷北京，慈禧太后带着光绪帝逃奔西安。她对外一贯屈膝投降，派李鸿章为全权大臣向帝国主义求和，1901年签订了丧权辱国的《辛丑条约》，赔款4.5亿两，39年还清，加上利息共9.8亿两。这样惊人的巨款，必然要从全国人民身上榨取，因此，人民生活苦不堪言。

在这国困民穷的时期，临颍县知事蒋世芳却不顾人民死活，勾结地方豪绅，变本加厉地搜刮民财，激起人民的愤慨与反抗。

为了接送过境官员、上京赶考的举子以及其他官差，县内设有车马局，主管征派车辆。原规定40亩以上的农户出一头骡，80亩以上的农户出两头骡、一辆车。当权的地主豪绅们说这样不公平，要求县官平均负担，按亩征收车马差徭，县官蒋世芳依照他们的意见，以改订车马章程平均负担为名，不论贫富，不论土地多、少、肥、瘠，一律随正粮每亩地征车马差徭铜钱三十文。差徭一改，全县每年多收钱21000串，肥了县官。当时临颍农村纺花织布为农民主要副业，县官认为从中可以渔利，即加上纺花车、织布机捐，无奈统治阶级欲壑难平，进而娶妻、生子、种树等都要纳捐交税，到了几乎无户不捐、无物不税，无止境地榨取人民血汗的地步。

1904年（清光绪三十年）春，有城东双庙农民王仲秋、和庄农民贾西坤、城东南皇帝庙武举刘汉斗等，串联发动城东南兴文、南王两保的农民联合起来进行反税捐的示威运动。原定农历二月十五日起事，由于

① 阎理之，1911年生，河南省临颍县人。1936年毕业于开封师范学校，曾任教师。1989年离休。

群众斗志急切，等不到约定日期，提前于二月十四日手持杈把、扫帚、镰刀、锄头等农具，浩浩荡荡地涌进城内，群情激愤，一致高呼："不种庄稼了，缴了农具，一致罢耕！"直奔县衙门里。县官蒋世芳闻听示威百姓声势浩大，吓破了胆，从后门逃之夭夭，躲到西街耿鑫布店，不敢露面。人们不见县官，怒气难平，冲到大堂内，把一切门窗器物砸了个稀巴烂，把所有档案卷宗都撕毁无遗。砸了县衙后，又到南街寻找对这次加征苛捐杂税为县官出了不少坏主意的地主绅士赵恒、赵鹤亭出气。到了赵鹤亭家，他见势不妙，越墙逃跑，立即被抓获，拉到大街乱打一气，打得他鼻青脸肿，跪地求饶。示威群众到了赵恒家，见他早已溜了，就把他新盖的门楼扒掉了五脊六兽，并把他的小轿也砸了。四乡农民闻讯也都进城参加了斗争，人们越来越多，大约有上万人，大街小巷挤满了示威群众。示威运动一直坚持了三天，县官蒋世芳只得宣布取消纺花车、织布机、人口税等，省里闻讯，下令免了他的官职，狼狈而去。为此，东五里头唱了两台大戏，庆祝这次斗争的胜利。石佛陈则刊石立碑，以志纪念。

蒋世芳免职后，清政府又派来县知事王鐈（外号王老虎），王鐈来后，残酷镇压这次群众运动，对农民下了毒手。由于皇帝庙的武教师多，是这次运动的主力，王鐈每天率领衙役们到那一带抓人、抄家，每天下乡办案的衙役们用大车拉回抄出的农民衣服和贵重东西，回来官吏和衙役们"坐地分赃"，发了大财。皇帝庙附近臧庄王乙田是个木工，他参加反捐税示威运动晚了，待到衙门已经砸罢了，他看见一段砸断的轿杆，心想，可以拿回去做刨子模，便扛到肩上，一路吹着口哨拿回家里，这次也被抓进城押到班房里，几乎死在里面。为此事住监狱和倾家荡产的人很多，但是人民是无所畏惧的，因此，临颍又酝酿着更大的革命斗争——祁大庙起义。

这次临颍农民抗税捐的砸衙门事件，后来被人编成了戏剧，在县里进行演出，虽然不久遭到禁演，但是这一斗争史实一直流传在民间。

选自1987年《漯河文史资料》第一辑

关于农业合作制问题的实践和认识

邵凤鸣[①] 马端甫[②]

关于我国农业合作制问题，大半个世纪以来的历史经验教训集中到一点，就是对科学的农业合作制理论如何认识和实践的问题。今天我们分析研究这一问题，对进一步坚持和完善家庭联产承包责任制，建设具有中国特色的社会主义现代化农业，有着十分重要的意义。

合作化的曲折道路

我国农业合作制走过了一条曲折的道路。新中国成立初期到20世纪50年代中期，党在农村的政策是正确的、稳妥的。中央提出用三个五年计划的时间，完成农业合作化任务。农民群众在正确的方针指引下，生产积极性空前高涨，农业生产恢复发展很快。1955年以后，受到"左"倾错误影响，指导思想上发生了偏差，导致合作化行动急躁冒失。到1958年，这种错误又进一步发展，把人民公社当作通向共产主义的"金桥"，以闪电速度，在全国范围内建起了人民公社。"穷过渡""割尾巴""大呼隆""大锅饭"，农民的生产积极性受到严重挫伤，农业生产长期徘徊不前，农民生活长期不能摆脱贫困。直到1978年十一届三中全会后，这种状况开始扭转。家庭责任制的推行，从根本上纠正了"左"的错误，使农业合作化重新回到正确轨道上来。

回顾这一段坎坷不平的曲折历程，认清"左"倾错误在农业上的危

① 邵凤鸣，郾城县人，1959年出生。1982年毕业于河南农学院农学系，高级经济师。曾任乡农技站站长、副乡长，市农业局副局长等。

② 马端甫，男，郾城县人，1986年区划后曾任漯河市农业区划办公室主任。

害，吸取历史的经验教训，对我们今天在理论上进一步认识家庭联产承包责任制，在实践上进一步创新探索具有中国特色的农业发展道路，是必要的、有益的。

在合作化问题上，我党开始提出的设想、计划、步骤和具体政策是符合实际的。1951年12月《中共中央关于农业生产互助合作的决议》指出："农民在土地改革基础上所发扬起来的生产积极性，表现在两个方面：一方面是个体经济的积极性，另一方面是劳动互助的积极性。农民这些生产积极性，乃是迅速恢复和发展国民经济和促进工业化的基本因素之一。"

鉴于对农村经济形势的这种分析，《决议》认为：根据运动发展的一般规律和发展农村生产力的必要性，党在目前对于发展互助合作运动的方针，应该有下列三个方面：

一、在全国各地，特别在新解放区和互助运动薄弱的地区，有领导地大量地发展互助合作运动的第一种形式（即临时性的季节性的劳动互助）。

二、在有初步互助运动基础的地区，必须有领导地逐步地推广第二种形式（即比简单的劳动有更多内容的常年互助组）。

三、在群众有比较丰富的互助经验，而又有比较坚强的领导骨干地区，应当有领导地同时又是有重点地发展第三种形式（即土地入股的农业生产合作社）。

可见当时党中央制定的方针，是根据可能的条件而稳步前进的方针。1953年12月16日，在两年实践的基础上，党中央又公布了《关于发展农业合作社的决议》，更明确更具体地指出："根据我国的经验，农民这种在生产上逐步联合起来的具体道路，就是经过简单的共同劳动的临时互助组和在共同劳动的基础上实行某些分工分业而有某些少量公共财产的常年互助组，到实行土地入股，统一经营而有较多公共财产的农业生产合作社。"同时要求我们"正确地按照可能的条件建立典型，研究典型，而盲目冒失，只是贪多、贪大、贪高，这是错误的；反之如果把典型孤立起来，不能进行推广，这也是错误的。"

根据这两个决议里阐明的指导思想，我国20世纪50年代初期农业合作化运动的方针、方法和步骤是既积极又谨慎的。据舞阳县记载，1953年当时舞阳县参加农业生产互助合作组织的农户约有79316户，占全县农户总数的43%，其中，全县已发展初级农业合作社734个、1689户，占全县总农户数的21.3%。在全县初级社办得较早、较好、影响较大的如城关李楼乡排坊李村的陈明义初级农业生产合作社和七里村邢法林初级农业生产合作社。

从初级社向高级社推进的过程中，少数地方发生了违反自愿互利原则、侵犯中农利益的问题。1955年毛主席指出："生产关系要适应生产力发展的要求，否则生产力会起来暴动，当前农民杀猪宰羊，就是生产力起来暴动。"并提出应当实行"停、缩、发"（分别不同地区停止发展，实行权缩，适当发展）的三字方针。如果按照这个方针和中央原定的在三个五年计划内，逐步实现农业合作化的计划办事，中国的农业社会主义改造和农业发展、农业的落后面貌可能早已改观。不幸的是，1955年下半年以后，直到1978年的十一届三中全会止，一直是"左"倾思想占主导地位，使农业反复遭到挫折，大体过程是：

一、1955年，在如何对待农业社会主义改造的速度问题上，党内出现了争论。一部分同志主张按中央原定计划办，理由是：（1）农业合作化要与国家工业化进程相适应；（2）现有合作社存在的问题很多，整顿和巩固的问题很重；（3）不同地区生产水平不平衡，干部水平和群众思想觉悟跟不上。这些正确主张不仅没有得到采纳，反而在同年7月扩大的中央全会上进行了严肃的批判，"像小脚女人，东摇西摆地在那里走路""是右倾机会主义"。这种批判，导致合作化运动在全国范围内过急发展，原计划十五年完成的合作化，基本上在一个冬季就完成了。

1955年冬和1956年春，舞阳县先后建立了96个高级农业社（集体农社），基本上是套用苏联集体农庄的模式，特别是当农民对合作社过程中一些"左"的东西提出议论时，就以"整社"的形式主义，开展了对所谓自发资本主义势力和富裕农民思想的批判、斗争，掩盖了当时的许多矛盾。

二、全国范围内的高级社，还没有来得及巩固，1958年，又提出建立人民公社。在这种超越客观实际的思想指导下，再加上当时政治上正在开展反对右倾的斗争和两条道路的大辩论，人们头脑达到了高度发热的程度。在这种历史条件下，人民公社运动一哄而起，在漯河地区三县普遍建立了人民公社。不仅如此，人民公社化运动迅速由农村扩展到城市，当时的漯河市和郾城县合并成一个人民公社！

人民公社的诞生，一开始就违反了农民的意愿，不符合客观实际需要，阻碍了农业生产的发展。大跃进、高指标、高征购、浮夸风、大锅饭，一平二调共产风，结果造成了农业产量连年下降，部分公社出现了逃荒、要饭、病死、饿死的大灾难。鉴于这种状况，1962年2月23日，党中央发出了《关于改变农村人民公社基本核算单位问题的指示》，提出以生产队为基本核算单位，实行“三级所有，队为基础”；提出要坚持自愿互利原则，要注意克服平均主义。1962年9月27日，八届十中全会颁布了《农村人民公社工作条例的修正草案》，即“六十条”，纠正了人民公社初期存在的严重问题，农村形势逐渐好转。

三、从1963年开始，又在农村开展“社会主义教育运动”，即“四清”（清阶级、清政治、清思想、清经济）运动，斗争矛头由基层转向党内。

接踵而来的是1966年开始的“文化大革命”，农村开展了农业学大寨运动，大批判开路，大批资本主义，在所有制上竭力推行“穷过渡”“割资本主义尾巴”等，使农村经济蒙受了巨大损失，扼杀了农民群众的生产积极性。

历史性的转折

1978年12月召开的党的十一届三中全会，结束了20多年合作化的曲折过程，是我国农业合作化运动的一个具有历史意义的转折点。

全会重新确立了实事求是的马克思主义思想路线，果断地停止了使用“以阶级斗争为纲”的错误口号，作出了把工作重点转移到社会主义现代化建设上来的战略决策。

党中央以实事求是的态度，首先抓农业，开始了全面的拨乱反正，纠正长期存在的“左”倾错误。强调指出，摆在我们面前的首要任务，就是要集中精力使目前还很落后的农业尽快得到迅速发展，因为农业是国民经济的基础，农业的高速度发展是保证实现四个现代化的根本条件。当时有两个文件：一个是《关于加快农业发展若干问题的决定（草案）》，另一个是《农村人民公社工作条例（试行草案）》。这两个文件认真总结了新中国成立以来农业生产的经验教训，清除“左”的影响，提出了现阶段农村的各项政策和加快发展农业的若干重大决策、措施。文件的主要内容有：

（1）放宽农村政策。强调生产队和社员“有权因地制宜地进行种植，有权决定增产措施，有权决定经营管理方法，有权决定分配自己的产品和现金，有权抵制任何领导机关和领导人员的瞎指挥”。

（2）从各方面减轻农民负担。文件明确规定：“任何单位和个人，绝对不允许无偿调用和占有生产队的劳动、土地、牲畜、机械、资金、产品和物资。国家各部门在农村举办各种企事业（农民自愿举办的各种企事业不在内），除了国家有法律、法令、规定的以外，决不允许给集体和社员增加任何负担。举办农业基本建设，发展社队企业，都要坚持自愿互利的原则。在国家计划以外，任何单位不准向社员抽调劳动力，计划内抽调的合同工、临时工，必须签订合同，规定合理报酬。”

（3）鼓励和扶持农民经营家庭副业，增加个人收入，活跃农村经济。文件指出：“社员自留地、自留畜、家庭副业和农村集市贸易，是社会主义经济的附属和补充，不能当作所谓资本主义尾巴去批判。”为了加快发展，文件规定：“今后三年、五年内，国家对农业的投资，在整个基本建设投资中所占的比重要逐步提高。”“地方财政收入，应主要用于农业和农业用工业。”“对农业的贷款，从现在起到1985年，要比过去增加一倍以上。”“粮食统购价格，从1979年夏粮上市起提高百分之二十，超购部分，在这个基础上再加价百分之五十。”

（4）贯彻按劳分配，反对平均主义，建立生产责任制。文件明确指出:"人民公社各级经济组织，必须认真执行各尽所能、按劳分配原则，多劳多得，少劳少得，男女同工同酬。加强定额管理，按照劳动的数量和质量付给报酬，建立必要的奖励制度，坚决纠正平均主义。可以按定额记工分，也可以按时记工分加评议，也可以在生产队统一核算和分配的前提下，包工到组，联系产量计算劳动报酬，实行超产奖励。"

这两个文件全面总结了农业上的历史经验和教训，彻底否定了"左"倾政策。特别是允许包产到组、联产计酬，这就为家庭承包制的推行开拓了道路。

农民的伟大创举

家庭联产承包责任制的建立，不是人们凭空想出来的，不是哪位"先知"事前的布置和号召，也不是本本上规定的，而是广大农民在党的十一届三中全会"解放思想""实事求是"的方针、路线指引下，总结20多年来痛苦的经验教训，冲破重重障碍，用实际行动奋起批判"左"倾路线的必然产物，是农民群众为了彻底克服延续20多年集体经济中"大呼隆""大锅饭"等弊端，对农业经济进行根本性改革的伟大创举。

家庭承包制又是对"左"倾路线的反抗。20多年来，农村出现的家庭承包制，就是农民群众用自己的实际行动同"左"倾路线以及旧的观念、旧的有关势力进行针锋相对的斗争。推行家庭承包制的过程，就是广大农民以三中全会精神为武器，勇敢地清除"左"倾错误的过程。

家庭承包制发端于1978年秋天，在三中全会精神指引下，经过反复斗争，由点到面逐步推开。1978年，安徽省发生100多年罕见的特大旱灾，大部分地区10个月没有降雨，许多地方水库干涸，河水断流。我国五大河流之一的淮河，只剩下0.5的流量，60多万亩农田受灾，400多万人畜缺水，土地干裂、河底朝天、野兔渴死。入秋以后，旱情更趋严重，秋种无法进行，肥西县山南公社首先闯开了禁区，搞起了包产到户，向"左"倾路线开了第一枪。随着三中全会精神和两个农业文件的深入贯彻，山南包产到户的办法，不胫而走，像一股沁人心脾的春风，吹向肥西，吹向江淮，吹向祖国大地。凤阳县梨园公社是全县最穷的公社，1979 年全公社实行大包干到组，粮食产量比上年翻一番，油料总产增加八倍。这个公社的小岗生产队是全公社中最“难缠”的一个队。三中全会前全队 20 户，驻村的工作队就有 18 人，帮助“抓革命，促生产”，但每人每年人均口粮只有 100 到 200 斤，家家逃荒要饭。这个队一下子搞了大包干到户，结果这个出名的“难缠队”一跃成为全公社的“冒尖队”，小岗村的一年巨变，使人们大开眼界，清楚地看到包干到户的优越性远超其他形式的责任制。

1980 年春，舞阳县委转发了小岗村的经验，并在孟寨公社进行试点，趁夏收秋播的关键时机，全县普遍实行了大包干，郾城、临颍先后在 1980 年冬和 1981 年春也全部实行了大包干。

事实充分证明，家庭承包制所以能成为多种农业生产责任制中的主要形式，在我们广阔的国土上生根开花结果，不是哪个本本上规定的，而是广大群众，经过多种责任制形式的对比，从实践中作出的最佳选择。

家庭承包制的出现，经历了一个由少到多，由低级到高级的发展过程，是广大农民在生产实践中经过鉴别、比较、筛选而逐步发展起来的，是一场伟大而深刻的社会变革。这场变革，是三中全会的路线、方针、政策在广大农村的一次最广泛最直接的实践。经历了一个实践认识、再实践再认识的过程，人们的认识才趋于一致，思想才不断前进。

选自 2004 年 7 月《漯河文史资料》第十二辑

漯河中原面粉机械厂兴衰史

刘天恩 [1]

一个企业的成败兴衰，除受国内国际大环境的影响制约外，企业的生产、经营、管理能力及人员素质是最为关键的因素。中原面粉机械厂47年走过的轨迹，正好是这一认识的诠释。

郾城的手工业源远流长，作为手工业一部分的铁业也有着悠久的历史。中原面粉机械厂就是在手工铁业社的基础上逐步发展起来的。

新中国成立后，国家实施对农业、手工业、资本主义工商业的社会主义改造。在走合作化道路期间，郾城全县共组织铁业社（组）20个，从业人员726人。其中最早的是1952年建立的杏树王铁业社。就是这个不起眼的村级铁业社，竟像幼儿一样，逐月逐年地成长变化，最后成为中原面粉机械厂这样一个在县域经济中具有举足轻重的娇儿宠子。由物及人，该企业的第一任领导姬炳灿及原来的厂长李国胜，因治厂有方，在百姓中留下了丰厚的口碑。

杏树王铁业社的初始阶段，全社成员共计235人，主要产品也就是日常所用的镰刀、铲子、草钐等小件农具。“大跃进”时期被升格命名为地方国营郾城第二机械厂。

1962年，在“八字”（调整、巩固、充实、提高）方针的指引下，第二机械厂被退回为集体企业，并随之更名为小件农具社。从1958年到1964年，随着所有制的“升级”“下放”及郾城、漯河的合合分分，该企业经历了四次搬迁，最终定居在孟庙这块风水宝地上。此时的小件农具社从开始的200多人减少到57人，固定资产也由12万元降至4.8万元。

---

① 刘天恩，男，1947年5月生，郾城县人。1968年应征入伍，1978年转业国营九六七九工厂，1988年调郾城技术监督局工作。

中原面粉机械厂工人在修理面粉机

兵不在多而在于精。剩余人员在艰难的环境中不忘名牌战略。他们生产的双王牌镰刀，于1964年7月在全省镰刀质量评比会上名列前茅。1967年，该社又升级为郾城县农具合作工厂，除继续生产镰刀等小件农具外，又增加子弹轧花机、碾米机、链条式水车和25kg空气锤等新产品。1970年，又开始生产3S型面粉机。原来生产小件农具的工艺设备也进行了换代更新。各种新产品的产量、质量、产值都有明显提高。1981年，经县政府批准，该企业更名为郾城县轻工机械厂。1984年，又改为中原面粉机械厂。

十一届三中全会以后，随着农村经济的腾飞，随着改革开放的不断深入，该企业生产的3S型面粉机成为供不应求的热门产品。为满足市场需求，该企业对面粉机生产线进行了三次较大的技术改造。厂房建筑面积由原来的5100平方米扩大至12300平方米，更新设备129台，引进红外线烤漆生产线及镀铬生产线，并新建理化试验室及计量室等。面粉机的年产量从500台猛增到5000台。尤其是生产的6FY—223S型面粉机，曾两次赴京展销，当时已畅销全国29个省（市）自治区。据

1989年统计，该产品累计销售39015台，占全省销售同类型产品的80%。

不久，该企业根据用户的要求，又投资近百万元，购进10多台国内先进的车铣镗床，组织技术人员多次改进工装设备，调整工艺结构，使产品具有体积小、重量轻、耗电少、噪声低、操作方便等优点。1988年，该产品被机械工业部评为部优产品，并提出把该机型定为我国面粉机通用机型的设想。

由于产品质量的提高和产量的增加，产值利税也出现了新的飞跃。1988年与1987年相比，产值增长5.6倍，利税增长22.7倍。

企业的名声与企业的效益几乎是同步提高。1983年，获河南省轻工业厅QC质量管理奖；1986—1987年，连续两年被省轻工业厅命名为设备管理先进单位；1988年，经河南省机械电子工业厅验收，该企业正式进入河南省一级企业行列；同年8月，又获省机械电子工业厅企业管理银杯奖。1986年研制的6FY—223S新型面粉机获河南省科技进步三等奖；1987年新开发的H1108型1575造纸机短网，填补了河南省造纸机械短网部的生产空白，为装备短网纸机和改造圆网纸机开辟了新的途径。

在生产发展的基础上，集体福利设施及职工物质文化生活也得到了相应的提高。为方便职工就餐，厂内建起3座食堂，娱乐室、托儿所、阅览室、沼气池等配套设施几乎应有尽有。1988年，职工住房面积人均已达12平方米，个人年均收入达到1562元。

1992年2月，正值企业的整体动作如日中天之时，随着机构的改革，中原面粉机械厂厂长李国胜被调任工经委主任。

李国胜离厂后，中原面粉机械厂的法人代表又换了三任。第一任因经济问题，只干了一年零五个月，即于1993年7月被免职处理。第二任雄心勃勃，在县委、县政府的授意下，于1996年联手召陵机械厂、邓襄机械厂两家面粉机械生产企业，组成企鹅面粉机械集团公司，本人也凭借原中原面粉机械厂的实力出任总经理一职，成为该公司的龙头老大。但终因经营不善，企业出现亏损，于1998年又被调出该企业。第三任虽走马上任，但面对濒临破产的烂摊子，却无回天之力。到1999年企业已无法支撑下去，经县委、县政府同意后，以600万元的价格，将这家存在47年的企业拍卖给一位胡氏个人。

选自2010年《漯河文史资料》第十八辑

杜曲“四友”卷烟厂

徐绍卿口述[①] 汤颍执笔[②]

临颍县1918年开始种植烤烟，随着烤烟种植面积的扩大，一些小型卷烟厂应运而生。据统计，解放前，全县先后开设小型卷烟厂14家。这些小型卷烟厂的经营者，大都是有一定技术和经营能力的民族工商业者。他们都有发展实业、振兴中华的愿望，但在半殖民地半封建的旧中国，最终都是事与愿违。因为烤烟种植及烤烟制品生产是由帝国主义对我国经济侵略而发展起来的。解放前，我国民族工业者经营卷烟厂与之相竞争，抵制他们的“洋烟”，始终受着他们的联合企业——英美烟草公司的排斥和挤压，同时还受着地方官僚地主豪绅的敲诈。在这样恶劣的社会环境中建起的一些小型卷烟厂，其中以徐绍卿等人在杜曲开的“四友”卷烟厂最为著名，影响较大。

“四友”卷烟厂主办人徐绍卿，临颍县城东娘娘庙西侧卢庄人，生于1913年，早年家境贫寒，年轻时便以聪明手巧修理家具为生，走南闯北，交游甚广。在他颠沛流离的生活中，他看到了外国资本主义对我国经济侵略的危害，从而立下了实业救国的雄心壮志。20世纪30年代初，徐绍卿看到我县盛产烤烟，就和他的朋友崔蔚云、常方亭、陈伯生商定合股筹办卷烟厂。1935年底，徐绍卿赴上海托人买卷烟机和切烟机各一部，拆整为零，历尽艰难，托运回来。于1936年春，在杜曲正式建起了“四友”卷烟厂，即四个朋友集资创建，同心协力发展卷烟工业，以抵制外国的“洋烟”为宗旨也。

① 徐绍卿，临颍县人，解放后任兰州橡胶厂厂长，退休后，被临颍县橡胶厂聘为技术顾问。

② 汤颍（缺）。

“四友”卷烟厂经理徐绍卿，副经理崔蔚云，技师陈伯生，还有股东金瑞章等，为卷烟厂的筹建煞费苦心。卷烟厂建成后，在开展业务中，惨淡经营又都倾注大量的心血。他们和英美烟草公司资本家的斗争，同本地官僚豪绅的周旋，表现了“四友”卷烟厂不屈服于内外的压力，不畏强暴的爱国主义精神，赢得了人们的赞誉。

“四友”卷烟厂技师陈伯生，是上海人，原在上海英美烟草公司的卷烟厂当技工。他不愿为外国资本家卖命，和徐绍卿志趣相投，在“四友”卷烟厂全面负责卷烟技术，从选料到配料，严格按高标准操作，把好质量关，卷制出的香烟气味芬芳，连当时英美烟草公司的外国老板也深为叹服。

“四友”卷烟厂先后生产有“群力”“抵羊”“大炮台”三个风行全国的卷烟牌号。这三个牌号都有其特定的象征意义。“群力”牌包装封面有五男二女，气宇轩昂，携手并肩，象征中国人民前进的英雄气概。“抵羊”牌包装封面是两只山羊互相抵头。“抵羊”中的“羊”和“洋”同音，寓意是坚决抵制洋人洋货洋烟，反对外国侵略者。“大炮台”牌包装封面是长江吴淞口岸，一尊威武的大炮，直指远处无边的蓝色海洋，深刻体现了中华民族反抗外来侵略者的雄姿。三个牌号，可用三句话相连，群策群力，用大炮抵制洋人洋货洋烟；三个牌号，构成了人民反对外国侵略，保家卫国的战斗画卷。三个牌号，富于民族反抗精神，充满爱国主义，抒发了中国人民捍卫祖国的雄心壮志。因此，它受到一些革命志士的支持和广大群众的称誉。这三个牌号的香烟一投市场，畅销全国，供不应求。这除了产品质量赢得了消费者的信誉外，三个牌号寓意深刻催人奋进，是起了很大的作用的。因此“四友”卷烟厂声誉日隆，省内外客商纷纷云集杜曲，排队订货。湖北、陕西、安徽、山东客商最多，甚至东北沈阳等地都来客商采购。客商们曾流传歌谣：“四友”“大炮台”真不孬，“抵羊”“群力”人人要，都拿“抵羊”会友好，都来“四友”抬大炮。由此，足以看出“四友”卷烟厂的产品多么受人欢迎。

四友卷烟厂兴盛起来，引起英美烟草公司老板的忌恨和土豪劣绅们的眼红。英美烟草公司老板们千方百计，不择手段地来挤压“四友”卷烟厂。他们在烟叶上高价收购，在产品上低价倾销，一些豪绅恶霸也不时地敲诈勒索，弄得“四友”卷烟厂在杜曲无法营业，不得不改迁厂址。先后迁到我县岗石、巨陵和许昌五女店，以后又迁到我县锅牌陈。1945年秋迁到漯河。1947年冬，因败退的国民党军队抢劫了烟厂而倒闭。

“四友”卷烟厂同其他民族工商业一样，在旧中国，不依附帝国主义、官僚买办，很难立足，它虽屡迁厂址，颠沛流离，历经十一载，最终还是垮下来。它是我国民族工商业兴衰的一个缩影，它深刻地反映出半殖民地半封建的旧中国民族工商业发展的坎坷道路。而“四友”卷烟厂生产的“群力”“大炮台”“抵羊”三个香烟牌号的风行，人们至今记忆犹新，有着深远的影响，它写下了漯河临颍民族工商业发展史上的重要一页。

选自2003年9月《漯河文史资料》第十一辑

漯河最早的民营企业

——大新面粉公司始末

范子文[①]

清光绪三十二年（1906年）京汉铁路通车后，漯河镇（限寨内）东二里兴建了郾城火车站。漯河凭借其水陆交通的优势，依托周围广大地区农副土特产品的丰富资源，招来外商、出口商、贩运商，云集采购，逐渐发展，取周口而代之，成为东起阜阳、颍上，西至南阳、老河口等广大农村土特产品和牲畜的集散地，波及影响周围50多个县、市，面积达1万多平方千米，人口约300万。各地到漯河经商的，纷至沓来，车站周围成了风水宝地，尺地斗金，五方杂处，华洋辐辏之地。

到20世纪30年代，车站地区（重点铁西）修建了大小街道40多条，如马路街（1907—1917年修建，下同）、老街（1908年）、竹木街（1915年，今受降路东段）、天主堂街（1925年）、煤市街（1928年，今公安街）、坊子街（1915年，后改名勤俭街，今并入新天地步行街）、天桥街（1915年）、万顺街（1911年）、万祥街（1915年）等。据统计，1920年有工厂34家，主要是蛋厂、铁工厂、纺织厂、卷烟厂等。1930年前后，百业兴旺，达到鼎盛时期，各类工商企业有700多户，个体手工业450多户。其当时境况如《郾城县记》（1934年版）记载："漯湾河镇，昔（1906年前）通周口已号殷盛，自京汉铁路通行，舟车之所辐辏、商贾于此萃焉，视昔且信徒过之，固为一都会矣。"

又如1927年《分省地志·河南》记载："郾城车站（今漯河车站）铁路通车后，商务日盛，水陆四达，舟车辐辏。汉口北来之货，多于此

① 范子文，郾城县人，1921年生，1949年参加工作，曾任郾城一、二中，孟庙、商桥、李集等乡镇高、初中教师。

地行销南北各地，而土产之芝麻、黄豆、鸡蛋、牛羊皮、茧绸等，亦由此输出。”

当时，在人民生活生产所需要的各种行业中，唯独没有面粉工业。一个面积 3 平方千米、3 万多人口的集镇，食用的面粉皆由城乡专业面粉户或集市零售面粉摊供应，从汉口、石家庄、天津等地运来机器生产的面粉（洋面）大半供给军队、巨商，价格较高，一般人是吃不到的。

民国 22 年（1933 年）1 月，天津德国买办巨商焦子斌闻漯河是个新兴城市，到此寻求商机，经调查，认为漯河周围是小麦生产区，原料来源充足，且水陆交通便利，若在这里办一个面粉厂，是个发大财的好机会。于是找到地方当权人物——五权镇①商务会长杨靖宇（小寨杨人）商谈。经同意后，即在车站北京汉铁路与沙河交汇处西南角、漯周公路②北侧空旷区购地 10 亩（今滨河路原市粮食局及其东邻地址），兴建了机器面粉厂——大新面粉公司（人称大新面粉厂或“大新”），正南修了一条土路，直通老街，命名大新街，今沿。面粉厂选址于此的原因：一是交通便利，距火车站近，又临漯周公路，运输方便。二是北临沙河码头，水运上通临沂，下达江淮。三是当时沙河南岸（今滨河路以北）除美国医院建筑外，皆为空地，大小车辆可自由停放。

面粉厂 1933 年夏开工建设，新建机房（三层楼）一栋、营业房（二层楼）一栋，仓库 70 余间，1934 年 1 月竣工。设有“米亚克”磨面机和复式钢磨 5 部，皆由上海、汉口购置，职工 90 人，最多时 120 人。日产面粉 500—1200 袋，每袋 40 斤。所产面粉，头等、三等在当地或外运销售，二等全部供给东北军。

该厂实行股份制，每股银洋 500 元。焦子斌任董事长，张斌泉任总经理，许道渊任副总经理，鹿瑞卿为助理。焦子斌当时无暇照顾公司事

① 五权镇——原漯河镇，1931 年将火车站及铁东区域划为五权镇，寨内及牛行街划为漯河镇。其后两镇多次分合。1945 年 8 月，抗战胜利后，漯河镇、五权镇最后一次合并，统称漯河镇。

② 漯周公路——漯河至周口古道，原从漯河寨龙门起—今滨河路—母猪圈—贾店—召陵—周口。1970 年 5 月 1 日，京广铁路涵洞通行后，改为今道，并统称人民路，原漯周公路改称滨河路。

务，实际由许道渊负责。1935 年 7 月，许道渊因私仇被刺，焦子斌要求退股，面粉厂暂时停产。这时大商张斌泉到漯河，与漯河商务会长杨靖宇商量，要求杨靖宇招股接厂。杨靖宇在漯河经营和丰转运公司（马路街），经常储存大量小麦，其兄杨绍忠，曾任河南开封府知府，后任议会议长，在郾漯一带有很大势力，杨靖宇接管面粉厂有很多有利条件。1936 年初，杨靖宇接厂后，即与梁冠英（国民党二十五路军总指挥）、漯河当权人物黄自芳（曾任河南省教育厅长、陕西省政府帮办）、卢荣忠、徐滋淑、杨汉臣、翟鸿飞等，共九股集资 5 万元（银洋）续办，黄自芳任董事长，杨靖宇任总经理，翟鸿飞任副总经理。厂规模稍有扩大，日产面粉量 1500 袋。这是漯河创办的第一家近代民族工业，也是最大最早的民营企业。

1938 年，日本侵略军进攻中原，10 月 1 日，日本飞机轰炸火车站，战事吃紧。此时，国民党驻漯白崇禧部队准备逃跑，命令大新面粉厂限期西迁，过期则予以炸毁。黄自芳、杨靖宇被迫无奈，决定西迁宝鸡。遂挂火车一列（20 余个车皮），连夜拆装机器，随车去的职工仅 30 余人。当火车过沙河行至孟庙车站时，漯河大铁桥“轰隆”一声即被炸毁，桥中数处断裂。

新中国成立后，杨靖宇在宝鸡继任大新面粉厂董事长，被选为宝鸡市政协委员。他聘请黄自芳之侄黄俊山为厂长，大搞技术革新，日产面粉 4800 袋，对支援解放大西北和抗美援朝作出了一定的贡献。1955 年面粉厂实行了公私合营。1956 年 1 月，杨靖宇因脑出血去世，终年 72 岁。

漯河大新面粉厂从 1934 年 1 月投产到 1938 年 10 月西迁，虽然只有 4 年多时间，但它开创了漯河民营企业的先河。

选自 2013 年 12 月《漯河文史资料》第二十辑

漯河蛋品工业的兴衰

李运来①

漯河很早以前就形成蛋品集散地，20世纪初设有蛋厂，加工后的干蛋粉、蛋白外销欧美。

解放前，漯河周围之县区交通闭塞，农业经济落后，农民生活水平低下，其饲养家禽所产之蛋品（主要是鸡蛋）大部分拿到市场上销售，用来换取食盐之类的生活必需品。当时，市场鲜蛋价格低廉。每块银圆可购鲜蛋120枚。帝国主义列强利用旧中国统治者的腐败无能，对漯河蛋品资源进行疯狂掠夺。外商或直接在漯河设厂，或通过买办代理，以低价收购，就地加工，远销国外。

1909年，英商上海"福来得"洋行买办王松森、宁波商人乐炳章偕同英商洋人到河南新乡开办河南第一家蛋品加工企业——"裕兴"蛋厂。以后天津商人赵中法又在新乡开办"裕丰"蛋厂。"裕丰"开办第一年就赚320多万两银子，从而吸引了大批商人来中原办厂。1913年赵中法破产，由新乡"祥盛魁"银号接收，新乡人张传胪受聘"祥盛魁"任经理。张与当地富绅卫少裕、游民富以及合河王举人集银2万两继续开办"裕丰"蛋厂，并聘用上海宋、彭两氏为技师，1913年春正式开工生产蛋粉。由于生意兴旺，1914年又在漯河、道口各开设"祥盛魁"蛋厂。漯河"祥盛魁"是漯河最早的一家蛋厂。1920年，"裕丰"为扩大生产，由所属新乡、漯河、道口、周口的四家蛋厂集巨资到美国购买飞黄机及其附属设备。由于船运时间长，又恰逢第一次世界大战爆发，贸易中止，资金全部损失。加上固定资产占压大量资金，新乡"裕丰"及其在漯河、道口、周口的蛋厂同时倒闭。1935年又在漯河、周口组建"同孚"

① 李运来，漯河市人，1944年出生，曾在漯河市外贸粮油食品进出口公司工作。

蛋厂，不期当地驻军任应岐兵变，在炸毁弹药库的同时，也将“同孚”蛋厂的两车皮外运蛋品炸之一空，工厂受损惨重，又停业倒闭了。

在1915年，漯河还建有“同和裕”蛋厂，它是新乡“同和裕”银号的下属企业。“同和裕”银号始建于1912年，由新乡人王晏卿、赵安侯、姜全清、杨永祥、王某五人集资建立，王晏卿任总经理，共有分号41处，同仁店员850人。由于“同和裕”经营得方，又兼吸纳十一路军司令刘振华的巨额存款，其业务急剧增加，资金迅速聚积。1920年资本达63万，股金120万，公积金50万，存款额达1000万以上。“同和裕”同时还兴办工厂，投资实业。1931年拥有工商业58处，从业人员1800多人，工厂21处，蛋厂6个。在漯河设的“同和裕”蛋厂，从业人员70人，并设有“同和裕”银号，从业人员25人。“同和裕”经营21年，于1933年受国民党四大银行围挤而破产倒闭，在漯河的“同和裕”蛋厂和银号也同时倒闭。

1935年，“永孚”银号副总经理王玉府集资10万，在漯河、开封两地开办蛋厂。漯河“永孚”蛋厂资金5万，收拢了“同和裕”倒闭后的闲散人员，在现今的受降路设厂，每年碎蛋量800多万枚，工人300余人。“永孚”兼做香烟生意，为逃税，“永孚”蛋厂1937年间改名为漯河“德龙”蛋厂。1940年至1941年由于日本侵华，交通中断，海关封闭，“德龙”蛋厂被迫停业，但厂房、设备一直保留。1949年，天津商人陈某，在开封有一间商号“同康”，陈欲在漯河开办一蛋厂，意与“德龙”合作，经协商，由“同康”出资金，利用“德龙”的厂址设备，组建一个名为“同德”的蛋厂，继续生产蛋粉。“同德”生产了三年半，于1953年下半年停业，后来与“裕民”铁工厂合并，即为漯河柴油机厂的前身。

据了解，1933年以前，漯河除了“祥盛魁”“同和裕”外，还先后建有“振玉”“义昌”“松源”“鼎丰”“德和”“美丰”“王顺”“新华”“大同”“源丰”等十多家蛋厂。其中，“德和”蛋厂规模颇大，年碎蛋量为2000万枚。这些蛋厂的制成品全部为干蛋粉，经由天津出口。漯河早期的蛋厂据说也有加工制成水蛋的。

1950年，新乡“平原”蛋厂由新乡城隍庙迁到漯河，并以100两黄金购买了停产已久的“义昌”蛋厂，组建成漯河“平原”蛋厂，这就是现今漯河罐头食品厂的前身。

选自2003年9月《漯河文史资料》第十一辑

解放前漯河的民族工业

陈庭苔[①]

中国的民族工业，由于长期遭受帝国主义和官僚资本主义的排斥和挤压，发展十分缓慢。解放前漯河民族工业，自然也逃脱不了这个厄运。

漯河早期的民族工业，大体可分为以下几个行业：

一、化铁业

清朝末年，在源汇寨内南大街两旁，先后开办了以温家为首的四家炉房，主要生产铁脚板车大轮、车轴、犁铧、犁面、饭锅等，这是漯河民族工业的鼻祖。由于当时民族工业处于起始阶段，其产品又是当地群众生产、生活之必需，因而其声誉很快传到附近各县。

二、蛋品工业

蛋品工业是漯河较早兴起的一个行业。早在民国元年（1912年），地处豫中大平原的漯河，由于周围禽蛋资源丰富，吸引了宁波、新乡、汉口等地工商人士，先后来此兴建鲜蛋厂，制成干蛋白片和干蛋黄粉，销往日本转口欧美各国。

1912年，先有宁波人阮文忠在火车站附近煤市街路西开办一家“元丰蛋厂”，规模不大，只有几十名职工。其工艺流程都是手工操作，人

① 陈庭苔，漯河市郾城区人，1933年生，1951年参加工作。曾任许昌行署办公室政策研究员，漯河市党史办副主任、科长等职。

工烘干。但产品质量较好，远销英、日、德几个国家。到1914年，新乡人张殿臣在万祥街开办一家“祥盛魁蛋厂”。随后又有汉口等地商人先后开办的“德和”“元隆”“永孚”“大同”“中和”“益昌”“豫顺”等蛋厂，其产品工艺皆为手工，烤房烘干，石碾粉碎。由于原料充足，销路畅通，经营通顺，所以利润丰厚。但到1918年第一次世界大战结束后，欧美各国开始致力本国的经济复兴，减少外汇支出，限制货物进口，加上外商故意压低价格，造成蛋品销路死滞，致使这些规模较小、资产薄弱的企业难以抵挡风险而先后停产倒闭。

事隔一年，美国解除了蛋品输入禁令，其他国家也放开了市场，减少了关税。这时，市场蛋品短缺，外商又把价格猛升上来。从1919年到1925年间，先后又有“同裕”“松元”“同孚”“振豫”“美丰”“和丰”“德隆”“鼎丰”“新华”等蛋厂开业兴办。其中“德隆蛋厂”规模较大，有固定员工200余人，临时工400余人。日打蛋10万至30万枚，产干蛋白粉（片）250至675千克，干蛋黄粉600至1800千克。当时由于国际市场对蛋制品的需求增大，销路看好，蛋品业迎来了较为昌盛的局面。

1923年，由于蛋品的畅销，漯河迎来制蛋行业的鼎盛时期。新乡工商人士冀宜亭，看好蛋品市场的潜力，便从上海筹资30万元，在万祥街祥盛魁旧址，开办了“鼎丰蛋厂”。当年就获得了30万元的丰厚利润。郾城人吴玉峰也于当年筹资42000元，在竹木街（现受降路）东段购地七亩，开办了“美丰蛋广”。招工160人，日打蛋16万枚，日产蛋黄粉3650千克，产干蛋白片480千克。产品销售英国，当年也获得丰厚的利润。继而宁波人蔡永甫兴办了“元隆蛋厂”（与1912年的元隆是两个厂），技术和设备都有所创新，并从湖北某地聘请工匠建造飞黄楼一座，大大提高了产品产量和质量。

1939年，由于天津、上海、汉口等蛋品出口口岸皆被日寇占领，蛋品出口受阻，漯河蛋品工业就此一蹶不振。

中华人民共和国成立以后，民族工业突飞猛进发展。1950年，中国人民解放军华北军区炮兵司令部，将其在新乡的“平原蛋厂”迁移漯河，加上原“漯河蛋厂”，漯河蛋品制造业重新得到复苏。1952 年 5 月 25 日，“平原蛋厂”奉命移交地方，更名为“漯河制蛋厂”（东厂）。政府拨款 3 亿元（旧币），加上“平原蛋厂”移交资产，共 5.5 亿元。同年，市政府又拨款三亿元，并租用原“同德蛋厂”厂址扩大生产。1953 年许昌专员公署将其收为“许昌专区漯河蛋厂”。几年后，又下放给了漯河。这就是漯河罐头食品总厂（现合并为双汇集团）的前身。

三、卷烟工业

漯河卷烟工业起自 20 世纪 20 年代末。当时由于“鼎丰蛋厂”盈利较多，经理冀宜亭抽出部分资金，从上海购进大型卷烟机一部，在寨内办起一座“四友烟厂”。聘请郭步先为厂长，闫荫鲁为副厂长。生产羚羊牌卷烟。为创名牌，产品物美价廉，销往本省的许昌、郑州、新乡、驻马店、信阳和湖北的汉口等地。由于厂长郭步先和副厂长闫荫鲁善于经营，管理得法，工厂办得红红火火，利润大幅度增长，羚羊牌卷烟驰名省内外。

1930 年，商人吴协中在寨内戏楼后街开办了“三益烟厂”，生产仙鹤牌和勇金亭牌香烟，销路也十分畅通。

不久英、美帝国主义的烟草公司为抢占中国市场，千方百计排斥和挤压中国的民族工业。在漯河，他们连续数日，以鼓乐队为先导，大吹大擂，在各条大街向两旁围观的群众抛撒“哈德门”和“三炮台”香烟，以收买人心，推销洋货。他们这种举措逐步辐射周围各县。于是市面上卖洋烟的烟摊密布，就连各杂货商店也都兼营洋烟生意。因此，当地卷烟厂被挤压得摇摇欲坠。

1940 年左右，当地卷烟又在市场上打开销路。当时“德隆蛋厂”由于业务萧条，经理王玉甫决定转营卷烟生意，开办了“国泰烟厂”。1945 年日军投降后，由周家口和安徽的界首迁漯烟厂多家，如寨内的华信、大昌、振化、复兴等，铁东的大生、大东等，煤市街的福华，竹木街的亚东、春华等。还从临颍迁漯一家“四友烟厂”，经理名叫徐绍卿，生产四友牌、抵羊牌、大炮台牌香烟。当时，漯河日产卷烟36箱左右，销往武汉、信阳、驻马店、南阳、周口、界首、郑州、新乡、安阳等地。

1947年，漯河卷烟厂增加到17家。这时，美国的烟草公司又来捣乱，洋烟菲利浦充斥市场。因此，本地烟厂大都处于瘫痪状态。

四、面粉工业

1934年，天津人焦子斌和武汉“申新面粉公司”张棫泉等人筹资十万元银币，在火车站北头（现滨河路原市粮食局附近）开办一家“大新面粉公司”。焦子斌任董事长，张棫泉任经理（常住武汉）。许道渊任副经理，全权负责公司事务。同时聘请漯河商务会会长杨靖宇任公司交际事务。公司拥有德国造24钢磨六部，全员职工90余人，日产面粉1200袋（每袋50斤），销于铁路沿线和附近各地。1935年7月，许道渊突被暗杀，公司陷入瘫痪。董事长焦子斌和经理张棫泉急忙召开董事会研究决定，将公司全部转让给杨靖宇接管。杨靖宇邀请郾城县知名人士黄自芳（曾任省教育厅厅长）、梁冠英（国民党军长）及芦荣宗、徐淑滋等人入股集资五万元，增加了公司资本。而原董事长焦子斌，当时看到许道渊遭受不明杀害，心有疑虑，便急忙退股脱身，并将他原投入股份价值5万元的机械设备，降为2万元，全部转给杨靖宇抽身而去。这时，杨靖宇请黄自芳任董事长，自己任经理，并聘请翟鸿飞任副经理全面负责公司事务。经过一番整顿，又添置了设备，职工增加到120人，于1936年初复工投产。重新投产后，由于当地只有这一家机制面粉，质量较高，产品销路看好。直到1938年10月2日，日本侵略者的飞机对漯河进行轰炸，国民党驻军白崇禧部限令该公司于当月内西迁，大新面粉公司随于10月中旬迁往陕西省的宝鸡。

大新公司迁出后，漯河寨内还有一家1936年兴建的“民丰面粉厂”，但规模很小，仅有石磨两盘，汽轮机一部，日产面粉千斤左右。到1939年，铁东又开办一家面粉厂，用汽车引擎带动石磨八盘，日产面粉5000斤左右。

五、机械工业

漯河的机械工业起步较晚，而且规模都很小，严格说来只能算是半机械的铁业加工厂。1935年有信昌、振兴两家铁工厂开业。月产弹轧花机20部，每部售价折合小麦3600斤。1939年，天津人王鸣山投资3万元，在老街开办“豫兴昌翻砂铁工厂”，资金3万元，建厂房30余间，有机床4部，烘炉2盘，鼓风机1部。主要生产弹、轧花机、石卵机、铁锅、家用犁铧、犁面等。日化铁1至4吨，铸铁锅200至700口；年产弹、轧花机200部，产圆盘印刷机40部左右，并兼营机械修配业务。这是漯河当时规模较大的机械加工工厂之一。王鸣山是技师出身，懂技术、会管理，但对工人的剥削十分苛刻。全厂仅雇用两名技术工人，而招收80名学徒工。师徒合同订明：在厂里干活只供食宿，别无报酬，伤老病死概不负责。学徒期三年，期满报效一年。

1941年，张晋卿在竹木街开办“夏华翻砂铁工厂”，其规模和产品产量与豫兴昌不相上下。

到1946年，漯河的铁工机械行业发展到17家，大都规模较小，主要搞机械维修，生产机械零配件业务。

六、电力工业

解放前漯河的电力工业不仅规模小，而且起步艰难。1936年，漯河第一家电力企业——“光华电灯公司”投产。当时仅有45匹马力煤气发电机一部，发电量仅能供给1600盏光度十分昏暗的灯泡照明。但在当时商号、工厂能够用上这样的电灯，已经感到十分满意。然而那时国民党驻军仗势欺人，乱拉乱扯电线，无偿强行安装电灯，造成电灯公司严重亏损。该公司勉强维持到1948年上半年，由于通货膨胀，不堪重负而倒闭。

七、印刷工业

漯河早期的印刷工业，大部分都是前门设店经营文具纸张，后院设厂承印刷业务。1922 年，西平县人宋绍勋开办一家“华丰印刷厂”，规模不大，只有石印机两台、职工 10 余人。这是漯河印刷工业的开端。

1930 年，尉氏县人张嘉范，在中山街开办“文林阁”印刷企业，内设圆盘铅印机和石印机各 3 部，有职工 30 余人。该企业一直到 1947 年停办。

1933 年，湖北省人张泰城在中山街开办的“德兴福印刷厂”，内设圆盘铅印机两部、石印机三部，有职工 27 人。该企业在武汉、孝感、广水、花园、信阳、驻马店、许昌等地皆有分支。其生产用纸多由香港轮船运抵武汉，然后分往各地。

除上述印刷企业以外，还有“新亚文印店”“联文阁”“玉林阁”“德聚兴”“新华”等文印厂（店），但规模都很小，大部分只有一至两部印刷设备，职工 10 人至 20 人，承印业务都是账本、单据、报表、香烟装潢和其他小册子之类。

纵观漯河早期的民族工业，在几十年的发展历程中，长期遭受帝国主义和官僚资本主义的重重限制和排斥，可说是举步维艰，风雨飘摇，并未建树像样的丰功伟绩。但它毕竟为漯河地方工业的发展奠定了基础。

选自 2006 年 7 月《漯河文史资料》第十三辑

回忆“洋”字当头的时代

晁凌音[①]

中英鸦片战争以后，洋货开始传入我国，一贯自给自足的封建经济开始瓦解。民国初年，我才记事的时候，城里在日常生活各方面的用品大部分都带上一个“洋”字，如洋烟、洋油、洋布、洋袜、洋帽等。原来自有的手工业经济几乎完全瓦解。

当时美国的洋油独占临颍市场，每铁桶重30斤，有的上面凸印着“美孚石油公司”，有的上面凸印着“美商德士古公司幸福牌煤油”。洋布以日本织造的居多。街上卖的药品、颜料多为德国垄断。洋红、洋绿、洋紫、洋蓝，包装铁桶上都凸印“德国颜料”字样。德国“606”注射一针就得两石麦（800斤）。英国货多是毛织品，如礼服尼、毛毯及毛哔叽等高档商品。

临颍的织布业早在明朝就已发展起来了，直到民国初年一直不断生产。当时农村织布，分九五布（面宽九寸五），也称小布，和尺半布（面宽一尺五寸），也称大布。小布染成各种颜色，全被布客买走，外销于西藏、青海等处，大布全染成蓝色，多为本地群众穿用。因之，城里开设染坊很多。

当时染坊有两类，一种是“花红染坊”，也称“客货染坊”或“大染坊”，专为布客染小布。城内最著名的客货染坊有五处，即白衣阁刘振久开的“集义和”染坊（今卫校后坑西沿）、西关李广智开的“广义兴”染坊、大寺院刘德兰开的“德太顺”染坊、南大街姚安国开的“隆

① 晁凌音，1912年出生，河南临颍人。曾任临颍县高中教师、临颍地方志编辑、《临颍文史资料》编辑。

兴和”染坊，还有南大街耿元三开的“永顺祥”染坊。这些染坊染布所用染料，全从植物中提取，如染红布，是把苏木、红花熬成红水，把布煮成红色。第一次欧战后，德国颜料传来，洋红洋绿取代了传统染料。另一种染坊称“门活染坊”，也称小染坊，专为群众染大布。所用颜料，取自于靛，当时农家种靛很多，成熟后，把靛稞泡沤在“打靛池”里，经过几十天后调进石灰，靛沉淀成泥状，装存筒子里就成了。用时把靛块放入染缸拌匀，将大布放进去，染一遍的布称为“月白”，染两遍的布称为“毛蓝”，染三遍的布称为“真清”。那时候，城乡群众十有八九全是穿用这些颜色的大布。还有些年轻妇女穿印花布，办法是用厚纸刻成图案，用桐油油上几遍，印花布时是用石灰糊通过印版印在布上，然后放入染缸，染后把石灰刮去，蓝布上就显出各种白色图案。直到我十五六岁时还有穿这种布的。这以后，洋红、洋绿、赭黑、赭蓝逐渐代替了靛蓝，农村的“打靛池”也变成了废物。

当时所谓洋烟，是用以区别于本地烟的。那时候各资本主义国家实行资本输出，在殖民地开设工厂，就地采用殖民地的廉价原料和雇用廉价工人，比从前的商品输出更加厉害。许昌、襄县、临颍一带盛产烟叶，英美就在许昌设立卷烟厂。我记得所出烟卷牌号有“翠鸟”“美伞”。最好的要数“平海”和铁筒“前门”，最便宜的要算“锄地”牌，每盒十支装，只卖三文铜钱。每出一个新牌号，烟厂资本家便组织宣传队，敲锣打鼓到大街小巷散烟宣传，到牌号闯开后，再说提价钱。他们收购烟叶却用相反的手段，先用高价收购，等农民种烟过多，他们就压低烟价。

因受洋烟的排挤，本地土烟的销路大大缩小。那时候，临颍城里只剩有一个“天盛公”烟坊，出有一种皮丝烟，供吸水烟的人用，还卖有一种“杂拌烟”，专供吸旱烟的人用。皮丝烟，烟丝很细，是把烟叶压成长方砖块，用刨子刮成细丝。杂拌烟，是把碎烟叶揉成片，兑上青丝红丝，和中药兰花米，吸起来喀喀喳喳响，香味醇浓。等我到十五六岁时候，连一个烟坊也没有了，水旱烟袋绝迹。

新中国成立以后，本国工业振兴起来，各种用品头上取消了这个“洋”字，“洋火”说成了火柴，“洋布”说成了平布，“洋油”说成了煤油。若有谁说话偶然带个“洋”字，别人就会说他老脑筋。

选自1988年《漯河文史资料》第二辑

郾城二中的熔硫“小土炉”

戴满经①

郾城县第一化肥厂（简称“一化”）建成以后，在生产过程中产生的废弃物硫黄泡沫到处堆积，既不卫生又污染环境，还容易闹火灾。但此物含有大量的硫黄，厂里想回收，因投入太大，很不合算。就这样越堆越多，成为厂内一害。1974年，郾城县文化革命委员会推出“一厂管一校”的措施，郾城“一化”恰好分管郾城二中。

当时的郾城二中已饱经动乱之苦，校舍千疮百孔、累年失修，教师欲教不能、欲罢不忍。学生百无聊赖，领导也进退维谷。

郾城“一化”派的由工人杨秀君、魏志楷、孟鸿超组成的工人宣传队进驻学校以后，针对学校状况特别是经济拮据的状况，提出了一个让人惊喜的建议：“一化”的废弃物硫黄泡沫可以提炼硫黄，过去曾有人提炼过，但没有成功，现在我们可以再试验。此事得到学校和工厂领导的积极支持，学校组织了由工人师傅和理化教师参加的攻关小组。一周以后，他们研制出了一个熔硫双层“小土炉”，找来原料，一经试验，竟炼出了一盆硫黄。但是，再炼时，炉壁穿孔了。接着又做第二个，结果又坏了……不过，我们已经有了收获，懂得了提炼硫黄的基本原理和操作程序。我们的决心很大，并决定动员全体师生参与。

我们首先收集原料，经过动员，师生们很快借来了100多辆架子车，浩浩荡荡到“一化”去拉废弃泡沫。“一化”地处漯河市郊铁路东，距学校大约10千米，我们用了五天时间，把厂内所积存的泡沫全部拉回来了，堆满整整一个大会堂。据我们调查知道，省内外各地的化肥厂解决泡沫都是个头痛问题，土办法不能用，洋设备花钱多。但也有消息

① 戴满经，男，1933年生，大学文化，高级讲师。曾任郾城县第二高中校长。

说：巩县解决得比较好，建议我们去看看。

于是，我们组织了外出考察组，坐上了“一化”的拉炭大车，一路风尘地来到了巩县化肥厂。我们找到了领导，参观了车间，结果是他们投资太大，学校无能为力。

我们带着失败而懊丧的情绪走出了巩县化肥厂。天将黑，我们一行四人，步行30多华里到了孝义火车站。第二天黎明，在开封下车。

开封化肥厂，是全国八大氨厂之一，管理很严，谢绝参观。无奈我找到在该厂工作的一个老同学，进厂一看，人家是国家级的，全套洋设备，一切自动化，我们只能望洋兴叹！两天后，我们又来到了河南省化工设计院，煞费苦心地找到了曾在郾城帮助建设“一化”的工程师戚中卿老先生。他和我们同去的工人师傅魏志楷同志很熟，说了我们炼取硫黄的决心和试验经过后，他很欣赏，更同情我们的处境。当天晚上，在他的办公室，他召集四个工程师，和我们共同讨论了三个小时，提出了他们的意见，并强调说，如果买不到不锈钢板，解决不了防腐问题，仍然不能生产。我知道不锈钢板当时是紧缺物资，国家控售。尽管如此，我们还是看到了一些希望的微光。

回到学校，经过研究，三天后，我们又来到了河南省物资公司，找到张承明处长。他是我校女教师陈翠花的舅父，陈翠花这时也同路前往。见了面，我们的乞哀告怜引起了他的同情，答应愿意帮忙，并为我们出主意说：不锈钢板是有，但不能批给学校，你们可以找个和我们有业务关系的厂子……

这时，魏志楷想起了他很早就认识的现在许昌通用机械厂任供销科长的李力。老魏单人独骑去许昌找到李力。李力很有活动能力，征得厂方同意后，拿着计划书和老魏一同去省里找到张承明处长，很快把事情办妥了。

不锈钢板到手之后，仍有许多困难。钢板坚硬，切割、焊接都不容易。特别是双层炉的内芯，一般的卷板机都用不上。但是工人阶级有办法，在“一化”技术人员的帮助下，三位师傅晚上下班不回家，加班多干不要钱，夜以继日地钻研苦干，终于在七天以后，一个合乎技术要求的熔硫“小土炉”诞生了。

“熔硫炉”制成以后，经过试验，非常理想。三个小时，一炉硫黄，700余斤。消息传开，全校师生无不欢欣雀跃。于是，我们制订计划、培训人员，组织师生轮流参加劳动，夜以继日地生产。一年时间，收入近10万元。这在当时，实在是一个不小的数字。从此，郾城二中在许昌地区出名了。河南省五交化部门的领导多次来校视察鼓励，对产品包运包销。接着，郾城教育界勤工俭学现场会在二中召开，兄弟单位来校参观学习者络绎不绝。在全县教育战线先进单位和先进个人代表会上，我代表郾城二中作了典型发言，并参加了郾城县教育界先进事迹报告团，到全县各乡镇巡回报告。河南省五交化产品展销会还特意给郾城二中设了展位。

遗憾的是，技术传开以后，各化肥厂也都变废为宝，肥水不外流了。郾城二中的小小硫黄厂，由于原料缺乏，也自然地销声匿迹了。

选自2007年《漯河文史资料》第十五辑

清末民国至新中国成立初期漯河手工业的兴起、发展与改造

陈庭苕

漯河不仅是豫中平原的一个水陆码头，还是一个繁荣昌盛的手工业生产重镇。在半封建半殖民地的旧中国，我国的民族工业被世界列强挤压和抑制，发展十分缓慢，而作坊式的手工业发展则比较容易。新中国成立初期，走进漯河的大街小巷，到处都可听到叮叮当当的铁锤声和乒乒乓乓的敲打声。来过漯河的外地人，都称赞这里的手工业繁荣昌盛，产品物美价廉。

漯河手工业兴起

远在清朝光绪年间，由于漯河商业市场的初步兴起，市场上很需要一些手工业制品，以满足广大人民群众生产、生活的需求，于是就出现了手工业行业的萌芽。起初有 3 家铁匠铺，1 座化铁炉，2 户缝纫店在源汇寨内开业，生意十分兴隆。寨子的东门外，有几家砖瓦窑坊。当时正是源汇寨发展的初期，人们争相建造市房，砖瓦窑的生意很是走红，因而在随后的几年里，先后有窑业主赵大兴、傅贵山、芦九、郭荣、陈要柱、尹独秀、宋马、张四一、王国钦、张长天、胡大林等兴建大小砖瓦窑 21 座。1931 年，漯河遭受水灾，砖瓦窑大部分坍塌。灾后急需再建市房的工商业主需要大批砖瓦，窑主又纷纷在火车站西南处（现人民公园附近）重新建窑并扩大投资。同时新增刘大海、杨朝圣、邢某某、朱克志等户，每户建窑 1—3 座，共计建窑 40 多座。

除窑业外，漯河的手工业，大都是家庭作坊，前门设店，后院设厂

（坊），自产自销或来料加工。

20 世纪初，自汉口迁至源汇寨小桥街的蒋安仁经营的“均衡鞋店”开业，从业人员 28 人，主要生产布鞋。1906 年后，火车站附近的街道逐步形成，先后在中山街、老街和寨内顺河街等处开办了“谭记鞋店”“豫记鞋店”“永茂斋鞋店”“顺记鞋店”等。到 1938 年，鞋业作坊发展到 26 家，从业人员 140 余人。这时已经可以生产皮鞋和各种男女布鞋。日军占领漯河期间，鞋店纷纷外迁，有的迁往豫皖交界处的界首，有的迁往舞阳县城以北较为偏安的北舞渡镇。日军投降后又陆续迁返，并新增“大陆”“永兴”“华通”“三友”等鞋店。当时较为著名的南京“三级鞋庄”也在漯河设厂设店。

清朝光绪年间，湖北省黄陂的胡海山看好漯河，在顺河街开办“胡长泰成衣店”，继而桂新发的“桂家成衣店”开业，罗义成、熊锁柱等的成衣店也先后开业，都是来料加工。到 1947 年，在马路街、老街、和平街等处先后有 25 户成衣店开业。

1926 年，有 3 家织袜作坊开业，年产线袜 5000 打（每打 12 双），到 1936 年发展到 6 家，皆以 42 支纱为原料，销路看好。日军入侵后，棉纱短缺，各袜厂改用土纱，销路呆滞，先后倒闭。日军投降后，织袜业再次兴起，一两年之内竟发展到 30 多家，已形成相当规模，年产线袜 27000 打。

1928 年，漯河制革业兴起。先是由武昌制鞋技工邓炎臣在张万顺鞋店开创了第一家制革作坊，从业人员仅 3 人。1930 年，谭记鞋店老板谭建中聘请邓炎臣为技师，在西大街开设金星皮坊，生产泥雨鞋皮料和烤胶皮、纹皮等。1934 年，谭建中又从沈阳聘请皮鞋技工靳占法，开始生产皮鞋和皮鞋用料。到 1938 年，发展大、小皮场或作坊 15 家，从业人员达 90 多人。

20 世纪 20—30 年代，打铜业在漯河逐步兴起，20 多家铜匠铺聚集在中山街西段一个巷子里，铜匠巷因此得名。漯河打铜业当时生产的火锅、铜盆、铜壶、铜勺和工艺品，做工细致，很受顾客青睐。

打铁业的兴起，除上述光绪年间 3 家铁匠铺外，到 1947 年发展 34

家，从业人员 52 人，有大、小烘炉 34 盘，大部分集中在马路街的铁匠巷。主要生产铁锨、板锄、抓钩、耙齿、扒锔之类的农具和菜刀等。

冶炼业较早发起的是光绪年间源汇寨内的温家炉坊。到 1947 年发展到 7 家，从业人员 47 人，主要生产大车车轮、车轴、犁铧、犁面、铁锅等。

麻袋业的兴起是在 1943 年，当时由国民党军长田镇南在武汉购买织袋机百部，运到漯河 20 部，办起了一个麻袋厂，日产麻袋 60 条。

棉织业和针织业的兴起是在 1942 年。当时有织布作坊 3 家，织机 7 部。1946 年发展到 6 家，织机 15 部，月产宽面条纹布 450 匹。1947 年办起一家毛巾作坊，有织机 3 部，月产毛巾 1350 条。

牙刷业的兴起是在 1942 年。当时有武汉一商人带技师人来漯，与本地人李振德合股在老街办起牙刷厂一个，后分为 3 家，到 1947 年共办 6 家，月产牙刷 9 万支。

此外还有肥皂业 5 家，制伞、制笼、制罗、黑白铁、度量衡等行业 280 余家。

到 1947 年解放前夕，漯河的手工业已发展到 22 个行业 450 多家，从业人员达 1326 人。

漯河手工业大发展

新中国成立初期，是漯河手工业大发展时期。当时，由于生产力大发展，广大人民群众生活水平逐年提高，城乡基本建设起步，平顶山新矿区的开发和治淮工程的全面展开，对手工业产品的需求急剧增长，使得漯河市的手工业突飞猛进地发展。特别是 1953 年发展更是迅猛。全市已有 32 个行业 878 家，从业人员 2645 人。比解放前夕的 1947 年增长了一倍左右。有些手工业产品享誉国内外，如竹藤产品出口越南等东南亚国家，在国内被誉为“竹藤之花”，并以此拍成电影，在全国各地上映。许多国际友人和国内各省市的同行业者来漯河参观学习。现将解放后九年内漯河市手工业发展情况列表于后：

解放后九年内漯河手工业发展一览表

年度	户数（社组）	%	从业人数	%	资金（千元）	%	年产值（千元）	%
1948	450	100	1326	100	82	100	682	100
1949	703	156.2	1635	123.3	97	118.3	1836	269
1950	628	139.6	1620	122.2	75	91.4	2231	327
1951	532	118.2	1706	128.7	142	173.2	3025	443.5
1952	759	168.6	2225	167.8	151	184.1	2343	343.6
1953	878	195.1	2645	199.5	172	209.8	3254	477.1
1954	891	198	2440	184	275	335.4	3294	483
1955	226	50.2	1988	149.9	316	385.1	3300	483.9
1956	71	6.5	2362	178.1	553	674.6	4355	638.6

从表中可以看到，解放后漯河市的手工业逐年大幅度上升。1956 年比 1948 年从业人数增长 178.1%，资金增长 674.6%，产值增长 638.6%。大大超过解放前数十年内发展的速度。虽然有些年份从业人数有所减少，那是支援矿区和其他城市的原因；户数大幅度下降，是走集体化道路的结果。但总的是从业人数由原每户平均不足 3 人，发展为每户平均 33 人以上，还出现了几个百人以上的手工业生产合作社。所有这些表明，当时漯河已经形成了农副产品加工增值、供应城乡人民生产生活、支援工矿区和大中城市基本建设需求的手工业产品生产基地。

漯河手工业社会主义改造

漯河市手工业的社会主义改造早在 1951 年就已经开始。当时广大手工业个体劳动者，深深感到个体单干力量的薄弱，迫切要求走互助合作的道路。中共漯河市委、市人民政府按照中央“积极领导、稳步发展”的方针，开始着手试办和筹备手工业生产合作社。到 1953 年底，已建成了铁业、针织、牙刷、缝纫 4 个生产合作社，社员达 263 人，占手工业总人数的 9.94%。另有 6 个筹备社和 3 个互助组。到 1955 年底，生产合作社已建成10个，合作小组10个，共有社、组员918人，占手工业总人数的47.8%。是年3月7日，漯河市手工业生产合作社成员代表大会胜利召开。大会通过成立了“漯河市手工业生产合作社联合社（简称手工业联社）”，民主选举产生了理事委员会和监事委员会，张成仁任首届理事会主任，张怀珍任监事委员会主任。到1956年底，已基本实现了全市的手工业社会主义改造。共建成生产社24个，其中混合行业建社4个，单行业建社20个。社员2312人，占手工业总人数的97.62%。在全市24个手工业生产合作社中，300人以上的社有窑业、人发业2个社，150—300人的有机铁、修配、木器、缝纫、针织5个社，100—150人的有棉织、雨伞、制鞋、日用品、竹器5个社，100人以下的有修表、刻字、皮革、制帽、制糖、麻绳、度量衡、麻袋、成衣、黑白铁、印刷、乐器12个社。在经营管理方面，按照行业的不同，性质的不同，生产方式的不同，实行统一安排，分别管理。如对生产制造性行业的针织、窑业、竹器、牙刷、人发、皮鞋、制鞋、制糖、制帽、成衣、麻绳、印刷、制伞、棉织、木器15个社，实行统一领导、集中生产、统一核算、自负盈亏的方法。对产品不经流通环节直接与群众见面的服务性行业的缝纫、修表、刻字等则实行统一领导、分散生产、统一计算盈亏的办法。

手工业者组织起来以后，生产得到很大的发展。1956年每人平均年产值1862元，比1953年增长53%，是1948年的316%。据对23个生产社69种主要产品的统计，组织起来后与单干前相比，劳动生产率提高10%—20%的有22种，提高20%—40%的有6种，提高40%—60%的有21种，提高60%—80%的有11种，提高80%—100%的有4种，提高一倍以上的有5种。生产成本下降。据对竹器、制鞋、铁业、针织、皮鞋、木器、牙刷等7个生产社20种主要产品统计，除了3种产品因原材料比往常升高成本较前稍有提高外，其余17种新产品的成本，1956年比1954年下降5%—30%。产品花色品种增多。据对22个社的统计，产品共有1265种，而单干时只有380种，比单干时增多将近3倍。

总之，手工业在漯河有着重要的经济地位，是地方工业的重要组成部分。1956年手工业的从业人员，就占全市工商业总人数的29.4%，占工业从业人员的54.1%；资金占工商业资金总额的28.4%，占工业固定资产资金总额的32.2%，占工业总产值的32%。它不仅直接服务于广大城乡人民的生产、生活的需求，而且也担负了支援国家经济建设的重任，是漯河地方工业一支强大的生力军。后来，随着国家经济建设的发展，漯河的手工业又逐步发展壮大。1956年，成立了手工业管理局，后演变为市第二轻工业管理局。有不少手工业生产合作社由于人员、资金、设备和技术力量的壮大，逐步转变改制发展成为较大的地方国营企业。

选自2003年9月《漯河文史资料》第十一辑

漯河市对私营工商业的社会主义改造

陈庭苔

漯河的商业市场，始于明朝永乐年间。当时的郾城知县王季立曾写诗赞誉："舟行此焉薄，估客南来多。江淮百货萃，此处星辰罗。"1906年，京汉铁路建成通车后，漯河得到长足发展，很快成为商贾云集、店铺林立的著名商埠，郾城县志《疆域篇》载："漯河自京汉铁路通车，舟车之所辐辏，商贾于此萃焉……固为一都会矣。"到20世纪30年代，经各大企业家投资建设，漯河居然尺地斗金而为繁华之市。

漯河周围各县都是有名的粮仓。这里工商业的发展，历史上是以粮食为导向，带动各行各业共同发展。有"陆陈（粮食）主宰，粮动百动"之说。兴盛时期，粮行曾发展到170余户，粮食转运公司30余户，日吞吐粮食油料两列车左右。较大的粮行有祥顺、中和等。牲畜市场居第二位。牛行达120余户，年上市量最多达40万头左右。

20世纪20年代，漯河的市场辐射豫、皖、鄂三省，东至安徽阜阳，西至湖北老河口，计50余县。较大的行栈与美国的太古，日本的三菱、三井、吉田等洋行都有代办业务。民国元年（1912年），刘茂恩入股的"豫庆煤炭粮食转运公司"集资银币万元，在火车站以北经销煤炭，转运粮油，货堆如山。继而大同、公兴存、恒源、孚丰等多家转运公司在铁路西侧的老街、中山街次第铺开。天顺长、共和义、同丰祥等百家牛行形成了牛行一条街。天福临杂货行、天德恒钱庄等数百家商号，分布于南北大街和顺河街。商业市场初具规模。

漯河周围蛋源丰富，工业的发展首先是蛋厂。1912年继元丰蛋厂建成后，元隆、祥盛魁、德和等10多家蛋厂相继投产。这些工厂规模不大，但所出蛋品远销德、英、美和比利时等国。

1930年，漯河民族工商业的发展已相当可观。市区有大小商号80余户，小商贩2500余户，手工业作坊450余户。还有外商开办的英、美烟草公司总经理店，亚细亚、美孚、德士古石油公司经销处等。还有两处官办盐场。1933年，天津商人焦子斌以10万元资金在漯开办了大新面粉有限公司，日产面粉1200袋。还有豫兴铁工厂和四友烟厂、光华电厂等。20世纪30年代中期，漯河经受两次洪水的侵袭，沙、澧河多处决口，市区街道行舟，房屋坍塌，商品霉烂，广大工商业者受到了毁灭性的打击。但几经沉浮兴衰，漯河的私营工商业仍在艰难缓慢地发展着。

20世纪40年代初期，由于日军侵华，蒋介石下令扒开黄河花园口以后，黄水堵截了日军西进，中原腹地的漯河形成了暂时稳定的局面。因此，京津、沪杭等大城市的工业品，大批涌向漯河。西北的新疆、甘肃、陕西等省和西南的昆明、成都、重庆、贵阳等城市的富商大贾，纷纷云集漯河。一时间，漯河商行林立，一派繁荣景象。新增复兴商场等较大商场、商行20余座，曲艺厅、游艺棚多处，市区人口猛增至12万。据漯河商会1940年对三大类商品的统计，年输入棉布780万匹，颜料1404万箱，道林纸96万令。

然而，好景不长。1944年5月，日军侵占漯河，不少工商业户逃往外地，有的被日军抢劫一空。抗日战争胜利后，国民党发动内战，向工商户摊派大量苛捐杂税，加上土匪横行，明抢暗夺，大部分工商业者丧失经营能力。但到1947年前后，由于解放区的不断发展，不少富豪之家及国民党下野军政官员，变卖家私，携家带款来漯河经商，漯河市场重新活跃起来。

1947年12月，人民解放军首次攻占漯河，没收了四家官办食盐5万包（500万千克）。但由于对工商业者的政策界限不清，把本属于民族工商业的予庆（有部分官僚资本）、兴孚等转运公司和国泰、中华烟厂、大中、林生、正大布店、老凤祥金店、祥茂公商行、万盛祥、茂远盐号、予兴昌铁工厂等工商业户也进行了没收（后均作了退赔）。不久，由于驻漯解放军转移西线作战，国民党特务、土顽反扑过来，杀人掠货，明火执仗，工商业者争相外逃。

经过敌我双方五次拉锯战争，1948 年 8 月 23 日，漯河最终回到了人民的怀抱。当时部分拥有较大资本的工商界人士对党的政策不够理解，存在两怕：怕树大招风，不思发展；怕追究政治问题，东躲西藏。大部分中小工商业户由于经过长时间的战乱和土顽的抢劫，资金匮乏，物资短缺，经营极度困难。漯河市场一度萧条。为改变这种状况，党和政府多次召开工商业者代表会，反复宣传党的保护扶持和发展民族工商业的政策，并帮助予兴等工厂复工投产。同时，银行大力开展信贷业务，实行以活跃商业为重点、扶持与兼顾工业的措施。

为了使民族工商业尽快恢复和发展起来，1949 年 2 月 24 日，漯河市成立了工商管理委员会，市委书记齐文川任政委，市长梁仰云任主任，予泰贸易公司经理贾柱峰、国泰贸易公司经理郭先为委员，予泰贸易公司副经理张希谦任秘书长。2 月 26 日，工商管理委员会召开第二次委员会议，作出“扶持生产、繁荣经济、稳定物价、巩固币值、整顿漯河市场秩序”的决定。3 月，党的七届二中全会公报发表后，中共中央中南局和中共河南省委都对城市工商业的恢复和发展作了明确的布置。漯河市委根据上级精神，先后召开工商界上层人士座谈会十余次，反复贯彻党的政策，大幅度削减营业税。如此一来，大大调动了私营工商业者的积极性，工商业得到迅速恢复和发展。私营卷烟厂和铁工厂各开办 30 多户，面粉厂、制蛋厂全都恢复生产，工业总产值达 2405000 元（中州币）。私营商业恢复和发展到 4434 户，比 1948 年上升 16%。在恢复发展私营工商业的同时，国家还集中力量大力发展了国营经济。继 1949 年 12 月华中粮食公司漯河分公司成立后，到 1950 年，又陆续成立了花纱布、百货等八大公司，建成了地方国营五一烟厂、光华电厂、平原蛋厂等。但是，到 1950 年，由于国营经济的快速发展，私营工商户相对减少 2948 户。针对这一情况，漯河市委贯彻了“公私兼顾、劳资两利、城乡互助、内外交流”的四面八方政策。同时，松动银根，为部分私营工商业户解决流动资金不足的困难，取消机关、部队与民争利的商业服务业经营活动，大力扶持发展有利于国计民生的行业。这样一来，私营打铁业由57户发展到64户，饮食业由36户发展到45户，百货业由57户发展到88户。到1951年底，私营工商业又恢复到3419户，从业人员7243人。

随着私营工商业的发展，部分工商业户的经营暴露了唯利是图的弱点。其表现有：

1. 投机倒把，囤积居奇，哄抬物价。当时市场小麦价格每市斤567元（旧币每10000元换算现在人民币1元），由于投机商大量收购，每斤小麦价格直线上升到1158元。更甚者，私营振泰昌、瑞丰恒等四家粮行竟趁机将漯河粮食分公司委托代储的小麦偷卖500余石（折合20万斤）。

2. 乱收佣金，掺杂做假，坑骗群众。发现不少行栈对买卖双方大比率乱收佣金。粮行分门斗、店斗，行栈有进货磅、出货磅，在粮油盐等商品中掺杂做假。

3. 无故解雇工人。据1950年上半年统计，全市失业工人达2393人。

4. 有相当一部分私营工商户有"五毒"行为（即行贿、偷税漏税、盗窃国家资财、偷工减料、盗窃国家经济情报）。

鉴于上述情况，市委、市政府在贯彻扶持发展工商业政策的同时，责令工商、税务等部门加强对私营工商业户的管理，严禁上述行为的发生，并制订相应的处罚规定，同时要求各私营工商业户制订爱国公约和便民措施。

为了彻底纠正工商业者的不良行为，从1951年底到1952年6月6日，漯河市先后在8个行业的18个私营工商业中开展了"五反"运动。经过排查，18户中，发现基本守法的5户，半守法的7户，严重违法的6户，违法金额达30余万元。按照上级指示精神，"五反"运动虽没有在漯全面铺开，但对全市震动很大，遏止了一些人员的不法行为，打退了资本主义势力的猖狂进攻。但是，由于"左"倾思想的影响，"五反"运动后，私营工商业者忧心忡忡，不敢大胆经营，有的甚至产生很大的抵触情绪，认为私营工商业迟早要被挤垮，晚垮不如早垮。因此，市场出现萧条现象。

为了扭转上述局面，市委、市政府组织全市职工干部学习当时党对私营工商业者的有关政策，清除“左”倾思想的影响，宣布资方拥有“三权”（即财产所有权、人事调配权、经营管理权）。号召工商业者大胆经营，放手管理。为了调动私营工商业者的生产、经营积极性，市委决定进行“五反”复查，纠正错误。适当收缩国营和合作社经营业务，克服大包大揽挤压私营工商业户的“左”的做法，撤销部分零售部，让出部分粮行和牛行由私商继续经营。同时，全部退返不属偷漏税金额，对 66 户私商实行减税，对 246 户和 154 户商贩实行免税。11 月中旬，中南行政区关于《活跃初级市场的六项措施》颁布后，市委书记康国蕴在全市工商业者代表大会上进行了传达，大工商业者解除了顾虑，振作了精神，积极大胆地从事经营活动。到 1953 年上半年，全市私营工商户又发展到 4380 户，从业人员 8285 人，拥有资金 649602 元，比 1952 年同期分别增加 33.23%、22.88% 和 22.88%。其中，私营工业户增加 57.23‰，商贩增加 48.09%。

但是，由于私营工商业发展过快，给公私之间、私私之间带来诸多矛盾，在产供销和商品经营上，出现互相垄断、互相排斥、互相挤压的现象。特别是部分经济实力较强的私营工商业户，欺行霸市，哄抬物价，在顾客中失去了威信，使部分工商业陷入了困境。这种资本化生产的无政府状态，必须彻底改变，对私改造势在必行。

漯河市对私营工商业的社会主义改造，经历了一个循序渐进的过程。随着国民经济的恢复和发展，国营经济迅速发展壮大，到 1951 年国营大公司已基本掌握了国家经济命脉。因此，不少私营工商业户纷纷依附于国营经济或代购代销，或加工订货，或向国营公司批发商品。这时，党和政府抓住有利时机，大力引导私营工商业户走互助合作和公私合营的社会主义道路。经过艰苦细致的工作，到 1951 年底，全市已建成公私合营烟厂 1 个，供销合作社 3 个，消费合作社 3 个，合作贸易货栈 1 个，牲畜行业的农民服务所 2 个。有 368 户私营工商业者组成 45 个联营集体，其中有 152 户商号组成 24 个联营商店，有 24 户粮行组成 4 个联营粮行，132 户商行组成 11 个联营组，12 户米面商贩组成一个联营米店，38 户针织、织布、竹器、铁工厂（坊）组成五个生产合作组。各种经济成分的比例是国营占 46.23%，合作社占 2.42%，公私合营占 0.21%，私营占 51.1%。

1953 年，党公布了过渡时期的总路线，对私营经济提出了“利用、限制、改造”的政策，开始了全面对私改造的新时期。漯河市在贯彻执行总路线的过程中，提出“停止私商盲目发展、扩大国营阵地、巩固和进一步提高国营经济的领导地位”的原则，对资本主义工商业进一步实行社会主义改造。11 月，国家对粮食、油料实行统购统销，主要工业品原料和有关国计民生的生产和生活资料由国家控制，计划经济市场日益扩大，国营经济的领导地位日益巩固和加强，私营工商业的经营活动在很大程度上必须依靠国营和合作经营的加工订货和代购代销上。

从 1954 年起，中共漯河市委进一步加快了对私营工商业改造的步伐，成立了对私改造办公室，实行“统筹兼顾，全面安排，逐步引导，加强改造”的方针。这时，私营工商业者思想比较混乱。其表现是：（1）部分较大的企业主思想有抵触，或抽逃资金，或转移经营，或化整为零，或关闭厂店。（2）消极观望。（3）存在三怕：怕纳入经销后，营业受限制；怕改造后自己不当家；怕当资本家，成为专政对象。根据上述情况，市委通过统战、政协、工商联等部门，举行各种形式的代表会、座谈会、学习班等，并以多种形式大张旗鼓地宣传总路线，指明社会主义道路是康庄大道，进行三大改造是大势所趋，广大工商业者走合营或联营的道路是人尽其才、物尽其用、各得其所。通过宣传教育，大部分工商业者解除了顾虑，放下了包袱，愿意接受改造。

与此同时，市委、市政府责成有关部门，实行归口管理、业务挂钩、分头改造的方法。把商业中 1 个行业的 541 户纳入国营公司代购代销或专营经销的轨道。如此，显示了以下优越性：（1）由于就地进货，就地销售，加速了资金的周转，营业额和利润比经销前有较大的提高；（2）由于执行了国营零售牌价，明码实货，群众信得过，吸引了群众的购买力；（3）在货源供应上畅销货比没有纳入时经销商号多。与此同时，对私营工业和手工业加快了改造的步伐。继福华烟厂实行公私合营后，全市共组织成针织、缝纫、制鞋、铁业、木工、竹器、制革、牙刷八个生产合作社和合作组，入社达565户1335人，占当时全市手工业总数的53%。

1955年，漯河市的对私改造工作又前进了一步。工业方面，进一步整顿提高了公私合营福华烟厂的经营管理，成立了董事会，确定了资方的管理地位，并批准天元烟厂实行公私合营。到年底，私营工业已有三户（合为两个厂）实行了公私合营这一国家资本主义的高级形式。这些企业公私合营以后，产值产量大幅度增加。总产值已占公私合营和私营工业之和的81.09%，超过私营工业总产值的3倍。手工业在原有13个社组的基础上，发展到34个生产合作社和18个合作组，有社员1729人，组员135人。在39个手工业行业中组织起来的人数共计2044人，占全市手工业总人数的91.5%。经过组建和整顿，社员生产积极性和经营管理水平均有很大提高。一般生产率比1954年提高15%—20%，成本降低10%左右，社员收入增加5—10%。4月，市委作出《私营商业改造方案》，提出对私营商业在继续进行企业改造的同时，注重对资方的思想改造。按照市委制定的方案，年内以工商联、市工会劳动局等部门为主，组织各个行业的私方先进分子155人进行时事政治和党的政策学习，启发他们的政治觉悟。在此基础上，市政府将全市私营商业主共2120人全部组织起来进行学习，抽出各国营公司干部进行辅导。在提高思想、启发觉悟的基础上，全市35个私营商业行业订出了自己的管理制度和爱国公约470份。不少企业纷纷写出申请，要求政府批准自己的企业公私合营。经政府审议，到年底全市共有564户1085人被批准，占全市私营商户的65.55‰。随后，市委根据中央“一面前进、一面安排、前进一行、安排一行”的指示精神，对已接受改造的私营商业从购销业务到人事就业等方面都作了适当的安排，收缩国营公司的零售业务，让利给经销户和合作店组，按归口公司分别安排529人就业，其中有361名私营商业的店员被吸收为国营和合作社职工。经过几年艰苦细致的工作，漯河市的私营工商业者绝大部分看到了社会主义道路的光明前途，走社会主义道路的热情越来越高。1956年初迎来了对私改造的新高潮。为了迎接这一高潮，漯河市成立了以市委委员、市长刘跃堂为组长的对私改造 5 人领导小组。并于 1955 年 12 月底召开了 600 多人为期 7 天的党员干部扩大会议，认真学习中央和省委的指示。会议根据市委提出的对私改造方案，本着“统筹安排、经济改组”的原则，分系统、分行业进行规划。经过宣传发动，私营工商业者纷纷写申请、表决心，坚决走社会主义道路。市政府按申请的先后，依次审批。仅 1 月份一个月，全市就实现了私营工商业全行业公私合营和合作化。市委、市政府于 2 月 24 日在市工人文化宫召开了万人庆祝大会，市委书记王健在大会上宣布漯河市对私营工商业的社会主义改造实现全行业公私合营的全面胜利，广大私营工商业者敲锣打鼓、欢天喜地庆祝走上社会主义道路。

经过统筹安排、改组合并，全市共组成公私合营工厂 3 个，公私合营总店 10 个，合作商店 41 个，统一领导自负盈亏分散经营的合作商业小组 67 个，共计 2599 人，占从业人员的 99.8%；手工业组成 23 个生产合作社、2 个物资供销社，共 2430 人，占从业人员的 98.6%；航运业有 231 只帆船纳入公私合营，有 2282 只帆船组成 43 个航运合作社，共 1235 人，占从业人员的 95%。

在对私改造过程中，市委派 37 名强有力的骨干，主要抓以下几项工作：一抓企业改造。按照公平合理、实事求是的原则，进行清产核资、定股定息和经济改组等工作。全市共计定股 80 户，资金积累 47505 元，按季需发私股股息 16491 元。从有利生产、便利群众的原则出发，将某些工厂先进行合并，后公私合营。在商业系统中，适当调整了商业网点，并对原私营工商业的企业管理制度进行了必要的改革。二抓思想改造。对私方人员进行集中政治学习和业务培训，使其在政治思想文化程度、理论和业务水平上不断提高。市委根据量才使用的原则，在私方主要人员中分别安排副局长 1 人、副厂长 4 人、董事长 1 人、副董事长 8 人、董事 25 人、企业中层领导 99 人；对原企业的职工，采取“包下来”的政策，并新安排原企业的辅助劳动和半从业人员 467 人。

漯河市私营工商业实行社会主义改造以后，出现了欣欣向荣的新气象。企业的经营水平大大提高，经营作风大大改善，到1956年底全面超额完成各项计划。全年工业计划产值132万元，实际完成167万元，为计划的120%；手工业计划产值3703300元，实际完成4164800元，为计划的111.8%；商业计划营业额8333800元，实际完成10612400元，为计划的127.31%。三者合并，比1955年增加55%。

漯河市对私改造的成绩是突出的，意义是重大的，它不仅改变了千百年来工商业私有制的生产关系，推动了社会主义事业的发展，而且大大解放了生产力，生产效率大幅度提高。但是，在具体改造过程中，也出现了一些明显的缺点和问题。主要是:（1）由于大包大揽，一部分私方人员和小商贩存在着依赖思想;（2）商业网点特别是饮食服务行业网点过分集中，群众感到诸多不便;（3）有“左”的倾向，把一部分个体工商者按资方人员对待，使他们在政治上受到较长时间的压抑。然而这些问题毕竟是前进中的不足，丝毫没有影响和削弱对私改造的伟大成绩和它对各项事业发展的巨大推动力。

选自2006年7月《漯河文史资料》第十四辑

漯河市工厂行业的民主改革运动

陈庭苔

1951年6月至年底，漯河市按照中共中央中南局1951年5月召开的城市工作与工矿工作会议精神和中南局随后发出的《关于放手发动工人群众开展民主改革运动的指示》，集中力量在工商企业、交通运输业、建筑业等行业开展了民主改革运动。在中共漯河市委的领导和部署下，市总工会大力发动群众，组织群众，具体抓了这次运动的开展。这次运动，重点打击了企业中的封建残余势力，深挖了隐匿在企业中的匪霸和国民党特务等；废除了一切束缚生产力发展和压迫摧残工人群众的旧规章、旧制度。在此基础上，搞好民主团结和民主建设，大大促进了工商企业的迅速发展。

（一）

解放前后，漯河市内号称72行，私营工厂有30多个，手工业作坊703家，商业行店和摊贩4400多户。这些工厂行业的特点是规模小，经营分散，机械化水平低，手工艺性强，生产方式落后，生产力受着严重的束缚，封建把持制度层层叠叠，封建势力横行霸道，广大工人承受着极端残酷的压迫和剥削。手工业中不少是前店铺后作坊的家庭企业，封建家长式的管理方法，经理和店员（工人）之间存着尖锐的矛盾。

解放前，工人挨打、挨骂、无辜被罚、开除是常有的事。如豫兴昌铁工厂经理兼封建把头王明山，曾打骂逼跑55名工人，厂里的工人几乎都挨过他的打；平原蛋厂封建把头李××，在厂里横行霸道，曾将工人马中春打成重伤后，逼出了工厂；大昌烟厂封建把头黄自安（是舞阳的大地主、大恶霸，有9条人命。解放初，还勾结匪徒杀害我解放军战士1名），在厂里强迫一女工陪国民党游击队长吸老海，逼得该女工喝煤油自杀；平原蛋厂封建把头无故扣发工人工资放高利贷。工人张自友的工资被扣发后，全家衣食无着，只得向把头借“驴打滚”的高利贷。

在搬运行业里，封建把持制度相当严重。以“大王庙”为名组织的封建统治联盟，号称九大弟兄，十大恶人，三十二头领，分别把持着各个水陆码头，残酷压迫和剥削搬运工人。他们不劳而食，使份账、十抽一、使酒钱、卖牌子、买上班费等，工人劳动所得不及一半。其统治方法是：打、骂、罚、逐、抓。工人稍有反抗，便是责打后逐出码头，甚至以莫须有的罪名送进官府扣押。工人陈金斗，因没钱买证章被打六小时，几乎致死。

在手工业和店铺行栈里，青年徒工生活十分悲惨。他们进门得向经理写如同卖身契的“门生帖”。学徒期间投河跳井、寻死上吊，经理一概不负责，每天劳动十七八个小时。如打铜业徒工刘宪章，一天挨打六次之多。进门41天，除第一天没挨打外，其余天天挨打。人们说学徒工是“挨打的架子，出气的筒子”。挑水、和煤、抱孩子、铺床叠被倒茅桶，样样都是徒工的活。社会上流传着这样一句话：“徒弟、徒弟，老板的奴隶，受不尽的打骂，招不完的没趣，吃不完的残汤剩饭，做不完的劳役。”

解放以后，党和人民政府采取了一系列保护劳动人民的措施。工厂行业里的封建把头和一切反动分子慑于人民政权的强大威力，表面上打骂、虐待工人的罪恶行为有所收敛。但是，由于漯河刚刚解放，百业待兴，封建势力根深蒂固，工厂和行业里仍沿用着旧章法、旧制度，封建势力仍然把持着工厂行业。加上农村土改以后，不少乡村的匪霸分子为了躲避斗争，潜匿市内工商企业。他们与封建把头和暗藏的特务分子互相勾结，在工商企业里拉帮结派，分裂工人队伍，破坏生产。这些人趁工厂行业的各种组织尚未健全，采取欺骗和伪装的手法钻进群众组织，窃取部分权利。如搬运业的封建把头、恶霸庞虎臣，暗中联络建筑业等的包工头，组织了11名委员的假工会，庞等自封为工会头目，按封建统治的办法，继续压迫和剥削广大工人。一个成本只有800元（旧币）

的证章，以高价35000元出售，一次就卖出3000多枚。在庞虎臣等人的包庇和掩护下，国民党团长以上军官、宪兵队长、军统特务等在搬运业充任干部的就有43人，占该业干部总数的43%。

在工厂里，封建把头和一些反革命分子为非作歹。如工友烟厂经理赵明合（反革命分子，已处决），纵容封建把头孙×强奸女工多人，其中最小的只有13岁。在许多工厂、行业里反革命分子煽动工人，拉帮结派，分裂工人队伍。如共和烟厂在坏分子李××的挑拨下，对女工百般歧视，各种福利和超额奖金都不发给女工。有的工厂不准女工下楼，不准和男工接触。

（二）

1951年6月，漯河市工商企业的民主改革运动开始了。运动明确提出"依靠工人阶级，团结改造旧技师、旧职员，争取同情和赞助民主改革的资方和一切社会力量，反击封建残余势力和一切反革命分子"的方针和"反封建不反资本、反封建不反技术的政策"。广泛建立包括资方在内的民主统一战线，向着封建势力和封建制度进行了一次人民战争。运动大体经历了以下几个阶段：

一、组织工作队深入发动群众

运动一开始，市委组织了100多人的工作队。由市委成员带队，分别深入工厂、行业和街道，与工人同吃、同住、同劳动，进行家访、串联发动，发现和培养苦主，召开大小会议，对封建势力的压迫进行广泛控诉。运动分三批进行。第一批选择两个工厂（平原蛋厂、五一烟厂）和一个行业做试点，取得经验，以点带面。第二批是三个厂，两个行业。第三批全面铺开。广大职工听说开展民主改革运动，热烈拥护。如大昌烟厂机工高秉云，封烟工赵玉莲握着工作队员的手激动地说："你们可来啦，我们工人早盼着这一天哩！"平原蛋厂火炕工尤培福，自厂里开展民主改革运动以后，吃住在厂数十天不进家门。他老婆到厂里找他说："如今厂里正在搞民主改革，要斗倒封建把头，咱工人该翻身做主人了。这工厂就是咱的家！"

二、建立以工人阶级为主体的民主统一战线

运动一开始，市委便召开了全市各界人民代表会议，选举成立了民主改革委员会，并组织工商界的厂长、经理1296人，成立71个学习小组。认真学习上级有关民主改革的方针、政策。通过学习和宣传，消除了工商界上层人物的很多疑虑。他们对民主改革由害怕、恐慌、疑惑、抵触、漠不关心，变成了热烈拥护，积极配合。如天元烟厂经理张正初说："民主改革开始前，我认为乡里搞土改是斗地主，城市搞民主改革一定是斗资本家。经过学习以后，才知道要斗的是封建势力和反革命分子。"人和堂药店经理王洁臣说："早就该来个民主改革。这几年坏蛋们还是横行霸道，农村剿匪反霸时，他们躲进了城市，逃避了斗争，这次可不能便宜他们。"大同转运公司经理郭东屏在运动高潮时激动地说："这几天民主改革斗起来啦，就得好好整整这些坏货。解放后，虽然人民政权进一步趋于巩固，但是坏蛋变换手法还是压榨人民。这次运动，清理了坏人，以后安稳地做生意！"大昌烟厂经理王润泽、袁秀海等在厂里和工人一起开展对敌斗争。

在建立民主统一战线中，市委强调了对高级职员和技师的团结教育工作。这部分人靠近资方，经常接触封建把头，轻视工人。有的甚至同封建势力相结合，有压迫工人的恶迹，工人对其不谅解，认为他们是"二掌柜""二把头"。因此，这部分人在运动中多是抱着消极、观望的态度。团结他们的方法是：（1）必须把他们看成是工人阶级的一部分，他们的知识和技术是生产力，广大工人应当去掉狭隘偏见，主动团结他们。（2）必须对他们进行阶级教育，提高觉悟，号召他们同生产第一线的工人站在一起，共同战斗。（3）开展批评和自我批评，洗刷污点，轻装上阵。这部分人因知道封建把头和反动分子的事情多，一旦觉悟，就会揭发出大量的问题。如共和烟厂团结了职员和技师以后，很快弄清了厂内的贪污等许多重大问题。平原蛋厂技师杜兴让解除了思想顾虑后，积极起来揭发了封建把头的问题。并说："我这次决心与封建势力决裂，我下水了！"

三、铲除封建势力，开展民主斗争

在建立广泛的民主统一战线的基础上，组成了以工人阶级为主体的民主改革队伍，深挖了一切隐匿的反革命分子。在市委的统一领导下，分别开展了大小不同的控诉会和斗争会，斗倒了隐匿很深的反革命分子黄自治、李纯德等6人，清除了强奸30多名女工的封建把头、反革命分子、光华烟厂厂长温洪渠等多名封建残余分子以及搬运业的恶霸庞虎臣等。全市工商企业共清理出各种反革命分子90多人，封建残余分子113人。运动中根据政策对懂业务善管理的包工头除了对个别有严重劣迹的进行斗争外，一般采用批评教育、团结利用的方法。

四、开展劳动保险登记

摧垮封建残余势力之后，在工人队伍内部开展了“三查”：查运动中政策执行全面不全面，打击的对象准确不准确；查工人阶级队伍纯洁不纯洁；查无产阶级觉悟提高没提高，共产主义思想牢固不牢固。并在此基础上进行了劳动保险登记。劳动保险登记是民主改革运动深入的一项重要内容，起到了进一步深挖阶级敌人，澄清工人面貌，纯洁工人队伍的作用。但由于漯河城市较小，企业经济基础较差，《劳保条例》不能全部执行。但通过劳动保险登记，大大激发了广大工人的政治觉悟和主人翁意识。

五、民主团结

经过民主政策，摧垮封建残余势力以后，工商企业大力开展了解决人民内部矛盾，搞好民主团结的工作。长期存在着的劳资关系、师徒关系、工人队伍内部之间的关系等大量的矛盾，只能用说理的方法、批评与自我批评的方法来解决，才能达到团结的目的。

为了解决上述矛盾搞好民主团结，市委要求市总工会组织全市工商企业劳资、师徒双方认真学习上级有关民主团结的文件，端正态度，开展批评与自我批评。在学好文件的基础上，培养典型，召开大会，现身说法。通过召开团结大会，解决了很多人民内部矛盾，特别是师徒矛盾解决得更好。在团结大会上，师徒双方争着检讨自己的错误。如打铁业师傅张振海说：“过去鸡叫头遍，我就把徒弟叫起来。徒弟一打盹，我就打他。这是我的错误。以后保证不再这样，保证教好技术，决不藏奸。”他徒弟被师傅的一片诚心所感动，也在团结大会上主动检讨了自己的错误。

六、民主建设　发展生产

在搞好民主团结的基础上，发动群众，人人出主意，个个想办法，为搞好本企业的各项工作贡献自己的智慧和力量。民主建设的内容有三项：

一是组织建设。通过总结工作，根据广大职工的意见和要求，整顿了原有的工、青、妇、行政等各种组织。特别是工会组织，清除了不纯分子，充实了真正能代表广大职工意志和利益的，在运动中涌出的积极分子。全市在工商企业中共提拔脱产干部45人，其中工人33人。提拔基层干部207人。

二是生产建设。在工厂行业里全面整顿了生产管理系统。如在搬运业，划分了13个大队，撤换了不称职的行政干部5名，实行了按劳计酬的工资制。建筑业，成立了一个公营建筑公司，并以此为主体，成立了同业工会。然后对社会上900多名建筑工人进行了登记，划分为11个工程队，成立了全市性的建筑工人调配处，实行了集体计件工资制，彻底扭转了过去层层转包、层层剥削的局面。同时评定了技术标准，改变了过去不分技术高低的平均工资的办法。手工业组织起了个铁业生产合作社，共有29盘烘炉参加，实行计件工资制。

三是制度建设。通过民主改革，废除了封建旧规章、旧制度，实行了民主管理。诸如工人代表会制度等。除此，还建立起了一系列的生产责任制。诸如上下班制、交接班制、产品检验制、机具使用操作保养制、安全生产制等。在手工业中，按照“生产长一寸，福利长一分”的原则，修订了师徒合同，建立了师徒座谈会制。

漯河市工厂行业的民主改革运动，彻底砸碎了套在工人阶级身上的枷锁。工人扬眉吐气，劳动热情空前高涨。到1951年底，全市工业手工业总产值比1949年上升47%，商业购销总额上升11.24%。

选自2005年7月《漯河文史资料》第十三辑

北舞工业的先行者

——记抗日战争时期华新公司及其董事长刘斌亭

刘修仁[①]

北舞渡，是河南省漯河市所属舞阳县的一个镇。这个镇，在古代曾是县、郡治所在地。那时称定陵。汉代置定陵县，晋代沿袭。北魏永安中置定陵郡（辖北舞阳、云阳、西舞阳三县）。城区阔大，民间传说古城有“九门九关”。城的遗址在解放前还残存。城外西南二里许，有九千年前原始母系社会贾湖文化遗址。在此曾出土了中国现存最古老的乐器——骨笛。北舞渡人以此地文化遗存珍贵和文化积淀深厚而自豪。明、清时的北舞渡，因有沙河水运之利，而且又是豫西北通向南阳、襄樊的陆路交通要道上跨沙河南北的一个大渡口，所以逐步发展成为一个闻名遐迩的商业重镇。货物集散，商铺林立，市场繁荣，百业兴旺。辛亥革命后，铁、木、竹等手工业开始出现，并逐步有所发展。抗日战争期间，当地工商业资本家集资筹备，创建了以抵制洋货、便利民生为主旨的烟草工业企业，华新烟草股份有限公司就是领先起步并在同类企业中享有盛誉、收益最丰的一家企业。从此，开辟了地方工业的先河。在客观上华新公司从一开始就被公认为是舞阳县（乃至漯河市）工业的先行者。刘斌亭，是华新烟草股份有限公司的董事长，并兼任华新卷烟厂厂长。所以说，刘斌亭应是不可被历史遗忘的开创舞阳县地方工业的一个代表人物。

---

① 刘修仁，河南舞阳县人，1934 年生。原西宁晚报社记者、编辑、主任编辑。政协西宁市七、八、九、十届委员会委员、常委、兼任文教卫体委员会主任。

致力工商　创造财富　造福乡里

青年时代的刘斌亭，深受辛亥革命的思想影响，崇拜孙中山先生，信仰三民主义。他认为民生是本、民族是根、民权是干。根深干挺，大树才能枝繁叶茂。他的思想被当时的革命潮流所涌动，开始有点不安分了。他在父辈按氏族家谱以“仓”字排辈分所起的名上，加字“斌亭”而行世。他想去闯世界，希望自己通过学文习武，能够文武兼备，为社会为国家做一番事业，哪怕像刘氏古代前辈某人从“泗水亭长”那样小台阶上起步也行。他在心底，酿着以后的计划与行动。他觉得，师从自己的舅舅研读四书五经，没什么出路；最大也只不过像老舅那样，考取个“秀才”的功名而学塾馆先生去“传道授业”于孩童。何况，民国已经废除了科举制度，此路不通。他毅然合起了正在攻读的《春秋（经·传）》，要去从军干革命。还未能成行，就被自己的母亲发现。老人家对他好生一顿狠狠的言语教训：“偌大的家业，需要你来继承。还需要你去挣钱发展家业。有了钱，才能过好日子，才能造福乡里。家家都富了，国才会富。”还指点他，要求他：“起先得学会咋样去挣钱。单靠劳力去挣钱就像背起磨盘去爬山——艰难；有本钱去挣钱，好比扬帆顺水来行船——利便。明儿，把多余的粮食运到集市上去卖了，再拿上家里的银钱，出去做生意吧。三年后挖不到几块金砖就别回家来见老娘！”我的这位善于当家教子的太奶，没有像岳飞母亲那样把“精忠报国”刺到岳飞的背上，却把“致力工商，创造财富，造福乡里”的信念刻印到了自己这个不安于当“地主家少爷”的儿子的脑海里去了！就这样，我的爷爷刘斌亭从沙河北岸、位于北舞渡东 18 华里的老刘庄的地主家庭里走出来，到北舞渡镇上开始了商业经营。经过几年的努力奋斗，终于获得了不小的收益。完成资金的原始积累后，接着又投资办公司、建工厂，很快成为舞阳屈指可数的几家大富户之一。

刘斌亭从掘得第一粒金起直到后来盆钵满盈，都少不了他母亲的启示、谋划与参议。虽本无天意，但她老人家似乎就是为“华新”才“应运而生”的。“华新”盛时她康健；“华新”衰时她病弱；“华新”败落后，她就辞世了。我的这位老太奶，从年少到晚年，集“淑女、贤妻、良母、老善人”等美誉于一身。她知诗书、明礼义、懂纲常，一生做了许多让人钦佩与崇敬的事。她聘请舅太爷来我家教一族亲近的各辈女孩认字，读《女儿经》《诗经》《论语》等书。此事在当时实为惊人创举。有一次，本村一穷人因“揭不开锅”，没饭吃饿了肚子，不得已在夜里到我家粮仓后面挖墙洞打算偷米，被护院人发现后禀告了老人家。第二天，我太奶差人把那人请到家里来抚慰，赠他一斗米回去煮饭吃。那人临走时磕头谢恩说：“您老真是女观音、活菩萨。”此事传闻四乡，令人感动。太奶去世时，家人们正避乱外逃，村里的爷儿们自动聚起为她老人家办了隆重的丧事。我一家人闻讯万分感动。爷爷在武汉得知，悲痛欲绝。

由于刘斌亭艰苦创业、诚信经营、正直处世、和善为人，因而被本地广大工商业者所佩服与敬重，被公推为舞阳县商会北舞渡分会会长。同时，兼任定陵（北舞渡古称，此时亦称定陵）镇的镇长。

当我懂事以后，便把爷爷刘斌亭尊为我处世为人的榜样，崇为我心目中的偶像。小时候，我觉得爷爷很了不起，我为他而骄傲和自豪。1946年儿童节时，我身为“县立小学”的学生会主席，被指定担任大会司仪（主持人）。爷爷坐在主席台的嘉宾席上对我微笑，似是为我壮胆，使我忘却了怯场，显得声态自若了。我感谢我的爷爷。

刘斌亭不赞同人们说他“事业有成”。他总是说：“孙总理主张联俄、联共、扶助农工，关心民族、民权、民生大业，向往民富国强、世界大同。达此目标为时尚早。孙中山先生强调“革命尚未成功同志仍须努力”。我也得继续努力，把企业做大，让更多的能人到公司里来做工，大家一起来创造，共同来致富。至于说到搞实业、办工业，我也只能算是大棋盘上的一枚过河的小卒子。”当我听到他这番言论时，我在寻思他这位国民党党员、县参议员会不会是“地下的共产党员”，我认定了他是赞同共产党的理论与政策、拥护国共合作的。因为我在家里发现过，爷爷和父亲都阅读过的毛泽东著作《论联合政府》。

华新公司的发达与兴盛

华新烟草股份有限公司和华新卷烟厂生意最红火的时段，是在抗日战争胜利后和临近胜利的那几年里。特别是在抗日战争胜利后，城乡各行各业呈现出多年来未曾有过的兴旺与繁荣。人民欢庆胜利，各类生活用品购销两旺。华新卷烟厂的产品，不论是高档次的精品香烟还是普通的大众化产品，都曾一度出现产品供不应求的局面。

欢庆胜利之后，华新公司的经济收益数额虽然无法查考，从华新公司在欢庆胜利之年举办的节庆活动盛大之状来推想它财物支出的高限度之概数，是可见端倪的。春节期间，全厂大庆三日、张灯结彩、鸣放鞭炮、锣鼓喧天。公司为职员和工人放假，好让他们与家人同乐。大型焰火晚会，更是异彩纷呈、别开生面。那种用古老的焰火制作工艺所精心设计制作出来的艺术品，燃放时的艺术效果，远比现代鸣炮而升空后在高空爆开火花的焰火要精彩得多。

1946 年元宵佳节那天午后，十里八村的乡亲们像赶庙会一样，早早地向会场涌动，要与全镇的百姓和全厂工人一起观看焰火。当夜幕降临时，人们翘首以待的焰火终于点燃开始了。焰火架上出现的光与色，变幻出寓意不同的各种美丽画面。这些图画都是民间传统的吉祥喜庆的内容。什么五谷丰登、喜上梅梢、年年有鱼、天官赐福、招财进宝呀，还有什么八仙庆寿、五子登科、天女散花、坐莲观音呀，等等，一幅又一幅，间歇性地，连续不断。闪耀的七彩光芒，辉映着千万观众喜悦的神色。那种腾空而起的礼花和直插云霄的起火[①]，使天空皎洁的月光、星光都顿时因之黯然失色。男女老少欢声笑语不断，喝彩声和鼓掌声连连。人们心花怒放，兴奋达到了极致，欢乐达到了高潮。

华新公司这次活动，收到了比预期还要好的效果。远近客商们都进一步了解到华新公司产品更精良、货物更畅销、生意更红火、钱挣得更多了，乐意与华新公司建立供销关系。四里八乡从不吸烟的农民，甚

① 当地对烟花的俗称。

至连妇孺，都晓得了北舞渡有一家做“香烟卷”赚了大钱的“大铺子”，叫“华新”。传说在逐渐扩散的过程中被演变，加进了几分传奇的色彩。宣传的效果，远远胜过了现今广告的渲染、夸张和媒体的正面报道与介绍。要求订货的客户日渐增多，公司不得不采取应急措施扩招技工，加班生产，以适应市场对华新公司卷烟产品更多的需求。

华新公司的经营特点与治厂优势

华新公司，在中原早期地方工业中是否可以算得上声誉较好和经济效益较大的一个企业典型；华新经营管理方面的成功经验，对现今的民营工业企业，有无参考和借鉴意义，尚无定论。这里，不妨再深入剖析一下它的五大经营特点：

一是设备先进。两台卷烟机，是当时在国内属于功能较为先进的机型。那时候，在电能尚未被普及应用，许多小城镇还没有电动机具、没有用电照明的情况下，华新卷烟厂开了本地的先河，率先购进了发电机。用高薪从上海聘请了能够操作使用并能维修发电机的工程师。所发电力主要供作卷烟机的动力电源，节日期间兼作亮化厂区、美化厂门的装饰照明。华新公司此举，在这个古老的城镇里，被人们街谈巷议，成为重要新闻。那位荣工程师和妻子、女儿，一家三口，被公司安排住在厂里大院套小院中的一个小四合院里，远比他们在上海居住的石库门房子安然舒适得多。厂里的小灶厨房，每日三餐为他们供给美味佳肴，加班时还供夜宵，当贵宾招待。荣家有个比我小两岁的小女儿，聪明伶俐，很受大人们喜爱。我在平日做完功课或在节假日里，常去同她玩耍。每次荣太太总是欣喜而又热情地招待我。看得出，她是借此表达对我爷爷和公司对她一家人关怀与照顾的感激之情。

二是设施完备。厂里的工种和车间班组是齐全的。只要按时按计划地购进原材料和各种辅料，在厂内的各个车间中运转、传递、循环，流水作业，操作运行，就能一批批地生产出香烟来运向市场，进入销售渠道，供给批发商和经销商客户们。不需要任何的外加工，也不需要再去购买什么半成品来补充或替代。制造香烟的所有工序，都设在厂内，可以说是一个完备的生产线，算得上是“大而全”。主要的生产工序有烟叶的分等、刨丝、炮制；普通香烟包装装潢纸件的印刷；产品入盒、封条、装销；外运用的纸木包装箱上有关产品名称、生产厂家、运达地址、收货商户名称等字样的书写与喷绘，等等。活路虽然繁杂，但做起来却紧张有序、有条不紊。值得特别指出的是厂里的印刷车间，工种很齐全，设备很完善。排字、制版、套色、油印、水印、石印、铅印，每个工序都有技术熟练的工人和技师。技术力量和印刷水平，均高于厂外在市面上独立经营的印刷厂家。

三是产品优良。龙头产品“333牌”香烟采用的是驰名国内外的许昌烟叶，丝色金黄，气味芳香，加入贵重辅料熏炒、炮制后，更是芳香诱人。抓一把闻闻，都能通鼻窍、提精神。这种香烟，吸起来气味香醇，口唇感到一丝微微的甜味儿，烟客称赞它“带甜头”。在国内外市场上，能与英国产的“555牌”香烟和南洋某烟草公司出品的名牌香烟相抗衡与竞争，所以销路很广。大众化的普通卷烟产品，坚持“售价低质量不能低”的设计理念。所用原料，基本与高档香烟的用料相同，只是减去了华丽精美的外包装，免用增香提味的添加剂。最大限度地降低成本，保持许昌烟草的本色与原味，只图微利，使广大劳动群众买得起、喜欢吸，吸时感到过瘾。更为实惠的一种香烟，不印牌号，省去了彩印的包装烟盒，用白纸包装，售价低廉。喜爱吸这种烟的买主们为它起了个朴素的爱称，叫“白包”。远路客商，则称“华新白包”，以示厚爱。

公司领导曾强调产品要好，做工要好，其前提是用料要精。比如：制作糨糊用的是细白的糯米粉，比市场制作元宵用的水磨糯米质量要好。熬胶水用料的下脚料，比饭馆里的石花菜味道不差，曾发现过有人捡去当菜吃。炮制烟丝的辅料糖精、香蕉精，曾被工人秘密用来兑以夏季“没根儿”的井凉水，做成冷饮料，较市场上小贩们卖的汽水好喝得多。由此可见，卷烟所用辅料在选料上的考究程度。厂里为了保障工人们的身体健康，避免用料的流失与浪费，是禁止乱拿和食用的。

四是销路广远。最远的货流渠道，是通向迪化（今乌鲁木齐）的。公司在上海、天津、西安等地派驻有销售人员或设有办事机构。派驻上海的是一位董事，主要任务是采购进口的卷烟用盘纸，联络高级印刷厂家，印制精美的香烟盒包装和装潢材料。其他的办事处，重点抓销售。每逢节庆日或销售旺季，常出现卷烟产品供不应求局面。屡有销售大户远道而来亲临厂内求货，公司均以山珍海味、名菜名点上席，待若上宾。特别是在举国欢庆抗战胜利的日子里，香烟批发和零售都断档缺货，出现前所未有的供货紧张。公司和厂里管理人员随机应变，及时组织职员和工人们，没明没夜地加班加点赶制产品，缓解供货紧张的压力。在供货时，对远路客商和新客商优先。公司对加班人员加餐、加薪，全厂上下皆大欢喜。

五是待遇优厚。在北舞渡这个工商业较为发达的古镇，工人们择业是自由的，也是挑剔的。做工经历多的工人说："华新公司给工人开的工钱多，还管吃喝，挺实惠的。"工人们在厂里比在自己家里吃的饭菜好。中午饭，荤素菜有搭配，主食不限量。气氛很自由，时间很宽松。饭后，可以抽支烟，喝杯茶，心情特舒畅。有个工人在饭后茶余，高兴劲一上来，把脖子一扬，由衷感叹起来："挣钱不挣钱，混个'肚儿圆'。掌柜的既给工钱又管饭，这么好的差事哪里找去？唉，够了！"他有种满足感。工人们为什么会这般感慨呢？那是因为：在那个时代，别处的工人闹工潮起来跟资本家做斗争都得不到应得的报酬，在公司能有这般的待遇让人受用，这不是咱"华新工人"的福气嘛！

我在上小学时，曾有几次去同工人一起吃饭。拳头那般粗大的"杠子馍"，吃起来很带劲，也很费劲。一般不干体力活儿的人这种"杠子馍"一个都消灭不了，怎么会限制他去吃第二个？我羡慕他们身体棒、真能干。他们给我说笑话、讲故事，侃起来特有趣，大家都很开心。

刘斌亭处世文明　待人礼貌　生活俭朴

他表面上的温文尔雅与内心的刚正坚毅，鲜明而又和谐地集于一身，颇有点儿如世人所称的中国儒商的派头。他在家里不苟言笑，自由潇洒；出了门总是衣冠整洁，举止文明，遇到熟识的人，他总是对人家微笑点头欠身，表示友好与亲热。别人有感于他的礼貌热情，往往会报以敬意与尊崇。他很懂得吃喝穿戴、文化娱乐等各方面的生活常识与知识，知道怎样去享受生活的乐趣。同周围的许多同业界人士建立起了真诚的友谊。但与同行业、同阶层人士比起生活享用来，他的生活态度与生活中的实际状况却是十分的俭朴。在家乡方圆百里范围内，他已经是一个不小的资本家了。可是他并不摆阔，更不卖富。他有一辆那时在街面上很少见到的自行车，平时很少骑用，使人感觉到那辆车总是保持着崭新的亮光，替他张扬着洁身自好、力避污染的本性。听老家农村的老人们说，他每次回农村时，总是推着车子进村，同相遇的乡亲爷儿们打招呼。他这是在尽量缩短同农民群众的距离，主动去接近穷苦农民。他不自己打肿脸充胖子，更不学某些暴富者去炫财当“烧包子”。

刘斌亭在生意场上的交往和往来应酬中，坚持一个绝不动摇的原则，就是在必要酬谢客户时，只肯请人家光顾酒宴，不愿接受任何人的宴请。他知自己的友人打趣说他“不平等”。他不回应，许是默认了。可他有“特平等”的事，那就是在逢年过节接收友人、亲戚馈赠的礼物后，必定回礼，“礼尚往来”不欠人情。凡是生意场上的宴请必在公司进行，宴请亲友定然在自己家中，“公私分明”。接受友人宴请，只赴东道主人的宅门府第，不去酒饭馆，更不去酒吧舞厅书寓等酒色娱乐场所。平日里，不吸烟，不喝酒，不海吃，不赌钱，有人说他像吃斋念佛的“苦行僧”。在他生病时的营养补品中，最显眼而又常见的，其实就是穷苦人家做窝窝头的黑豆制成的。

他在武汉养病时，住在汉口民众乐园背后的打铜街，近处有一家很有名气的“福兴馆”，专营佳肴名点，深得爷爷好评。于是，我就成了采购员，常去为他买“江干面”或“冬芝面”。有一次，熟悉了的老厨师笑着说我：“看样子像个小少爷，可为么事只买大碗面，咋个不买小炒海鲜带回府上去？”我一听他是在逗我玩儿，便立刻回敬他：“就这样香菇、干贝、鲜肉、鸡汤烧成的汤面，不光是穷人见不着，怕是连您的夫人也不一定能经常享用呢！”他也被我逗乐了，扬起手里的汤勺，朝我连声地“yes！ yes！”笑着频频点头表示赞同。我心想：“哟！还是个见多识广手艺不差的‘假老外’呢！”他招呼我再来，我好开心。那天的汤面，爷爷吃得很舒心，一脸笑容。可能，老厨师一乐，在汤里做了文章，耍了点绝技呢！

对于穿戴，在爷爷看来，是世人约定俗成的，应该有度有格。过了度，出了格，是会遭人非议或笑话的。犹如演员的“行头”，穿戴不当，就成了角色“反串”，要出丑的。他一年四季都穿着与那个时代同步且时尚的唐服汉装，棉毛呢绒绸缎，夏纱冬裘有别，质地特别的讲究，样式绝不怪异。鞋，是毛礼服呢的面料，千层白布底或牛皮底，基本不穿皮鞋，很可能是怕受拘束。他穿戴大方，仪表堂堂，为子孙做出了立身处世的榜样。记得在1948年初春，我从中原解放区到当时尚未解放的汉口去看病中的爷爷，并借机会在武汉继续学业。去前，我不得不脱掉那套难舍的“河南省立郾中”制式的灰色棉校服，赤膊穿一件破旧棉袍，伪装起来以避免在路经“中间地带”时被双方武力人员盘查或招致什么意外的麻烦。到武汉见到爷爷后，他第一件要求我做的事就是叫我立即买套新的学生装，换掉那件似落魄艺童模样的棉袍。同时，我又自作主张用去两块半光洋（银币）买双名牌“回力”球鞋，为衣帽配了套。爷爷说：“以后记着，入乡随俗，进城也应随俗，把自己融入人群。啥时候都别当‘出头鸟’，让别人把你当异人另类。”

刘斌亭的成败与功过

以现今的社会形势和政府的治国理论与政策来评判，刘斌亭应属于典型的创业者。他亲自创建了一个民族工业企业，个人拥有资本，又通过创造增多了企业的财富，因此他应是中国民族资产阶级中的普通一员。他的财产，是他经过多年奋力拼搏才创造得来的。他不是一个投机的暴发户，也不像现今暴发户那样贪婪、炫富、欺贫、贿官和挥霍无度。所以说，他又是一个通过自身的努力创业而致富的成功典型。

但他最后成为一个失败者。他的失败在于两方面因素：一是命运所使。病体难以支持他发展企业的雄心。二是他没有胆量与魄力，敢于在共产党取得政权以后，在人民政府和新的经济政策的许可与支持下，在工人阶级领导下，恢复和发展生产，适时改变产权的性质，为社会为国家再创财富，致使企业消失了。

至于刘斌亭的历史功绩，那是磨灭不掉的。他在任定陵镇镇长时，从善施政，稳定社会，造福当地，使百姓百业生活有序。在当舞阳商会北舞渡分会会长时，以自己的企业为“带头羊”，领导和团结工商界人士，发展地方工商业，使全镇市场兴旺、经济繁荣，书写了北舞渡这个历史古镇（古郡）有史以来最新的一页，使北舞渡镇在商品经济和社会物质生活方面走上了发达富裕的顶峰。

华新公司最兴盛、刘斌亭事业最发达的时间，正是国民政府腐败无能，政府官员徇私舞弊、贪污搜刮、损公肥私、大发国难财的时期。中原地区有的富商大贾，勾结官方，为自己谋取一官半职，依仗权势，广开生财之路。某些贪官污吏、走狗汉奸、流氓恶棍、土豪劣绅们，相互勾结，狼狈为奸，卖国求荣，反抗革命，祸国殃民，图财害命，欺压百姓，恶性事件时有发生。此时的刘斌亭，表现出对恶势力的极大愤慨与痛恨。当地方军政恶势力头目妄想把黑手插进“华新”，借投资合股为名谋划大捞一把的时候，他当机立断，不与为谋，不靠权势，奋发自强，力撑门户，进一步加强企业管理，提高产品质量，扩大产品销路，使企业经济效益稳中有升，保住了他和同仁们一起创建的“华新”。他对孙中山先生“革命尚未成功，同志仍须努力！”遗训，信奉至深，努力不懈，把企业的发展同国计民生大业联系起来，以求民业与国事共进、共兴、共强。他的“县参议员”“商会会长”“镇长”等头衔，不是自己投机捞取，而是靠自己在工商界的声望、靠社会民意的信赖与拥戴，才得到的。因而他视之为一种名誉、一种责任、一种义务、一次为社会作贡献的机会。所以，他尽心尽力、尽职尽责。时时在商务、慈善、兴教、爱民等社会活动中表露出自己的信仰与内心的正义与刚正。

在政治形势复杂与革命斗争激烈的环境中，刘斌亭不敢张扬、不敢露锋、不敢激进。表面上以“只挣钱、不捞权、无野心、不从政”的平庸姿态示人，借以隐形地保护自己与家人。明显地给人一种印象，好像他生活在繁华世界另一隅的一处“桃花源”中：明清建筑风格的门楼厅堂，庭台上浓荫蔽日，两人合抱才能围其主干的古槐，斜枝曲干、临窗窥闺、绽放新蕊的蜡梅，绿叶生凉、春华秋实、挺拔高大、传说会招引金凤凰的梧桐，客人皮鞋底能踏击出脆声清音的石板阶、径，紫檀红木雕花的家具，镂雕彩绘的廊柱、屏风等综合而又和谐地显示出宅第主人清雅的生活情调和恬淡的隐世心境。抗战胜利后的1946年春节，黑漆大门上朱纸洒金浓墨由名家书写的对联“物华天宝日，人杰地灵时”和横批“盛世华年”，透视出刘斌亭对歌舞升平的盛世和欣喜欢乐的人民而发的由衷赞叹。

此时的刘斌亭，虽关心国运与民生大业，但他还没能醒悟预料到：中国社会劳苦大众仍生活在水深火热的苦难中，阶级矛盾在激化，一个旧世界即将崩溃。解放大军正在中原地区节节胜利，快速南进。解放区正在迅速扩大。1947年秋，他的肝病愈加严重。他不得不暂时放弃对正红火事业的努力，到武汉去求医治病。当年冬，古镇北舞渡随着漯河解放时晚间的一声沉雷似的炮响获得了新生，在没有大军进驻的情况下解放了。刘斌亭在重病中，清醒地感觉到自己再不可能有时日与精力支撑下去，便心照不宣地主动放弃“华新”，交给政府和人民。

刘斌亭得到了彻底改造

他在舞阳县看守所里积极而又认真地接受了政府通过干警们对剥削者进行的教育，努力学习革命道理，主动劳动改造自己，很快认识到自己是一个剥削阶级分子，是无产阶级革命的对象；也懂得了“剥削有罪”这一精辟论断是条真理。收获很大，加之又不操心理财了，心情上感到特别的轻松，病体上恢复增添了生机。他回到农村后，每天肩头扛上铁锨挑一个柳编的箩筐，转悠到村里村外去拾粪。不多日，院外竟然垒起一个不小的粪堆。他带领一家人，在土改时分配给的土地上学习耕作。

从下种、施肥、除草，忙到收割、打碾，第一次收获到自产的粮食。吃着粗茶淡饭，他感到特别的香，病容上现出了笑意。农活不忙的时候，他唱起了在县里被拘押时学会的革命歌曲《要翻身就得奋斗》："月亮一出照高楼，无产阶级不自由。地主住的楼上楼，穷人住的茅庵头，寒夜里冻得发抖；地主吃的鱼和肉，穷人吃的窝窝头，吃不饱肚里难受；地主穿的绫罗缎，穷人穿的破袄头，补补丁还要露肉。依呀嗨呀，要翻身就得奋斗。"曲调悲凉，很是感人。有时，一天从早到晚要唱好几遍。我想，他是在忏悔自己不应该是一个剥削者。此时，他已经从理论上、从自己的思想深处认识到"剥削是有罪的"。我和爷爷同样都亲眼目睹过旧社会穷人所受的苦难，深感人世间的不平等，不革命怎么能行！爷爷曾语重心长地对我说："我年轻的时候，只知道人没钱没法过活。要想过好日子，就得去拼命地挣钱。可万没想到钱挣多了是这么大的罪过。现在你要记住，书再别念了，长大了靠劳力吃饭。千万别像老一辈，再去当地主资本家。或者，你也去参军，考军校，去跟共产党干革命，打倒一切剥削者，建设一个大家都有饭吃、都有衣穿、人人平等的新社会。"他说得很有道理。

刘斌亭带着遗憾离开了人世

他放弃了企业，回到农村干起了农活，下决心从此做个劳动者，在家种地，或外出做工，完全靠自己用劳力挣钱过日子。他还有感而发、有所企盼地说："今后谁也不要再剥削谁了。农民都有地种，都有饭吃；养蚕纺纱织布的都有衣穿。耕者有其田，居者有其屋。世上的财富供大家均享，世界就会大同。"

他未曾料到：自己虽然没有触犯法律上所指的实际罪过，没有谁能对他施以刑律上的制裁，但却遭到了病魔的沉重打击。本已缓解的病情，突然地恶化了。不是哪个人不让他治，而是治疗无效，于 1951 年冬离开了人世。他的两个儿子，竟然为他买不起一口哪怕是最廉价的"桐木板儿"棺材。儿子帮着老子实践了"生不带来、死不带去"的人间劝谕世人的箴言。爷爷到人生的尽头还为人世间节约了几片木材，不受棺木的“拘束”与“控制”，自由地“升天、西游”去了。阴、阳把我和爷爷“划清了界限”。我在心底里为爷爷刘斌亭树立起了一座纪念碑。

刘斌亭在病危时，曾深表他此生的遗憾：一是曾想在漯河开家火柴厂，未能如愿。那是在抗战期间，他看到人们因买不到火柴，只得用原始的工具火镰击打火石来取火时萌生的念头。二是想买拖拉机，把自家的土地庄园建成机械化耕作的农场的计划成了空想。那是在抗战胜利后，他在漯河看到据说是“战后美国援华”用于试验农场的小四轮拖拉机在大街上跑，而被点燃起的希望之光。三是没有把自家的公司设在上海或在企业做大时迁移到上海。他的这种想法，是他被拘押在县看守所时从报纸上看到的消息说，上海解放时军管会和新政府全力保护和支持工商业恢复经营、发展生产，而激发起的强烈的感慨。

其实，他的三点遗憾只能随身而去。多少感慨都没有用，都成了不为人知的个人经历中的片段与点滴。时事在变化，情况在变化，社会在变化。无奈，只能怪自己生不逢时、生命不济。如果不病倒，坚持劳动生产待到改革开放的时候，他也许有机会、有可能“东山再起”的。凭他的经营能力，去开创新业肯定还会致富。

现在好了，中国共产党的十七大精神中关于发展经济的方针政策更明确、更伟大了。党和政府号召人民创业致富，越富越光荣。非公有制企业受党和政府的保护与支持。只要合法经营，挣钱再多都不是罪过。人们可以自由地去务工、去办企业、去创造财富。人民大众都富有了，社会才能更和谐，国家才会更强盛。

假如刘斌亭在天之灵有知，他一定会兴奋不已，也一定会希望人民都富有，希望国家真正强盛起来。因为他当初所信仰的那个“三民主义”，也是为了最终达到这个目的的。

中国早期工商业的成功经验，对现代工商业的进步发展，可能会有一点参考和借鉴作用。

选自2008年9月《漯河文史资料》第十六辑

商贸金融

老漯河商业掠影

范子文

商业发展简史

明代以前

从五帝到明代，4000余年的历史长河中，经20多个朝代，老漯河市区先后建立了潕阳城、奇雒城、殷城、潕水镇、上口镇等城镇。但仅为县隶属的一个小地区，一些商务集中地主要在召陵、邓城、周家口（东）、郾城、新店、北舞（西）、征羌（召陵东南至汝南）、曲阳（郾、西平间）（南）、临颍（北）等，加之历代战乱不息，老漯河受劫最大，常住人口不多，因而历代虽有潕阳城、上口镇等名，却未形成大的贸易市镇。

明代时期

元代沙河两次截流，水运条件空前优越，加以明初社会安定，人口大量迁入中原，老漯河人口急速增加，给螺湾河渡口带来了空前的繁荣。永乐年间（1403—1424年）已是“江淮百货萃，此处星辰罗”的商业集镇，人口数千，兴建了北大街、顺河街等数条街道，明政府设置了“螺湾河镇”。到明嘉靖三年（1524年）跻身于郾城十一集镇之一。

清代时期

明末清初，连年兵祸，漯湾河社会紊乱，商业凋敝。顺治（1644—

1661年）时，郾城八大集镇，漯湾河未曾列入。康熙时，商业开始复苏，到乾隆（1736—1795年）朝，达到鼎盛，漯湾河被列为郾城十九集镇之一。清乾隆三十四年（1769年）筹建三晋乡祠（山西商人），即老漯河最早的工商团体，这是当时商业繁荣的佐证。

清末民国时期

1906年京汉铁路全线通车，决定了漯河车站商业的兴起和发展。据《郾城县记》（1934年版）载："漯湾河镇，昔（1906年前）以通周家口，已号殷盛，自京汉铁路通行，舟车之所辐辏，商贾于此萃焉，视昔且倍蓰过之，固为一都会矣。"

1927年，地理学家吴世勋在所著《河南分省地志》中也记载："郾城车站是河南著名之车站，铁路通车后，商务日盛。……由沙河东达周家口，西至襄县、鲁山，西南360里到南阳，水陆四达，舟车辐辏。汉口北来之货多于此销往南北各地，而土产之芝麻、黄豆、鸡蛋、牛羊皮、茧绸等，亦由此输出。"

诚然，通车后，漯河成了一块风水宝地，尺地斗金，逐渐成为"四方杂处、华洋辐辏"的水旱码头和商业城镇。漯河凭借其水陆交通的优势，依托周围广大地区农副土特产品的资源丰富，招来外商、出口商、贩运商，云集采购，遂逐步取周口而代之，成为东起阜阳、颍上，西至南阳、老河口等广大农村土特产品和牲畜集散地，波及周围50多个县市，面积达1万多平方千米，人口约300万。外埠上海货物由蚌埠入沙河，天津货物由徐州转平汉铁路到漯河集散。外地往漯河购货的商人如兰州、西安、成都、重庆、昆明、贵阳、桂林、洛阳、宝鸡等，也纷至沓来。

各地商人争相购地在车站周围建立行栈、公司、蛋厂等，商业重心由寨内向车站转移，街道纷纷形成，如老街（1908年）、天桥街、马路街、竹木街、菜市街、坊子街（1915年）、牛行街（1924年）等（参看前街道分布表）。车站商业区，经过近20年的建设，到1926年基本上形成。其范围：东至今解放路，西至今五一路，北达沙河，南到人民路，面积 1.55 平方千米。

可惜是年秋季，澧河决口，牛行街房舍全部倒塌，牲畜市场停止；火车站房舍、店铺也部分倒塌，严重影响了漯河市场的兴旺。

1930—1931 年，是漯河商业的黄金时代，贸易盛况空前。如粮行 170 户（较大的 72 户），牛行 140 户，其他各行店铺 960 余户，个体手工业 450 余户，个体商贩 2500 余户。往来船只 2300 余只。郾城车站系郑—汉段 5 大站之一，年客货总收入占京汉线的 1/8。

1931 年沙河又决口，全镇被淹，水深 1 米。商业凋敝，百业停滞，外埠商业机构相继撤离。

1934 年漯河市重建，面貌焕然一新。

1936 年大新面粉厂重新开业，信昌、振兴两铁工厂投产。是年农业大丰收，市场交易旺盛，输出粮食 70 万吨（小麦 20 万吨，芝麻 12 万吨，黄豆 8 万吨，其他）。

1938 年 10 月 2 日，日机 9 架轰炸漯河。铁路、铁桥扒去，南北交通中断，市面冷落。

1938 年，花园口黄河堤防被炸后，河身改道，中原半壁暂时稳定。

1940—1941 年间，漯河成为东西交通枢纽，盛况空前。上海、杭州、沈阳、天津等沦陷区的工业品，车水马龙涌向漯河，市场贸易由牲畜、粮食集散地，一变而为全国性工业品集散中心。新开辟了南马路、自由街、华平街、平康里（湖北大院，在车站百货大楼东）等，加上沦陷区、黄泛区灾民涌入，漯河市区人口猛增到 12 万，人们称漯河为“小上海”。

日寇占领时期

1944 年 5 月，日寇占领漯河，大商人相继外迁，小商贩被迫停业。日商三菱、三井、吉田洋行垄断食盐市场，食盐业猛增 160 余户。1944 年 10 月，中美混合机队，两次轰炸日寇盘踞的车站，马路街、老街东头房舍倒塌，残垣断壁，市场贸易基本停止。1945 年下半年，市区商户只有 405 户。

解放战争时期

市场日渐复苏，1946 年 3 月兴建了复兴商场，1947 年 5 月 12 日又建东安市场。1949 年 8 月，日本投降后，因战乱离去的商号陆续向漯云集，迁入二商场前 200 多家，后 180 余家，布匹成堆，碎货盈目。

1947 年 12 月 19 日后，漯河处于“拉锯”状态，军统特务横行，散兵游勇遍地，富商大贾生命财产朝不保夕，争相逃亡。二商场主要街口修筑了栅栏，各主要街口垒起了短墙，守望防匪，秩序混乱，百业萧条。“头等商人逃武汉，二等商人驻马店，三等商人来回转”，概述了漯河市场又一次衰落。当时市区人口减至 5 万余人，工业只有一个 80 千瓦的小发电厂、几个小烟厂、小铁工厂，从业人员不过千人。到 1949 年，全市工业总产值仅 691 万元。

商业项目

现根据有关史料记载和笔者亲访，将清末民国时期漯河（寨内、车站）的主要商业项目，依次列下：

寨内

北大街——坊子（李朝）、三义和药房、油坊、杂货行、茶馆（魏云甲）、餐馆（胡廷杰，北门内）。

南大街——粮行（和北大街等一起，计 21 家）较有名的：李宪法、李天义、徐西岭、常三才、常国珍、王五运、陈庆文、万三等。

炉房：南大街中间，路东有李水子、闫鸟儿，路西有刘老六（太庚）。

杂货店，南北分布，计有叶保合、李义辰、叶某某等。卤肉铺（王云），餐馆（高义权），中药店（马子珍等二家），当铺两家（“祥泰智”山西人，“祥聚德”吴建中）。

顺河街——大布行（批发）多家、绸缎庄（李记，河北人）、酒馆

（济太字号）等。

东大街——刀剪铺、称铺、银匠铺、杂货行、饼干店、糖铺、麻绳店、酒馆、（三益堂）眼药铺、粮店、烟叶行、棉花行、陶瓷店、皮革行、染房、烟丝行、石具行，庙门儿（东大街小学门外）小吃（夜市）：许木子的胡辣汤，王麦囤的油条，老大的卤肉，某某的包子等。

车站（含牛行街）

1903 年（光绪二十九年），郾城车站启用，车站附近开始发展。

1912 年（民国元年），宁波人阮文忠在煤市街开设“元丰”蛋厂，生产土干黄、干蛋白片等，出口日、英、德等国。这是有史以来，漯河开设的第一家工厂。

是年统计，当时设立的工厂，计有：蛋厂 10 家，面粉厂 2 家，铁工厂 10 家，棉纺织厂 1 家，衡器厂 1 家，榨油厂、小发电厂 2 家，卷烟厂 6 家等 34 家。

1920 年，各行商户发展到 529 家。经营范围：百货绸缎、布匹、粮油、盐、糕点、饮食、医药等 10 多个行业。

1930 年，百业兴旺，是漯河商业发展的鼎盛时期。年初统计有：粮行 130 余户，牛行 140 户，大车行、绸缎行、烟行各 30 户，杂货行 48 户，运输公司 42 个，面行、油行、花布行各 50 余户，金店 13 户，皮草行 8 户，粗布行、煤行各 20 户，草帽行 5 户，船行 3 户，竹木行、山货行各 10 户，鸡鱼行 2 户，猪鬃行 1 户：共计 20 个行业，692 户。另外还有烟厂 10 家，戏院 10 多座，官办盐场 1 个。

1930 年后期统计有：粮行 170 户（较大的 72 户），牲畜行 120 户，转运公司 42 户，油行、花布行、烟叶行各 50 户，大车行 20 户，银号、钱庄 14 户，煤炭行 30 户。皮行、猪鬃行、肠衣作坊、鸡鸭鱼行以及各行店铺等 980 余户。个体手工业 450 余户，个体商贩 2500 余户。

是年，据漯河商务会的统计，各转运公司：

输入：食盐 4 万吨，煤炭 10 万吨，糖类、纸张各 5 万吨，石油 0.7 万吨，棉纱 0.4 万吨，棉布 0.2 万吨，卷烟 0.2 万，竹木 0.2 万吨，火柴

0.1 万吨。

输出：粮食油料 45 万吨（小麦 5 万吨、黄豆 12 万吨、杂粮 6 万吨、芝麻 12 万吨），芝麻油 6 万吨，烟叶 0.5 万吨，鲜蛋 0.45 万吨，水蛋黄 0.3 万吨，炙干蛋黄、蛋白粉 0.6 万吨，黄花菜 0.4 万吨，牛皮 0.4 万吨，生猪 2 万吨，草帽辫 0.3 万吨，苎麻 0.3 万吨。

牲畜最高日交易量 3000 头，年成交 40 万头以上。

1934 年，大新面粉公司，日产面粉 1200 袋。

1935 年，“信昌”“振兴”两家铁工厂投产，月产弹、轧花机 20 部。

1940 年畸形发展时期，新增大百货商行 20 余家，有金店 13 户，西药房 55 户，烟厂 10 户，船行 4 户，马车行 38 户，架子车行 20 余户，戏院 5 家，曲艺棚多处。年输入棉布 280 万匹，颜料 14.4 万箱，道林纸 48 万合。

抗战后，1947 年，几个主要行业的恢复幅度与 1930 年的比例是：粮行 63 户，占 37%；牲畜行 52 户，占 43.33%；转运业 32 户，占 76%；油行 26 户，占 52%；年输出粮食油料 18 万吨，占 40%；牲畜成交不足 10 万头，占 25%。

食盐市场由四家官僚资本（上海盐业公司、大冶盐业公司、大昌裕盐号、重庆盐号）垄断，年销量激增 1.62 亿千克，是 1930 年的 4 倍。

1947 年 12 月 19 日，漯河首次解放，没收四家食盐 5 万包（500 万千克），分济群众。

[注] 明清民国时期郾城集镇名称

明嘉靖时郾城十一集镇：漯湾河镇（“螺”已改为“漯”）、高桥镇、归村镇、郭家镇、尧河镇、刘家镇（大刘）、裴城镇、新店镇、宋（原祟冈）冈镇、乾勒桥镇、五沟营镇。

清顺治时郾城八大集：高桥镇、归村镇、刘店镇、新店镇、裴城镇、五沟营镇、小商桥镇、黑龙潭镇。

清乾隆时郾城十九镇：漯湾河镇、黄家集镇、归村镇、青龙潭镇、高桥镇、黄赵店镇（五沟营）、赤塚店镇、十五里店镇、新店镇、裴城镇、宋冈镇、郭家镇、刘家店镇、杨家店镇、王家店镇、小商桥镇、洪陈店镇（商桥镇刘孟村）、李家集镇。

清末民初郾城的十三集镇：漯湾河镇、郾城城关镇、归村镇、召陵镇、邓襄镇、五沟营镇、裴城镇、新店镇、问十镇、大刘镇、五龙镇（老窝）、砖桥镇、小商桥镇。

新中国成立前郾城二十一集：漯河镇、城关镇、归村镇、砖桥镇、召陵镇、万金镇、宿寨镇、黑龙潭镇、杨店镇、大刘镇、问十镇、十五里店镇、姬留镇、上下亭镇、新店镇、裴城镇、宋冈镇、小商桥镇、李集镇、核桃园镇、洪陈店镇。

清末民国时期漯河主要工厂商号一览表

名称	创办者	创办时间	内部建设及其他	现址	备注
南街炉房	辛水子、刘太康、闫乌儿	清	鼓风箱、生产铁车轮、锅、犁面、犁铧等生产、生活用品，名闻附近各县	寨内南大街中段两旁	
四友卷烟厂	冀宜亭	1929	生产羚羊牌香烟（漯卷烟厂自此始）	寨内	鼎丰蛋厂经理
三益烟厂	吴协中	1930—1931	生产羚羊牌、仙鹤牌、勇金亭牌香烟，畅销漯、许、驻等地。后被英美烟草公司挤垮	戏楼后街	
东记杂行（兼石油）	贾国立	1930	生产、生活用品	东街石头坡路南	
祥泰智当馆	山西人×××	1910		南大街	
祥聚德当铺纱庄	吴建中	1910		南大街	
振德盐场	李××	清末至1929		赛内西大街二中附近	
坊子（粮行）21家	李朝（代表）	清末	楼房三间，仓房数间，成交额较大	泰山桥南端西50米处	原北门内路西

续表

名称	创办者	创办时间	内部建设及其他	现址	备注
三义和药堂	丁思明	1907（光绪三十三年）	门面3间、柜房3间、储药房9间、全员8人。经营各类中药材，配制各种成药	泰山桥南西	原北大街南段路东
绸缎庄	李××（河北）	民国	门面3间，经营各色绸缎	顺河街路南	漯河第一家中药店
五一烟厂		1949.5.1	原为私营裕民烟厂	寨内	漯首家合营工厂
小炉房（个体手工业20多家）	多外来者	1937年前	炉子一卒，工人数人，生产生活用品，名闻附近各县。人员形成一条巷	马路街西端路南铁匠巷	今水泵厂前身
铜匠铺（个体手工业者30多家）	外来者	民初	从业人员近百人，锻造铜生活用品，名闻遐迩	马路街西端路北	今为居民建房所占
铜匠铺数家	外来者	民初	铜器生活用品制作，上二者共73户，从业人员160人，1951年尚有68户，246人	同心街	今勤俭街西段
豫兴昌翻砂铁厂	王鸣九	1939	生产轧花机、石印机、铁锅、犁铧、犁面		
信昌、振兴铁工厂		1935	月产弹、轧花机20部		
四友烟厂	徐绍卿	1936（在临颍）	生产“抵羊”“大炮台”“四友”名牌香烟，誉满中原	1945年迁漯	1947年被匪兵抢劫倒闭
三菱、三井、吉田洋行		1944.6至1945.8			
永丰祥帽厂	郭吉祥	1933	资金3000元	马路街	

续表

名称	创办者	创办时间	内部建设及其他	现址	备注
永华、祥茂肥皂厂		1933		马路街	
老煤厂				煤市街	
老盐厂				解放路北头	今面粉厂处
乐器店	王金宽	1935	制竹笛、箫等		自武汉来
乐器店	个体	1951	8户27人		
华丰印刷厂	宋绍勋（西平）	1922	石印机2台，职工10余人		
元丰蛋厂	阮文忠（宁波）	1912	生产干黄儿、干蛋白片，出口英、日、德等国	煤市街南端	1918年停
祥盛魁蛋厂	张殿臣（新乡）	1914—1918	手工打蛋，炕房烘干，石碾粉碎。生产土干黄、干蛋白	万祥街	
德和蛋厂	汉口人	1915—1918	飞黄楼	煤市街中段	较先进
同裕、松元、同孚蛋厂		1920	日打鲜蛋100万枚		20世纪20年代发展为7个
鼎丰蛋厂	冀宜亭（新乡）	1932—1939	当年利润30万元，一年赚一个厂	万祥街	接祥盛魁办
美丰蛋厂	吴玉峰（郾城）	1923—1931	工人160人，日打蛋16万枚，生产干蛋白片，盐黄	竹木街东端	现食品罐头总厂前身
元隆蛋厂	蔡永甫（宁波）	1932—1939	飞黄楼技术有新发展	美丰蛋厂旧址	后易名永昌、益昌
元隆蛋厂	王晏卿	1916			
同德蛋厂				竹木街东端	又名松元
平原蛋厂	华北军区炮兵司令部后勤部	1950		竹木街	

续表

名称	创办者	创办时间	内部建设及其他	现址	备注
漯河制蛋厂东厂	人民政府	1952.5.25		竹木街	平原蛋厂移交
漯河制蛋厂西厂	人民政府	1952		同德蛋厂址	
许昌专区漯河蛋厂		1953	结束我市私营蛋厂历史		改为专营企业
同德盐厂	春祝三	1934		小铁路街	
隆昌盐厂	张志谭	1930—1939		煤市街	
协盛永、同昌祥等八家盐号		1940			1944 年食盐业恢复 10 户
盐号猛增 160 户	日商三菱三井	沦陷时			
食盐业 180 户		抗战后	上海盐业公司、大冶盐业公司、大昌裕盐号、重庆盐号四大官辽资本垄断市场		
皮行 7 家		1921	豫申源、金记、茂记、庆记、庆昌祥、信记、权记		
第一轩饭馆	滑县陈超贤	1913—1919	各种名菜佳肴、山珍海味。伙计 30 人（注）	马路街东头	漯最大、餐馆
万利油行				万祥街东头	
万顺油行				万祥街东头	
恒源商行				煤市街中段	
皮鞋店	贾中平（郑人）				
大新面粉有限公司	天津德商买办焦子斌、武汉申	1933 年筹办 1934 年投产	资金 10 万元，德制 24 寸钢磨 6 部，日产面粉 1200 袋	复兴路（滨河路）今市粮食局址	人称大新面粉厂

续表

名称	创办者	创办时间	内部建设及其他	现址	备注
大新面粉有限公司	杨靖宇	1936年复工投产	米亚克磨机、复式钢磨5部，日产面粉500—1200袋（40斤），职工90—120人，仓房70余间，另有机房等	复兴路（滨河路）今市粮食局址	1935年7月副经理许道渊被刺停产
油库	亚细亚火油公司	1920	库房10间，立式罐2、卧式罐1、土油式3	煤市街北	今公安街
油库	美孚石油公司	1906	油库1座、卧式罐2、库存量600吨	煤市街北	
万恒正行栈		1906	买卖土洋货、代客包运货物、承揽车船	车站	
英美烟草公司总经理店					英垄断
德士古石油公司		1906			
光华火油公司		1932	经营英、俄石油		
个体手工业		1937	90户		
个体手工业		1947	450户，1326人		
个体手工业		1949	703户，1635人		
竹木作坊	外来	民国	18户	竹木街（受降路东）	1949年尚有69户，90人
玻璃制品作坊	朱富明	1931	生产灯罩		自郑州来
天宝楼		清末			

续表

名称	创办者	创办时间	内部建设及其他	现址	备注
陈氏金银店	陈氏兄弟	清末			
老凤祥		1930			
老宝丰、老恒利		1930			
玉庆楼、老协和		1930			
老万年、老万宝		1930	以上共20余家金银店	马路街	
德兴成、同义兴		民国	较大的绸缎庄		
百货店（较大）		民国	永厚丰、玉和顺、青云斋、公记、天华	马路街	
日用工业品店	个体	1930	1000余户		
药房	个体	1930	55户		
个体商贩		1949	1632户，1643人		原有
个体商贩		1949	3400户		后发展

选自2003年9月《漯河文史资料》第十一辑

解放前漯河市场经济变迁

陈庭苕

位于豫中大平原和沙、澧二河之滨的漯河市，古称螺湾河、源汇寨、河上街，原属郾城一镇。这里水陆交通便利，地灵人杰，市场经济活跃，历史上曾有“小上海”之称。

漯河早期市场经济的起源，应追溯到唐代。据《郾城县志》大事篇记载：“唐元和十年（815 年）十二月置淮颍水运使”，专门管理水上运输事宜。到明朝永乐年间，这里就已经形成了一个相当繁荣的物资集散地。当时的郾城知县王季立曾写诗赞誉：“舟行此焉薄，估客南来多。江淮百货萃，此处星辰罗。”清代乾隆三十四年（1769 年），山西商人在源汇寨西北隅（现二中所在地），筹建一座“山西会馆”，亦称“三晋乡祠”，用以联络、接纳同乡商贾在漯经营和处理有关经营中的诸多事宜，形成一支同乡帮派力量，以抵御外来势力之欺凌。可见当时就已形成商贾云集之势。鸦片战争之前的 1820 年间，这里已有粮行 21 家，杂货行多家。当时沙、澧河和汝河上游的土特产品、建筑材料、石磨、石磙、陶瓷器皿和附近农村的粮油、农副产品等均在这里集散。光绪三十二年（1906 年），京汉铁路建成通车，漯河为一级站，从此漯河市场经济得到长足发展，很快形成了一个商贾云集、店铺林立的豫中著名商埠。据清代《郾城县记》疆域篇载，漯河自京汉铁路通车，“舟车之所辐辏，商贾于此萃焉……固为一都会矣。”光绪三十四年（1908 年），在顺河街（现滨河路西段），筹建了漯河镇商务会，由万天成任会长。由此，漯河凭借水陆交通之优势，依托豫中大平原丰富的粮油土特产品资源，招来全国各地的商家到此经商办企业，并引来日、德、英、美等国外商家在此委托买办资本经营采购，推销洋货，很快形成了辐射安徽阜阳、湖北老河口等周围数省50多个县粮油土特产品和牲畜集散地。到20世纪30年代，“经各大企业家的投资建筑，居然尺地斗金，而为繁华之市场”。

京汉铁路通车后，在漯河寨以东约三里处建成郾城车站（即今漯河车站）。初建时车站周围一片原野，不久便从汉口和周家口等地移来多家行栈和钱庄。据《郾城县记》载：“近由汉口移来万恒正等行栈多家，或自称洋行，或自称洋行堆栈，或自称华洋公司，买卖土货洋货，并代客承运货物，承揽车船……”汉口人刘万顺经营的东方转运有限公司，在火车站附近独树一帜，专为美国的太古、义和、沙逊，德国的里和、美最时，日本的三菱、三井、吉田等洋行办理代购、代储、代运业务。从此，揭开了兴建火车站附近街道的序幕。

民国元年（1912年），巩县一芦姓，集资银币万元，并有河南军阀、省长刘茂恩入股，在火车站以北开办“豫庆煤炭、粮食转运有限公司”，承销英商和“焦作福中煤矿有限公司”的煤炭，收售粮食，辐射周围各县和安徽二十多县。煤炭、粮食经常货堆如山，整天车水马龙，煤市街因此得名。继而有许昌分来的元丰蛋厂于1912年建成开业投产后，元隆、祥盛魁、德和等十多家蛋厂在火车站附近相继建成投产。这些工厂规模不大，但所产蛋品却远销德、英、美、比利时等国。同时，18家转运公司如郭东屏的大同、邵辑五的公兴存、关子寅的恒源、李葆臣的孚丰、杨靖宇的和丰、李颂岭的广兴等，分别在铁路东西两侧次第铺开。这些转运公司，大都兼营粮、油和土特产品的代客收售业务。加上20多家专业粮行，到20世纪30年代初漯河就形成了一个规模相当可观的粮油集散地。豫东的淮阳、永城、沈丘、项城、商水、西华、扶沟、鄢陵，豫西的叶县、南阳、方城、宝丰、襄县、郏县、鲁山，豫南的泌阳、唐河、确山、汝南和附近的西平、遂平、上蔡、郾城、舞阳、临颍，甚至皖西北、鄂西北等各县的粮油都到这里集散。随之，商业店铺也由寨内向火车站延伸。

民国4年（1915年），以18家转运公司为支柱，建立了车站商务会，会址在老街商会巷，由谢锦斋任会长。民国6年（1917年），浙江宁波商人在马路街中段路北（现文化馆以东）建立了宁波会馆。民国8

年（1919 年），怀庆府商人在马路街中段路南（现马路街与交通路交叉口东南角），筹建了覃怀会馆（覃怀即太行山脚至黄河沿有一牛角川，古称覃怀），怀庆府辖八县皆在其中。老街两湖里为两湖（湖北、湖南）商人同乡会。当时漯河已经吸收四面八方客商来此经商办企业，这些客商看中了漯河这块“宝地”，不惜重金，纷纷投资，大搞房产开发。先后有东方、豫庆、孚丰、和丰等转运公司，天福杂货行、天德恒钱庄和浙江宁波、湖南、湖北、山西、济宁、豫西、彰德、卫辉、怀庆及本地商人投资兴建房屋，逐步形成了煤市街（现公安街）、老街、中山街（现马路街）、天主堂街（现中华路）、坊子街（现勤俭街）、竹木街（现受降路）、和平街（现扩建为火车站广场）、菜市街（现中华市场）、天桥街、万祥街、万顺街等街道。与此同时，天顺长、共和义、德太成等数十家牛行，在源汇寨南门外自北向南依次铺开，形成了辐射数省全国驰名的牛行一条街。但由于民国 15 年（1926 年）秋季，澧河大水猛涨，在源汇寨附近决口，牛行街房舍全部坍塌，火车站附近商店、工厂的房屋也部分坍塌或进水，物资霉损，多家商号遭受灭顶之灾，纷纷逃离，红红火火新兴起来的漯河市场，第一次出现了衰败景象。

然而，漯河这个充满活力的市场，并未被洪水冲垮。大灾之后，随着周围各县的农业连年丰收，又得到了迅速恢复和发展。到民国 19 年（1930 年），粮行竟发展到 170 余户（较大的就有 72 家），牛行 120 家，转运公司 42 家，油行 50 家，花纱布行 50 家，杂货行 70 多家，茶叶行 50 家，银座钱庄 14 家，船行 4 家，大马车行 20 家，煤炭行 30 多家。另外还有英美烟草公司总经理店，亚细亚、美孚、德士古三家石油公司经销处等商号 980 余家，小商贩 2500 余户，手工业作坊 450 余家，官办盐场两处。

好景不长，与第一次洪水相隔五年，到民国 20 年（1931 年）夏，大雨如注，澧河再次决口，漯河平地水深三尺，除寨内石头坡与火车站两高处外，街区全被水淹，粮食和其他物资霉烂变质，食盐、食糖溶化，商户损失惨重，市场凋零，二次呈现衰败景象。

经过两次水患之后，工商界接受了沉痛的教训，他们重整旗鼓，广积资金，加大投入，一改过去的土墙土房建筑，盖起了较为坚固的砖瓦房和楼群。几年后，漯河的市容市貌焕然一新，民族工业也有新的增长。民国 22 年（1933 年），天津商人焦子斌同汉口申新面粉厂张棫泉、许道渊等人，筹资 10 万元，在现滨河路市粮食局附近兴建一座“大新面粉有限公司”，有德制 24 寸钢磨 6 部，日产面粉 1200 袋。民国 24 年（1935 年）以后，陆续新建投产的有信昌、振兴、豫兴等家铁工厂。这些工厂虽然生产的都是农用器具和弹轧花机之类的简单粗糙产品，但漯河从此有了机械行业。同时，新建的光华电厂也相继投产。

民国 27 年（1938 年）下半年，侵华日军飞机不断轰炸漯河，战事吃紧，国民党漯河驻军白崇禧部限令主要工商企业紧急疏散，待大新面粉有限公司迁到西安后，漯河铁路大桥就被日军炸毁。从此，南北交通大动脉被切断，漯河成为一个孤镇，流通停止，街市冷落，第三次呈现衰败景象。

20 世纪 40 年代初期，是漯河民族工商业畸形发展的繁盛时期。由于日军侵华，全国经济秩序被打乱。民国 27 年（1938 年）10 月，武汉失守以后，日军的侵略重点向华南推进，中原腹地的漯河处于暂时稳定的局面。蒋介石下令炸开黄河花园口，豫东千里沃土变为汪洋，黄泛区人民流离失所，大批灾民逃往漯河，加上日军占领区（沦陷区）的难民涌入，沙、澧河堤内外，道路两旁，庵棚密布，人群拥挤。黄泛区和沦陷区的少数有钱人家，携带大批资金投向漯河市场，参与工商经营，而大部分贫苦难民穷困潦倒，颠沛流离，廉价出卖劳动力，有的甚至卖儿卖女，沦为娼妓。当时的情景真可谓是：几家高楼饮美酒，多家流落在街头！由于黄水堵截了华东日军的西进，占领武汉的日军往南推进，从而使漯河暂处偏安，呈现兴旺发达的局面。民国 29 年（1940 年）至 30 年（1941 年）盛况空前。当时上海、杭州、沈阳、天津、北京等各大城市的工业品，经蚌埠、商丘等地水陆运输车水马龙般涌向漯河。而西自新疆、青海、甘肃、宁夏、陕西和西南的昆明、成都、重庆、贵阳等地的富商大贾也云集漯河采购。这时的漯河，真可谓是万商云集，行栈林立，一派繁荣景象。新增较大的百货商场 20 余处，金店 13 家，烟厂 10

家，船行4家，车马行38家，戏剧院5个，曲艺厅、游艺棚多处，妓女院多处，市区人口猛增至12万之众。由于人口的激增，资本的大量输入，市区面积也随之扩大，新辟南马路（现人民西路）、自由街、华平街、平康里和复兴商场等街市，人称“小上海”。据民国29年（1940年）漯河商会对三大类商品的统计：年输入棉布280万匹，颜料14.4万箱，道林纸96万令。国民党政府在这里增设了警备司令部、船舶管理所、海关、直接税局等机构。

民国31年（1942年）以后，由于侵华日军步步逼近，日军飞机不断骚扰轰炸，漯河处于极不安定局面，较大的工商业陆续移到相对较为稳定的豫皖边界安徽省的界首，漯河市场萧条。当时的漯河商会秘书王绍文的诗句这样写道：“黄河改道武汉陷，中原半壁幸偏安。万商云集‘小上海’，昙花一现失娇艳。”这是漯河市场经济的第四次衰败。

民国33年（1944年）4月，日本帝国主义为了救援侵入南洋之孤军，称霸全球，急需打通从中国东北到越南大陆交通线。于是发动了一场大规模的豫、湘、桂战役。漯河正处在这条交通线上，自然避免不了一场灾难性的浩劫。日军经过长时间的策划和准备，以六万兵力犯我中原，而国民党驻豫部队汤恩伯、胡宗南部四十万大军受蒋介石“消极抗日，积极反共”的指使，不予正面抵抗。当日军重兵压到河南边境时，身负中原御敌重任的司令长官汤恩伯，却临阵逃匿于鲁山县城以西40里的下汤，相距前线600里之外游山玩水，徜徉沐浴于下汤之温泉。由于汤恩伯在敌军大兵压境之际一味享乐，无心抗战，手下官兵如同无王之蜂，乌合之众，战斗力丧失殆尽，日军所到，望风而逃，使我大好中原很快沦于日军铁蹄践踏之下。

但是，一部分国民党主战的官兵，在没有主帅的统一指挥下，各自为战，奋起抵抗，发动了一场殊死搏斗的“漯河阻击战”。参战部队是八十九军新一师和骑兵三师及倪跃祖部。他们以漯河为中心，布防数十里。日伪军出动步兵8000余人，骑兵400骑，配有大炮20余门，飞机5架，战车20余辆，于5月1日从许昌向漯河逼来，战斗进行五天五夜。当5月5日晨日军攻入漯河时，军长顾锡九率部队展开巷战，至晚

8点，漯河重新沦陷。

日军占领漯河以后，由于漯河战略地位的重要，把北支那派遣军2971部队司令部设在漯河，并设置了名目繁多的日伪汉奸特务组织。如“西杉公馆”“万祥公馆”“小岛茂公馆”“盟明便衣队”等。还设有警察局、宪兵队、维持会等，以镇压漯河人民的反抗。在经济方面，控制经济命脉，搜刮战略物资。日商的三菱、三井、吉田等洋行，垄断了食盐市场，并大力开辟代营业务，寻求代理商，漯河食盐行店猛增到160家，半年之内向周围各县及陕南、川东、鄂西北等地倾销食盐1.34亿千克。同时搜刮这些地方的熟铜（铜元）、钢铁、牛皮、酒精、桐油、生漆、苎麻等战略物资2400万千克。在日军占领期间，漯河的市场除盐业外，基本上处于呆滞状态，工商业者在艰难中挣扎。

民国34年（1945年）8月，日本国宣布无条件投降。此后“联合”“储备”两银行的伪钞成为废纸，工商业者叫苦不迭，面临破产危局，被迫自尽者屡见不鲜。当时有一句顺口溜称：“伙计（工人）在前门放炮（欢迎胜利），掌柜在后院上吊。”

民国35年（1946年）夏，正当漯河工商业者一蹶不振之际，国民党郾城县政府雪上加霜，为筹集内战之需，县长刘子振将7亿元的“紧急筹款”，全部压在漯河工商业者的头上。这样一来，立即遭到全体工商业者的强烈反抗。刘子振恼羞成怒，在召开的商会委员和理事长联席会议上，将盐业理事长李庆荣和理事李松林二人当场砸镣拘捕，引起了学生罢课、商人罢市的风潮，直到刘子振被迫宣布豁免此款，风潮才得以平息。

民国35年（1946年）下半年至36年（1947年）年底，由于全国解放区的迅速扩大，一些新解放区的地主和资本家，纷纷携家带款来漯经商，加之漯河正处于解放区与国民党统治区的前沿，解放区与国统区的不少物资在这里实行转口贸易，因而漯河市场又重新恢复活力。1946年冬筹建东安市场一处（地址在马路街百货大楼以南），共安排百货、布匹、鞋帽等商贩180余户。但是还远远没有恢复到历史上较为繁荣的1930年的水平。据统计，1947年与1930年相比，其主要行业和成交量分别为：粮行63家，为37%；牲畜行52家，为43.33%；转运业32家，为76.19%；油行26家，为52%。年成交粮食18万吨，为40%；牲畜成交10万头左右，为25%；芝麻油成交3万吨，为50%。维食盐业被上海盐业公司大冶盐业公司、大昌裕盐号和重庆盐号等四家官僚资本所垄断，年成交量1.62亿千克，为1930年的4.05倍。

1947年12月19日，中国人民解放军首次解放漯河，当时按照没收官僚资本的政策，军队没收了四家官僚资本的食盐5万包（500万千克），就地分给群众。但由于在战争时期对工商业者的政策界线划分得不是十分清楚，把属于民族工商业的豫庆（有部分官僚资本）、兴孚等转运公司；国泰、中华烟厂；大中、林生、正大布店；豫兴昌铁工厂等进行了没收（后均作了退赔）。不久驻漯解放军转入西线作战，国民党土顽、特务反扑过来，杀人掠货，工商业者争相外逃，暂时躲避，市场又是一派萧条。

经过敌我双方五次拉锯，1948年8月23日，漯河最终得到了彻底解放，省政府下令将漯河从郾城划出，单独成立漯河市，设立中共漯河市委和漯河市人民政府。当时部分拥有较多资本的工商界人士，对党的政策不够理解，心有余悸，因而不思发展，观望徘徊，或转移资金，或分散经营。大部分中小工商业户，由于经过长时间的战乱和土顽的抢劫，资金匮乏，经营极度困难。针对这种情况，党和政府多次召开工商业者代表会，反复宣传党的保护、扶持和发展民族工商业的政策，对错误没收民族工商业者的财产进行了彻底的澄清和退还。共计退还价值中州币60万元的资金，并低息贷款帮助豫兴昌等工厂复工投产，号召外逃工商界人士返漯开展正常经营。于是复业户与日俱增。随后政府令银行大力开展信贷业务，实行以活跃商业为重点，扶持与兼顾工业的措施，大大调动了商人经商的积极性。

为了使民族工商业加速恢复和发展，市委、市政府特成立了工商管理委员会，市委书记齐文川任政委，市长梁仰云任主任，豫泰贸易公司经理贾柱峰、国泰贸易公司经理郭先为委员，豫泰贸易公司副经理张希谦任秘书长。管委会作出了“扶持生产繁荣经济，稳定物价，巩固币值，整顿市场秩序”的决定。3月，党的七届二中全会公报发表，紧接着中共中央中南局和中共河南省委都对城市工商业的恢复和发展作了明确的指示。中共漯河市委根据上级指示精神，先后召开工商业上层人士座谈会十余次，反复宣传讲解党的方针政策，大幅度削减营业税，大大调动工商业者的积极性，市场经济得到迅速恢复和发展。到1949年底，仅私营卷烟厂和铁工厂就各开办30多家，面粉厂、制蛋厂都恢复了生产，年工业总产值达2405000元（中州币），私营商业发展到4434家，比1948年上升16%。同时还大力发展了国营经济。继1949年12月华中粮食公司漯河分公司成立后，到1950年，陆续成立了花纱布、百货等八大公司，建成了地方国营五一烟厂、光华电厂、平原蛋厂等国营工厂。从此，漯河市场走上了健康持续发展的道路。

选自2003年9月《漯河文史资料》第十一辑

清末民国时期漯河五大行业概述

范子文

金融业（钱庄、银号）

鸦片战争前，漯河已是著名的粮油、布匹等商品的集散地，随着市场的扩大，货币出纳、储存、结算、兑换、异地划拨、货币资金的余缺调剂迅速增加了，于是以存、储、汇为主要业务的钱庄、银号便应运而生。1905 年第一家钱庄天德恒开业。1906 年德恒祥又开业。1918 年有钱庄、银号 10 家，1936 年 14 家，到 1938 年只剩 2 家，存、储、汇的业务逐渐为银行所取代。1945 年 5 月，钱庄、银号全部关停。（附表 1）

寨内钱庄兼营纱布资金 2 万元的先后还有：

大成、豫兴长、长盛公（冀省三）、聚昌（王槐亭）、豫庆长（许锡候）、德茂隆（张汉三）、两谊昌（郭步光）、祥聚德（关玉峰）、聚成（李秀峰）、义成（马旭升）、瑞成（梁青成）、孚丰（郭松亭）、殷实（兼营粮食、糖、皮货）、信康银号漯河寄庄（1934.9.1 成立）。（附表 2）

转运业

转运业的任务，除组织双方买卖成交外，还要为客商代买代卖、代储、代运，因而它是一种居间行业。它是伴随着市场经济的繁荣发展应运而生的一种行业。

20 世纪初（1906—1912 年），漯河转运公司逐渐崛起。最早的为大同、豫庆。20 世纪 30 年代初，发展到 20 余家，较著名的有大同、豫庆、大东、东方、和丰等。1935 年增至 30 余家，抗战期间发展到 42 家，营业地点大部分在煤市街。1948 年“拉锯”战争时期停业。新中国成立前夕，在“漯河市转运业同业会”请准开业的尚有 9 户。（见附表 3、附表 4）

20 世纪 50 年代初（1950—1955 年）漯河转运业出现三家（国营、供销合作货栈、私营）共存局面，到 1956 年私营转运公司不复存在了。

除上列转运公司外，还有几家规模较小的运输货栈：

（1）和丰转运货栈（马路街东头）;

（2）源丰转运货栈（煤甫街南头）;

（3）广兴转运货栈（煤市街北头）;

（4）三盛公货栈（马路街东头）;

（5）公兴存货栈（老街东头）。

（见附表 5）

脚行业

搬运装卸的工人，俗称脚行（搬运夫、脚夫）。脚行班作为一种行业的兴起，是随着交通运输业和商业经济的发展逐步发展起来的。漯河的脚行班诞生于清咸丰三年（1853 年），那时寨内粮店、炉房、布行、杂货行等商号，生意兴隆，货物吞吐量很大，于是一些闲散的劳工在南大街建起了装运班，北门外建起了河下班。这是漯河最早组织起来的脚行班，也是漯河脚行业的开始。两班脚夫共 58 人。

1906 年铁路通车后，各地商人在车站周围纷纷投资，置地建房，各种货栈、行栈、转运公司陆续建立，兴建了多条街道。市面上车马喧闹，客商行人，摩肩接踵，沙澧河上五个码头［小西门、大北门、小北门、美国医院、大桥头（大新面粉厂北河岸）］商舶贾艘，衔尾相接，真正是“舟车辐辏，万商云集”，这为脚行业的发展提供了良好的机会。到 1947 年漯河解放前夕，先后建立起脚行班 24 个，脚夫增到 660 余人。脚行班的产生和发展，对物资交流，发展商品经济起到了一定的推动和促进作用，同时也为解放后搬运公司的组建，奠定了基础。（附表 6）

粮食市场

清末民国时期，漯河由于水陆交通的方便，位置的优越，周围地区农副产品资源的丰富，因而形成了兴旺发达的粮食交易市场。当时寨内就有大的粮行 21 家，虽远不及周口，但在豫中来说，还是首屈一指的。到 1906 年（清光绪三十二年）铁路通车以后，形势大变，漯河这个水旱码头，水路、陆路、铁路运输四通八达。铁路以东的沈丘、项城、淮阳、郸城、商水、西华、汝南、上蔡、新蔡，铁路以西的南阳、唐河、方城、泌阳、舞阳、叶县、宝丰、鲁山等 20 多县的小麦、芝麻、大豆等都运到漯河，漯河一跃而成为豫中南农副产品和土特产品的集散地。1915 年（民国 4 年）寨内不能适应粮食市场的发展，在车站之西兴建了坊子街（今勤俭街东段）作为粮食的专业市场。

一般年景下，小麦年上市量 6000 余万斤，谷子、高粱、绿豆、豌豆等杂粮 3700 余万斤，大豆 460 余万斤，芝麻 200 余万斤。从 1917—1948 年的 30 年间，行、坊最盛的要算 1930 年，当时粮行多达 170 余户，专门经营粮食的转运公司 42 处。这一年粮食收成较好，周围 20 余县小麦、芝麻如潮水般汇入漯河。小麦日上市量 80 余万斤（平时 30 余万斤），芝麻 40 万—50 万斤（平时 20 余万斤），大豆、杂粮各 30 万斤（平常各 20 万斤）。当时较大的粮行如祥顺、中和、福太、恒丰、茂昌、丰茂、永隆、兴昌日进货量多到 3 万石（每石 320 斤）以上，其中祥顺、中和日进货量多到各 6000 石以上。火车站粮堆如山，整列车装运，粮食日转运量达 200 万石，年输出小麦 3 亿斤，芝麻 1.2 亿斤，销于上海、南京、广州、天津、北京、石家庄、新乡、郑州等大中城市。

汉口的福新、五丰、金龙面粉公司，天津的寿丰、滋丰面粉公司，石家庄的聚丰、保谦益，邯郸的怡平等面粉公司皆到漯河来购小麦。

1944 年，日寇据漯时，粮行只余 31 家。

1945 年日本投降后，漯河经营粮食者猛增到 80 家，其中煤炭、粮食兼营者有广丰、泰丰、义利、咸丰昌等 8 家；转运、粮食兼营者有广兴、瑞丰祥、大同、民生、大东、源记等 24 家；转运、煤炭、粮行三者兼营有豫茂祥豫庆 2 家；其余 46 家则系纯粮行。

1950 年 6 月 1 日，漯河国营信托公司成立，其宗旨是："服务生产，搞活流通"很受货主的信赖。代购代销，几个月内装运车皮 160 余辆，为北京供销社代购小麦 180 万斤，为新乡同丰面粉厂代购小麦 240 万斤、蚌埠宝兴面粉厂代购 160 万斤、代购其他杂粮 200 万斤。

1950 年 6 月，市供销社货栈成立，到年底，给华北 50 多个供销社代购粮食 835 万斤，给市粮食公司代运粮食 5000 余吨。

国营企业的成立，使原私营的粮行（专代客买货者）、坊子（专代客卖货者），被取而代之。南大街粮行、坊子街坊子，成为漯河历史上人们印象中的一个痕迹了。

牲畜市场——牛行街

漯河的牲畜市场和广西的金城江、安徽的界首、内蒙古的包头，是全国四大牲畜市场。起初以经营耕牛为大宗，故名牛行，后其所在地牛行逐渐增多，形成了一条街，即牛行街。该街西濒澧河，南北长 2 里，北起源汇寨南门，南至今泰山路南头。漯河牲畜贸易市场，自兴起至衰落，风风雨雨，历经 80 个春秋，现将其发展简况，列述如下：

1911 年（清宣统三年）农历三月十四日，刘怀（沙北刘窑人）创办第一家"天顺长"牛行，地址牛王庙街南头。

1911 年农历九月，刘冬（禹县人），接办第二家"德太成"牛行。地址龙王庙街。

1912 年，刘发祥（舞阳人）办第三家"共和义"牛行。接着滑县劳任申创“振义和”、长葛赵子杰创“大兴和”、叶县张军开创“三义兴”等牛行，一直沿南街向南门延伸。

1923 年成立“马王会”，为牲畜贸易市场排纷解难，设会长 1 人，副会长 2 人，由各行公推之。

1925 年，“公义和”牛行首先自寨内迁南门外，继有 20 余家皆陆续迁出。

1926 年，牛行达百家，形成牛行街。是年澧河决口，街房全塌，市场停滞。

1928 年，有牛行 130 家，牲畜上市量日达万余头，交易员 1700 人。

1935 年，牛行发展到 140 户，交易员 1500 人。全年牲畜上市量 80 万头，成交额 28 万头，创牛行街牲畜交易史上最高纪录。

抗战及解放战争时期，市场萧条。

1949 年牛行 60 家，1950 年 35 家，1953 年 30 家，成交量年 26 万头；

1955 年，牲畜服务部成立，私人牛行被取而代之；

1958 年，“五风”刮起，牲畜交易额下降，年仅 35986 头；

1959—1961 年三年自然灾害时期，市场更萧条。

1959 年 13569 头，1960 年 11536 头，1961 年 19422 头，1962 年回升到 59689 头。

党的十一届三中全会后：1979 年 90602 头，1980 年 113255 头。

1970 年后，牛行街大改造，修建了三个交易大院，即牲畜交易所。各院盖起了三四层的楼房。1996—1998 年，牛行街彻底改造，旧貌变新颜，改为泰山南路，从而结束了牛行街的历史。（附表 7、附表 8）

选自 2003 年 9 月《漯河文史资料》第十一辑

附表 1 1905—1941 年漯河钱庄银号一览表

名称	掌柜或经理	营业地址	业务	成立时间	关闭时间	资金白银（万两）	备注
天德恒钱庄	陈耀德	寨内	汇兑、汇票、抵押	1905		2	第一家民间金融机构
德恒祥银号	秦德宽	寨内北街马路街	汇兑、贴现、皮货、棉纱	1910	1938.7	8	
豫泉官银钱局漯河分局				1911.9			我省最早的省银行性质的官办金融机构
同裕和银号	毕吾廷	寨内西街	汇兑、贴现、皮货、棉纱	1912	1937.7	1.2	一块银圆重七钱二分
信孚银号	宋景山	马路街		1921.10	1935.12	5	
永孚银号	李燕秋	北大街		1934.10		3	
信昌银号	乔书盛		汇兑、存款信托押汇	1934.1复业	1935.10	2	
德祥泰银号	王仁甫	煤市街豫庆公司内	纸烟、布匹、金、银、汇兑	1939		2	
豫生厚银号	华世华	煤市街豫庆公司内	纸烟、布匹、金、银、汇兑	1941.4		2	
裕隆恒钱庄	赵瑞曾	寨内	兼营纱布				

附表 2　1912—1946 年漯河钱庄银号一览表

名称	经理	成立时间	业务活动	地址
中国银行漯河寄庄	许舜官	1912—1922		寨内北大街
中国银行漯河办事处		1935		和平街
交通银行漯河汇兑所		1915—1927		
河南省银行漯河分行		1924—1926		顺河街
河南工农银行	李文征	1928		顺河街（上银行改名）
上海盐业银行漯河寄庄		1924.4.6	汇兑	寨内西街同裕和银号内
西北银行办事处		1927—1930		小北门内
上海商业储蓄银行漯河办事处		1934—1935	储蓄、发放	东大街
中国农民银行漯河办事处	胡振汉	1937—1994	农村贷转、放款、汇兑、军政存款	马路街
中央银行漯河办事处		1940	代理国库、发行货币、存款、商品、购销、行政经费、保供军粮	老街东头路北
中国银行漯河办事处		1935—1947	发行钞票、汇兑	和平街
河南银行漯河分行	孙化民	1946	（注）	车站保元里
交通银行漯河办事处	蔡仲珊	1946.3.15	发行货币、存放款、代理国库	马路街中段宁波会馆
上海银行漯河办事处	王子文	1934—1936	存款、汇兑、兑换押汇	东大街
农工银行郾办事处		1932		

注：1924 年，河南省银行在顺河街设立办事处；1928 年，改组为河南农工银行，1932 年，河南农工银行在顺河街设立办事处；1944 年迁至内乡；1945 年 11 月迁回漯河称漯河办事处；1946 年 7 月 1 日改为河南省银行漯河分行。

附表3 民国时期漯河转运公司一览表

名称	创办人	创办时间	业务活动	地址
豫庆煤炭、粮食转运有限公司	陆荣宗	1912	承英商煤行，销周围20多县	煤市街北头（下依次南数）
豫茂祥转运公司		抗战间		煤市街（公安街）
广兴转运公司		抗战间		煤市街
恒元转运公司		抗战间		煤市街
民生转运公司		抗战间		煤市街
瑞丰祥转运公司		抗战间		煤市街
裕汉祥转运公司	唐金声			煤市街
同诚转运公司				煤市街
大东转运公司	杨振甫	30年代		
东方转运有限公司	汉口 刘万顺	1912	为日本、美国太古、义和、沙逊、三菱、三井等洋行代购、代销、代运粮油和土特产	
大同转运公司	郭东屏	1912		万祥街中段
豫业转运公司	靖思谦	1918	承办代购、代运	煤市街北
裕隆转运公司				马路街东头
和丰转运公司	杨靖宇	1932		马路街东头
信通转运公司	靖安堂	1917	代转、代押业务	煤市街中段

附表 4　新中国成立前后转运公司一览表

字号	经理	营业地址	开业日期	资本（元）	
				固定	流动
广兴	李颂岭	煤市街			
永孚货栈	赵其之	马路街 46 号	1949.7	2500	1500
信通	靖安堂	煤市街 26 号	1949.8	4000	2000
恒昌	史行之	煤市街 9 号	1949.8	1500	5055
大成货栈	毋效文	中华路 167 号	1949.11	600	1500
豫庆	卢茂显	煤市街 6 号	1950.1	52400	2600
裕隆货栈	杜鹤升	马路街 492 号	1950.5	1300	700
正大货栈	喻汉三	老街 52 号	1950.11	500	500
大同货栈	何俊峰	竹木街 109 号	1950.10	500	2700
福昌货栈	马载阳 千云霄	老街 45 号	1951.1	1260	1740

附表 5　新中国成立前夕请准开业转运公司一览表

字号	经理	地址	字号	经理	地址
裕汉祥	唐金声	煤市街 117 号	恒昌	千云霄	煤市街 9 号
复兴	李超尘	煤市街 25 号	聚兴	刘子文	东华里 8 号
信通	靖安堂	煤市街 26 号	信丰	葛勋亭	
大同	郭东屏	平汉街	志成	李缄三	
华安	赵功秀	竹木街 13 号			

附表 6　清末民国时期漯河脚行业一览表

商号名称	脚行班名称	班长姓名	脚夫数	所在地址	备注
南大街粮行	装运班	张林川	28	南大街	下为清末
大北门	河下班	黄松贵	30	大槐树处	
小北门	宛班	白喜	18	西佛寺街（现拥政街）	下为民国
北大街杂货	罗家班	罗 ××	12	北大街阁门里	
小西门	散班	古文亮	30	二中南边	
大椿树河堤	河下班	罗过	40	解放路北河堤	
信通转运公司	合家旺		20	煤市街中段	
大同转运公司	大同班	郭全兴	70	万祥街中段	
豫汉祥转运公司	豫汉祥班	万长剑	40	煤市街南头	
豫庆转运公司	豫庆班	郭旭堂	70	煤市街北头	
裕隆转运公司	裕隆班	×××	10	马路街东头	
公兴存货栈	王家班	王培德	12	老街东头	
三盛公货栈	赵家班	赵东云	10	马路街东头	
广兴转运货栈	万家班	万振荣	40	煤市街北头	
源丰转运货栈	源丰班	王 ××	20	煤市街南头	
和丰转运货找	和丰班	江 ××	10	马路街东头	
老煤厂	郭宗班	郭恒旺	80	煤市街中段	
老盐厂	高家班	高炳吾	30	解放路北头	
同德蛋厂	蛋厂班	李 ××	10	受降路东头	
益昌蛋厂	蛋厂班	李 ××	10	受降路东头	
万利油行			5	万祥街东头	
万顺油行			8	万祥街东头	
恒源商行		郭 ××	17	煤市街中段	

说明：脚夫数目的多少，说明该商号业务活动量的大小和经营范围的广狭。

附表 7　1950—1957 年牲畜上市及成交数额一览表　　单位：头、元

时间	上市量	成交量	税收
1950	220998	172243	386742
1951	280728	185329	433538
1952	243788	121134	350721
1953	413203	259864	702651
1954	257350	153472	534850
1955	328348	98240	308557
1956	121204	67043	109449
1957	104987	55704	213859
合计	1970606	1113029	3040365

附表 8　漯河牲畜市场牲畜主要来源与销地一览表

畜种	来源地	销售地
牛	河南：南阳、舞阳、叶县、泌阳、唐河、西平、遂平、沈丘、项城、淮阳、商水、郸城、西华、临颍、襄县、上蔡 湖北：沔阳、应山、湖南、四川、安徽	河南、陕西、山西、辽宁、吉林、黑龙江以及豫北各县
驴	西平、泌阳、唐河	山东、河北、江西、东北部分地区
骡	确山、汝南、新蔡、沈丘、安徽的蒙山、阜阳	山东、河北等地
马	四川、广西、云南	河南省及河北、山西和东北部分地区

漯河“卖方市场”纪实

阎书华

在没切入正题前，先将《辞海》对卖方市场和买方市场概念的解释摘录于下。

卖方市场：“买方市场”的对称。商品匮乏，商品需求量超过供应量。市场商品不论数量多少、质量高低，即使提高价格，买方仍竞相购买，商品不难销售，使卖方处于有利地位。

买方市场：“卖方市场”的对称。产品充裕，供求适应甚至供应量超过市场。市场竞争激烈，卖方以市场为中心，采取降低价格、增加优良服务项目等有利买方的交易条件，竞相销售，使买方处于有利地位。

我于1970年到市饮食服务公司，1980年调到市商业局。1985年市财委撤销，人员并入商业局，改称商业经济委员会，1986年区划调整，漯河市升格为省辖市后，改称商业管理委员会。至1989年，5年中，除原来的商业、饮食服务业外，粮食、供销、煤炭系统，也一度归属商管委管理。我在商业企业管理科工作，直至1990年退休。在到漯河市商业系统之前，还曾在黑龙江伊春市的商业饮食服务业工作过六年。我在商业系统工作的20多年中，市场形势基本上都属于卖方市场。所以对卖方市场的林林总总，感受颇深。

商业活动的实践证明，卖方市场的形成，主要有两方面的因素：一个是商业供应方面的，一个是商业体制方面的。

商品供应　新中国成立初期，由于工农业生产力水平低下，1953年、1954年开始实行了粮、棉、油的统购统销，计划凭证供应。以后，由于“大跃进”“四清”“文革”等多年的折腾，影响了国民经济的正常发展，计划凭证供应的商品越来越多。吃的有粮票、油票、肉票、菜票、豆腐票等，穿的有布票、棉花票，烧的有煤票，用的有肥皂票、缝纫机票、自行车票、手表票等；还有火柴、煤油、食用碱、棉线等小商品，使用的是一家一户的购货证。据统计，在三年严重困难时期，商品奇缺，凭证限量供应的日用工业品近百种，仅百货公司一家凭证供应的商品就有24种。小米、黄豆及蛋、糖、烟等副食品，凭特需证酌量供应。票证，严重限制了正常的商业活动，给人民生活造成了诸多困难和不便。

商业活动 不外购、销，亦即买、卖两大环节。在国家计划经济方针的指导下，商业的购进渠道，由中央、地区、市县三个等级的批发站（部）负责，统一进货，计划分配。漯河市1986年区划调整前，因属县级市，各公司系统成立的一两个批发部都属三级批发，只有收购地方工业计划外商品的权限，没有跨省区采购的自由。对地方工业产品实行包购包销，工业为追求生产指标，粗制滥造，偷工减料，严重影响了商品质量。计划内的商品和外省市的紧俏商品，须由许昌地区的二级批发站分配调拨。一二级批发站，每年春秋召开两次订货会，三级站只能参加二级站订货会，无权参加全国的订货会。直到1979年，“文革”结束后，百货、纺织、五交化三个公司才成立了三个采购供应站，代行二级站业务，可直接参加全国订货会，多争取到一些紧俏商品。

长期实行的批零分家，零售商店无权直接向厂家进货。这种单渠道多环节的进货方式，造成了零售部门费用加大；批发部分啥卖啥，有啥选啥，形成零售商品品种单调，各店千篇一律。消费者很少有挑选余地。以布匹为例，20世纪60年代中期，“的确良”（一种化纤布料名称）出现之前，全是棉平布、棉卡叽，受布票限制，凭票供应，无布票就买不到。幅面全是2.7尺。成衣受社会风气限制，多是黑灰蓝绿四色的平布、卡叽布的中山装、国防服。女装样式千篇一律，童装、玩具很少，皮鞋也很少有售。顾客在一个商店买不到的东西，到其他店同样买不到；今天买不到的，多少天后仍然难以买到；本地买不到的急需品，只好托人从外地捎。长时期的供不应求，造成消费者心理紧张，遇到好、少、新商品就排队抢购多买。

商品价格 计划内凭证限量商品，统由市物价局参照国家物价政策制定，多年不变。如标粉每斤 0.179 元，大米 0.14 元，棉布每尺 0.30 元，猪肉每斤 0.70 元。连饮食业的肉丝肉片、馒头、油条几个主要品种，也由物价局制定，称之为指令性价格。其他商品价格称指导性价格，则由各公司的物价科制定。零售商店无权自行变价，甚至连残次滞销商品也无权随行就市，减价处理。至于顾客，更别想货比三家，讨价还价了。

商业体制 1956 年初，实行对私营、个体工商业的社会主义改造。私营商业变公私合营，个体商业组成集体性质的合作店（组）。市区商业系统国营商业和公私合营网点 89 个，集体网点 209 个，个体只剩下 6 户。商业经济成分主要为全民所有制和集体所有制两种。“大跃进”“文革”时期，急于向全民所有制的单一成分过渡，许多合作店升级为国营店，店铺规模由小变大，由分散到集中，个体商业被当作“资本主义尾巴”被取缔，集贸市场关闭。形成国营企业独家经营，助长了“官商”作风滋长，服务质量下降，给群众生活带来许多困难和不便。

零售商店是商业的“窗口”和前沿阵地，卖方市场形势，在这里表现得最为突出、明显。

为了便于商品的管理，商品陈列摆放实行的是清一色的封闭式柜台，货架在柜台里面，顾客只能站在柜台外看货，或隔着玻璃看货，选货要经营业员之手。营业员一方面不愁商品卖不出去，另一方面领的是固定工资，多劳不能多得，多卖多麻烦，少卖更清闲，所以架子大，态度冷漠。《营业员守则》规定，多拿不厌，多挑不烦，问有答，喊有应。实际是挑的次数一多，一脸的不耐烦，把商品向顾客眼前一撂：“到底要不要？不要算啦！”遇到挑剔买主，就免不了吵架。有的营业员坐在柜台里打毛衣或洗衣服，或几个人聚堆聊天，遇到顾客问货问价钱，打搅了他们的兴头，或带搭不理，或顶撞顾客：“黑板上有牌价，自己不会去看。”就为推行站立服务，取消柜台内的这把座椅，商管委于 1987 年组织的优质服务试点工作组，就很费了一番功夫，服装挑选，一般不准试穿。有的商店用麻布做出几种型号的衣服式样挂在柜台外的衣架上，顾客试穿后，营业员按型号付货。当时不成文的规定：货物出门概不退货。

有问题商品，找营业员退换，常遭百般刁难。“官商作风”把消费者训练得忍气吞声，自认倒霉，不合适的东西或送亲友或转让别人。即使在后来成立消协之后，不少消费者还学不会维权，能将就的就不轻易去退换。外国人评论，中国的消费者最好说话。

当时，合作商店实行的核算是自负盈亏，完不成任务拿不到工资，所以服务态度较国营为好。你到一个商店，不用看招牌，只看营业员的服务态度，就能断定是国营或是集体。

商店的结算和付款，提出的原则是“对内不乱，对外方便”。实际是为方便于营业后的结算核对，工业品销售，普遍实行的三联单。顾客在一个专柜买的东西，要持该专柜开出的三联单，到收款台付款，收款台留一联，顾客留一联，另一联返回专柜取货。依此类推，顾客往来几趟，才能将东西买到。有的商店为让顾客少跑路，在专柜与收款台的上空扯一铁丝，营业员将三联单和购货款夹在铁丝上，推向收款台，收款台再将两联单和找的零钱夹在铁丝上推回。遇到几个专柜同时交款，顾客就得等好大一阵，才能拿到商品。商店为了节省费用，大都没有包装。布匹只用一小纸揽腰裹起，纸绳捆绑。那时还没有塑料包装之类，除糖果糕点用纸包装外，差不多都是“裸售”。

农贸市场取缔后，蔬菜队生产的蔬菜不能直接上市，须交指定菜店按质分级论价收购。不少菜店为自身利益，对菜农压级压价。同时，国营菜店的包购包销，使得一些不合格的蔬菜也好坏混杂了进来。

蔬菜销售同样是封闭式柜台，货架摆放，顾客隔柜台要货。当时蔬菜长期处于紧缺抢购状态，菜店实行一手钱一手货，买主恨不得把钱举到营业员脸上，营业员先接了谁的钱，就是很大的面子，递过来的菜，不管好赖，能买到手就是幸运。

菜店日常卖出的都是当地菜农生产的应季大路货，春节供应的芹菜、青椒、韭黄、莲菜等精细菜，要由蔬菜批发部从外地调入，摆上柜台更是一抢而光。

猪肉供应，持肉票也要排队。各肉店供应的猪肉全是带皮带骨，不允许顾客挑肥拣瘦选部位，排到哪个部位就砍哪个部位，不愿意可以让后面的人先买，等轮到你中意的部位再买。包饺子没有像现在绞好的饺子馅，都要自己费时剁馅。牛羊肉供应回民，汉民想吃牛羊肉，一是向回民亲戚要票，二是到回民食堂去吃。春节供应，肉票增加，全家肉票集中起来，都愿意买一大块后臀肉，往往是先排队的人把后臀抢光了，后来人就买不到了。当时我曾看到某报纸上刊登了一幅漫画：一群没屁股的小猪问母猪：我们的屁股哪里去了？当时的人们都希望买到肥肉回家炼些猪油，是卖肉的营业员的亲朋好友才能有这个福分。

买货难，吃住理洗同样难。

饮食业 1959 年，商业体制调整，饭店由 1956 年的 168 个缩减至 16 个。经营方式食堂化，饭后结账改为买牌端饭自我服务，精细加工改为批量生产。主食因粮食供应限制，粗细粮配制，出现了大锅杂烩、大锅蛋汤、大锅面条、大锅稀饭的“四大”。费时费力的包子、饺子、锅贴、炒面等风味小吃断档。

饭店常常是买牌、端饭两个长蛇阵。收款员既要算钱，又要收粮票，速度自然减慢。特别是牲畜市场所在地牛行街，只有国营食堂独一家，买卖牲畜的农民常常要排上一个多小时的队，才能吃上饭。碗筷周转不开，有的就使用别人用过的碗。农民出身的饭店主人戏称为“茬耩”（不耕地就下种）。

服务业 住理洗照网点，1956 年有 91 个，1959 年缩并至 28 个。网点不足给群众生活带来不便。火车站前的漯河宾馆、青年旅社，除去外地采购员和火车司机的长期包房外，普通床位所剩无几，几个小旅社也常爆满，许多旅客不得不去住浴池。浴池晚 10 点停业后才能入住，早六七点开业前就得离去。几个集体小旅店，因棉布、棉花供应限制，被褥一度用的是再生棉被、棉套。旅客反映：拉痒痒好。铁路东的车马店是木板通铺，牲畜服务部设的牛行街旅店，则是草铺。冬季无取暖设备。许多农民为了省钱，自带被褥。

设在站前闹市区的三个大理发店，常年处于紧张状态，春节前尤甚。每年此时，公司干部分头到理发店和浴池把门。顾客排长队等候，腾出一个座位，放进来一个。“文革”期间，取缔烫发。规定不理怪发型（男长发、大背头、大鬓角等）。女剪发、男分发，统一发式。理发员实行的是超定额分成工资制，忙时，洗剪推刮吹，15分钟就是一个。

浴池业 全市区只有马路街浴池、漯河宾馆附近浴池两个国营网点，老街浴池一个街办网点。男、女部全是大池子。马路街浴池在改革开放初期，女部才加了几个淋浴头。传统的搓背，被视作“为资产阶级服务”废除了。为防止拖鞋丢失，新拖鞋前剪两个口，男女部一边用右脚，一边用左脚，一顺溜。存衣用的是床头柜。浴客多时，就用自己的腰带把衣服拴起来堆在床上，较新的衣、鞋丢失现象时有发生，若穿双新鞋去洗澡只好放在自己的衣服卷里。年节，大池内挤得满满的，人称“下饺子”。候浴者在浴室门口排长队，走一批放进一批。挤得狠时，会把把门人挤倒，大池的洗澡水一般一天一换，有时只换一半水。

照相业 全市有三个门市部，市场压力虽较其他服务行业稍轻，但是群众喜爱的旭光、分身、高低调等艺术照给废除了，“不准照奇装异服、奇形怪状相”的多种限制，失掉了摄影的多样化、艺术性。

现今，在改革开放不断深化发展的大好形势推动下，商业服务网点，大街小巷、社区，星罗棋布。开放式的货架，堆积如山的商品，任你挑选，花样翻新的时尚服装，任你试穿，不满意的商品包退包换。农贸市场品种齐全，你可以讨价还价。在饮食服务的殿堂里，你可以享受到热情周到方便舒适的服务。衷心祝愿这种视顾客为上帝，主随客便的买方市场，不断繁荣昌盛美满，但愿我所描绘的那个卖方市场，一去永不复返！

选自2012年《漯河文史资料》第十九辑

清代漯河第一大粮行

赵惠杰口述[①] 胡民安执笔

漯河位于沙、澧二河交汇处南岸。七十二道归正阳，沙河首屈一指，河宽水深，运输便利。漯河北门外河面上，经常有许多大船停在那里，桅杆林立，远去数里，真是一派繁荣景象。所以，过去人称漯河为“小上海”。

很早以前，漯河南大街是牲畜交易市场，顺河街多是布匹、丝绸商行，北大街才是粮食集散地。当时人称漯河第一大粮行的“桐阴轩”粮行就坐落在这里。“桐阴轩”粮行是我家祖上几代人经营的，始建于清乾隆年间。乾隆丙子（1756 年）科举人湖北省建始县知县赵源生是我曾祖父的曾祖，告老还乡后，在郾城西街买了一处住宅。后因居家无事，就又在漯河北大街路西买了几间门面房，开办粮行，字号“桐阴轩”。因为当时我家院内有一棵大桐树，长势非常旺盛，为了生意兴隆，取个吉利，便依这棵大桐树将粮行命名为“桐阴轩”。后经几代人共同努力，粮行逐年扩大，由原来的几间门面发展到上百间，院子一直延伸到澧河河堤。院内有住房，有粮仓，也有专门供远来客商居住的地方。院子里还经常停着几十辆“小土牛”（手推车），以备短途运粮之用。

赵源生的四世孙赵时熙，从已发现的关于他的碑记得知，清光绪年间进士，官居二品资政大夫，在广西任职（道台）。他有三个儿子：长子曾飏、次子曾勋、三子曾豫（同治丁卯科举人）。赵时熙因居官厌世，知道官场险恶，没让仨儿子再考进士。于是，兄弟三人便上承祖业，继续开起粮行来了。老大在屋坐庄，老二在外采购，老三负责来往运输。每年收购的秋粮多是河南特产，如芝麻、绿豆、黄豆、扁豆等，大都销

① 赵惠杰，1937 年生，郾城县城关镇西街农民，赵源生七世孙。

往外地；夏麦主要从下游安徽省大河湾采购。据说，当时那里每人平均30亩地，麦子很便宜。当地有俗语说："大河湾，大河湾，能养河南半边天。"就这样，后来生意越做越大，越做越好，三兄弟一合计，又在沙河北岸小李庄靠河堤处，买了一块地皮，建了个马场，实际上是停车场，是临时粮食中转站。外运粮食主要靠"对连子"（两只大船连在一起），一个"对连子"两桅相距八丈八尺远，全长40多米，能装载60—70吨粮食，吃水6纳（1纳合5寸），1米多深。

据祖辈传，当时装船卸船的场面是个"小景观"。卸船时，一人一辆"小土牛"，由船上拐弯抹角一气将粮包推到岸上仓库，一辆接一辆，来来往往，远看去，像蚂蚁搬家一样，连日不绝，人喊车鸣，很是热闹。装船时，在南岸（今彩虹桥南端），由"小土牛"推粮直接上船，与卸船时的景象差不多。在北岸，那景象就大不同了：先把船停靠到岸边，再在岸上打两根木桩，用两根锚钢绳拉到船上，两端固定好，用四个铁环吊上网兜，网兜里放上粮包，从岸上轻轻一推，网兜就很快滑到船上去。另外铁环上还系有两根细麻绳，用来控制网兜往返上下的速度。几只大船，如此装载，不需多时，就可以完事了，这和现在的高山景点两个山头之间供旅客游玩的吊车很相似。既省力省时，又方便快捷。人们说："赵家人真行，不愧是漯河第一大粮行！"

说"桐阴轩"是漯河第一大粮行，还表现在粮食销售方面。"桐阴轩"粮食装船后，由老三曾豫带领船队，顺河而下，经周口、临泉、阜阳、正阳关入淮河，再经淮南、蚌埠入洪泽湖，经淮安、泰州进入长江口到上海。河南的粮食特产如芝麻、绿豆等再由上海销往国外。每次外销，都要用三四个"对连子"前后摆开，加上间距，足有一里多长。船上几面桅帆（每"对连子"两面风帆），迎风张开，船工们喊着号子，摇橹撑篙，忙个不停。那声势、那速度、那销粮的广度和数量，在当时的漯河，都是独一无二的。这种情况代代相传，到我这一代，没有文化，就很难说清楚了。人人都说，商界风险大，可是赵家人在那个时候，就能历长江、泛洪湖而走遍天下。这也是当时人们对"桐阴轩"粮行刮目相看的地方。

还有更为人们传颂不已的是“桐阴轩”粮行的乐而好施。对外来的客商，一律免费食宿；对行乞的穷人，一律给两个馒头。特别是遇有天灾人祸，饥民较多的时候，“桐阴轩”粮行总要在沿街多处支锅舍粥相救。据说，有一年，漯河寨内曾一度买不到碗，就是因为“桐阴轩”为“舍饭”把杂货店的碗一下子买完了。

“桐阴轩”粮行，自开办之日起，历经乾隆、嘉庆、道光、咸丰、同治、光绪、宣统七代皇帝180多年。进入民国后的第二年夏天，说来也真巧，一天下午，郾城城内突然狂风大作，西街院内那棵两丈多高的大桐树被拦腰刮断。当时，人们迷信，认为这是不祥之兆，很不吉利，从此，便无心经营“桐阴轩”粮行了，加上连年战争、自然灾害等多方面的原因，“桐阴轩”号粮行便日趋不景，直至倒闭。

选自2003年《漯河文史资料》第十一辑

关于粮食统购统销的回顾

陈庭苕

“民以食为天”，粮食是国民经济的命脉，是关系到国计民生的大事，新中国成立以后，经过三年国民经济的恢复，在党和人民政府的领导下，开始了波澜壮阔的发展国民经济第一个五年计划。在当时国家粮食尚不充足，而开展国民经济建设又需大量粮食，况且自然灾害频频袭来的情况下，实行对粮食的统购统销，实为国家所采取的坚决而正确的举措。因此，中共中央于1953年10月16日通过了《关于实行粮食的计划收购与计划供应的决议》。11月，政务院第194次政务会议，颁布了《政务院关于实行粮食的计划收购和计划供应的命令》。11月15日，中共中央又作出《关于在全国实行收购油料的决定》。按照党中央和政务院的决议和命令，漯河市于11月立即实行了粮食的计划收购和计划供应，简称统购统销。这一政策的实行从1953年1月开始，到1992年8月结束，历时将近40年。在回顾粮食统购统销政策的执行时，就需从新中国成立前后粮食的自由贸易市场说起。

一、新中国成立前后漯河市的粮食贸易市场

历史上漯河就是一个著名的粮食集散地，1930年粮行多达170余家，专门经营粮食转运的公司42家，粮食市场辐射周围20多个县（市），本省的开封、郑州、新乡，省外的西安、武汉、广州等大中城市的粮商，都云集漯河收购粮食和油料。历史上最好的年份，漯河市场曾年输出粮食、油料3.5亿千克左右。新中国成立初期，这里仍有粮行（坊）63家，面行41家，米店60家，代客转运粮食的转运公司21家，粮食

交易市场形成数百米长街，坊子街因此得名。粮食市场带动各行各业，物价之波动，市场之繁荣与兴衰，全由粮食市场主导。当时市面上有句谚语叫："市场兴衰，六陈主宰"（六陈者指大麦、小麦、谷子、大豆、小豆、芝麻），粮动而百动，百行百业随着粮食价格的浮动而浮动。

在粮食交易中，不少粮商行（坊）投机钻营、欺行霸市，坑害粮农和消费者，盘剥群众，其手法有以下几种：一是"买行"（代客买粮谓之行）。粮行代客买粮吃佣金 3 分谓之"买行"。二是"卖坊"，粮坊代客卖粮吃佣金 3 分谓之"卖坊"。三是"罢市"（又称搁市）。农民每到夏秋之交，为了购买生产和生活资料，不得不低价售出粮食，每到冬春之际，青黄不接，农民（特别是贫苦人家）口粮耗尽，不得不借高利贷高价买粮度日。粮食投机商掌握了粮价夏秋低于冬春，麦后低于麦前这个价格规律，每当小麦成熟上市，各大粮行（坊）和粮商便主动联合起来停止收购，力逼粮价一跌再跌，跌到一定程度才行收购。每到青黄不接或灾荒年景，各粮商行坊便囤积居奇，闭门不售，用这种方法垄断市场谓之"罢市"。尤其是灾荒之年，穷苦人家急需购粮糊口，粮商囤积大量粮食而闭门不售，力逼粮价一涨再涨，往往置人于死地。四是抬高或降低粮食等级。粮食欠缺季节，买客增多，互相争购，粮行便将收购的二等、三等粮开为一等发票，让买主按一等粮付款。相反，当粮食滞销时，反将粮农运来的一等粮开为三等或四等，由粮行（坊）自己收购，让粮农吃亏。五是从量具和衡器上要手腕。买卖粮食时分"门斗"和"店斗"，过粮时用"跑马趟子靠山斛"，入满出浅，出九进十一。买进粮时一斗可装进一斗一升，卖出粮时一斗不足九升，大斗大称入，小斗小称出。六是"抽样作底"。粮农进店坊卖粮时，店坊老板先取样品粮一升归己，然后过斗或开称。七是留底子。成交中，粮行粮坊伙计采用"跑马趟子"（过粮用的刮板），尽量往下刮粮，刮下的粮食归粮行、粮坊所有。

新中国成立以后，漯河市区仍有粮行 63 家，面行 41 家，米店（摊位）60 家，市政府曾责令有关部门对粮食市场进行多次整顿，初步遏止了粮食投机商的不法行为。但是，一些极度善于投机钻营的粮商，由于利欲熏心，仍然囤积居奇，扰乱市场。由于1949年秋季歉收，1950年初春时节，群众怕闹春荒，争相购粮备荒，一些投机粮商便哄抬粮价，使市场粮价一涨再涨，小麦每市斤由567元（旧币，一万元折合现币一元，下同）上涨到634元，又直线上升到1158元。这时，承担为华中粮食公司漯河分公司代购和库存业务的振泰昌、瑞丰恒等四家粮商，竟把国家库存在该四家商号的小麦倒卖500多石（20万斤）。经发现后，紧急索要，才被追回一大部分。为了平抑粮价，河南省人民政府于2月发布《河南省粮食议价暂行办法》，漯河市成立了议价委员会，对粮食市场进行了严格管理，并规定部队、机关、工厂、学校、合作社及所有公私企业、粮行、作坊购存的粮食限期向工商管理部门登记，外埠单位和私人均不得在本省购粮，已购粮食交当地粮食公司代销；供给制和薪金制人员一律配售粮食，不准到市场上买粮。这样一来，粮价才有所缓和。6月29日，河南省商业厅电示全省各粮食部门抛售库存，把市场粮价压低下来。当时小麦市价为580元，漯河粮食公司拿出小麦3000石，以每斤567元由收购转抛售。三日内把市价压低到574元，刹住了粮食涨价风。不久，在小麦成熟以后收购夏粮时，由于市场粮价下跌，工农业产品之间的剪刀差增大，考虑到谷贱必然伤农，因此，10月中旬，粮食公司奉命停止抛售，适当提高粮价，放手收购小麦，保护了农民的利益和种粮积极性。

但是，在以后的几年里，自然灾害频繁，特别是淮河流域干流和支流，旧社会常年失修，漯河地区的主要河流统属淮河流域的支流，每到汛期大量泥沙淤积，加上河道弯曲，宽窄不一，流水不畅，河水泛滥，河堤多处决口，淹没大片农田，每到干旱年份，河水断流，河道干涸，可谓大雨大灾、小雨小灾，无雨旱灾。新中国成立以后，党和政府大力发动群众进行河道治理和兴修水利，但由于新中国成立时间较短，效益不甚明显。如1950年4月，漯河周边地区春雨连绵，形成严重内涝，而且河道漫溢，河堤多处决口；1952年深秋和初冬季节，阴雨连绵将近一月，内涝成灾，仅郾城一县就淹没麦田21万余亩。1953年4月，一场寒霜袭来，使已拔节正要抽穗的小麦遭到严重霜冻而枯萎。因此，市场粮食紧缺，私商乘机哄抬粮价，小麦每市斤涨到1400元，面粉1700元，玉米700元，青豆880元，黑豆760元，绿豆970元。这时群众思想混乱，部分农民卖掉牲畜和农具囤粮备荒，形成粮食倒流，市民心中也产生严重恐慌，市场粮价一涨再涨。这时，漯河粮食分公司遵照上级指示，动用库存，以低于市场价格大量抛售，使粮价由暴涨转为跌落。经过几次粮价大涨和回落，使党和国家决策者深深感到，只有国家对粮食实行统购统销，才能有效地控制粮食价格，保证军需民食和国民经济建设的顺利进行，保护广大劳动人民经济利益不受侵害。

二、漯河市实行粮食统购统销的情况

漯河市的粮食统购统销工作，同全国各地一样，遵照党中央和政务院的决议和命令，从20世纪50年代初到90年代初将近40年内，遵循着“发展经济，保障供给”的总方针实行的。市区主要是有计划地供应。城市人口按工种和类别供应标准制订后，以开展“计划用粮，节约用粮，超支不补，节约归己”的原则，保证了军需民食，促进了工农业生产和国民经济计划的正常进行。

在实行统购统销之前，由于连年遭灾，漯河市就实行了粮食供应搭配制和供应标准定额，以缓解粮食市场供需之间的矛盾。1953年1月23日，市政府召开全市伙食单位的司务长会议，贯彻实行粮食搭配制的办法和原则，规定老干部供应小麦2/3，杂粮1/3，其他搭伙人员每月供应小麦7.5千克，搬运工人供应小麦10千克，其余全部供应大米和杂粮。10月，上级又规定供应的具体数额：机关、学校、团体、企业每人每月按22.5千克供应（小麦7.5千克，大米10千克，杂粮5千克），市民、中小学生每月20千克，医院病人每月22.5千克。

1953年11月2日，中共漯河市委召开市委扩大会议，按照中央决议和命令，对全市执行粮食计划收购和计划供应进行了具体的研究、安排和部署。3日，市委召开全市股长以上党员干部会议，市委委员、市长刘耀堂传达了省委党代会关于实行粮食统购统销的决议，讲明实行粮食统购统销是我国过渡时期为保证国家社会主义工业化、加强国防建设、巩固工农联盟、保障广大人民生活所需、打击投机倒把囤积居奇的重大措施。4日晨，召开全市干部动员大会，市领导除讲明实行粮食计划收购和计划供应的重大意义和具体政策措施外，还当场宣布了纪律，在购粮证下发之前，任何人不得乘机抢购粮食，扰乱市场。当天，召开了全市各界人民代表会议，到会162人，市委向代表们讲明中共中央决议的精神，代表们经过讨论后一致拥护中央决议，表示坚决响应中央号召，并保证顺利贯彻执行。接着，市委抽调干部120名，组成十个工作队，深入各区街道帮助传达贯彻，当晚即统一召开群众大会，讲明实行粮食计划供应是对广大劳动人民特别是城市居民和工矿区人民以及灾区人民的生产生活保证，通过广泛的宣传讲解，广大群众热烈拥护，他们说："今后再不为粮价暴涨而发愁，再不为买不到口粮而担心，这一政策和措施，是党和政府对广大劳动人民的关心和爱护。"

在搞好思想发动的基础上，组织力量配合各公安派出所，按户口册填写了购粮证，及时发到各家各户。从此，全面开始了粮食的统购统销。城市中的计划供应，是按供应对象年龄的不同，职业的不同，工种的不同以及粮食紧缺和宽松的年份不同，标准不定期的有所变动。在以后的若干年内，自然灾害连年不断，一次比一次严重。如1954年7月16日至8月10日，断续20余日大雨如注，沙河、澧河三次出现洪峰。1955年7月3日至9日连降暴雨，市内积水1米左右，连续两年秋季歉收。1956年6月2日至7月上旬，正在小麦成熟收割时节，却阴雨连绵40余日，其中暴雨五次，平地积水1米左右，正要开镰收割的小麦全部泡在水里，严重霉烂变质，一少部分抢收到场的小麦霉烂更惨。从1959年到1961年，全国发生了连续三年大旱，漯河周边地区受灾甚为严重。如1959年7月正是三伏季节，一连70多天没有下雨，秋禾枯萎，粮食严重歉收。1960年连续300多天没有下过透墒雨，夏粮和秋粮严重歉收，直到1961年春，连续干旱无雨，再次造成夏粮歉收，仅郾城一县受灾面积就达56万亩，其中颗粒无收达8万亩。自然灾害的频繁侵袭，加上当时"左"倾思潮的"五风"盛行，给粮食统购统销带来严重的困难。但是如果不是实行粮食统购统销，其悲惨情景则更不可想象。

三、值得反思的一个问题

粮食统购统销政策的实施，应该说是完全符合我党一切为了人民群众，一切从人民群众根本利益出发的宗旨，也从根本上保证了连续大灾之年全国人民的吃饭问题和社会主义工业化建设的顺利进行，是一项利国利民的好政策，实行这一政策和措施，使广大人民感到吃饭不担心，生活有保障，甚至在国家粮食富余以后取消票证初期，不少人还担心以后的高价粮能吃得起吗？是否还会回到粮商盘剥的老路？但是，在实施这一政策时，曾一度实行高征购带来了一些深刻的负面影响。

1953 年冬，当时我在许昌地直机关工作，为了对广大农民进行社会主义远景教育和粮食统购统销意义的宣传，许昌地委派出工作组到各县帮助工作，我作为工作组成员被派往商水县农村。当农民群众听了社会主义远景教育的宣传后，人人欢喜不尽，希望能早日到达社会主义社会，过上丰衣足食的幸福生活。当号召卖余粮支援社会主义建设时，人人争先恐后报出自己家的认售数，有的几百斤，有的上千斤，甚至几千斤。当时国家急需粮食，总感到农民自报数有些保守，仍有潜力可挖。于是就大会反复动员，小会算细账，挖产量，把收购指标一升再升。结果，一部分农户被征购透底。把口粮卖掉了，后来经发现后不得不返销回去。

在以后“大跃进”的年代里，极“左”思潮带来了“五风”泛起，在粮食问题上大刮“浮夸风”。1957 年底，组织上为了锻炼干部，我被下放到商水县有名的“五湖十八坡”之一的白寺区天井坡村当了半年农民。这里自然条件十分恶劣，生活非常艰苦，由于缺少耕畜，大部分农活都靠人力，人拉犁，人拉耙，人推水车，人推磨，满坡黑色漏风土地，半月不下雨土地就裂开道道深沟，雨季又是满坡积水，群众编个顺口溜：“有女不嫁天井坡，旱天没水喝，雨天蹚水踏泥累坏脚。”这样贫瘠的土地，可想当时一亩地能产多少粮？天井坡周围的土质大体都是如此。两个月后，我被抽到区里工作，区里连续开村干部会“反瞒产”，目的是多征购些粮食，为国家多作贡献。有的村干部“不识时务”，产量就是上不去，于是就被推上桌子，站在会场中间交代问题，会上口号声此起彼伏，桌子上的村干部满头大汗，十分尴尬。有的村干部看风使舵，产量一升再升，于是大会小会受表扬。但到1959年春天青黄不接，又遇到严重自然灾害，造成了一场人为加天灾的粮荒。后来党中央发现了问题的严重性，大反“五风”，又及时调整了农村政策，粮食问题才逐步好转。

在毛主席“一定要把淮河修好”的号召下，各地千军万马齐上阵，经过几年的努力，根治了淮河干流和支流，大力兴修水利，消除水患，效果十分明显，后来的改革开放更给农村带来勃勃生机，粮食问题得到根本解决，粮食统购统销作为历史的一页让人们回味。

选自2012年《漯河文史资料》第十九辑

北舞渡历史及商贸概况

胡德周[①]

位于沙河上游的舞阳县北舞渡镇（旧称定陵镇），在清朝末年以前是中原地区有名的水陆码头，商贾聚集地，与老漯河有着割不断的联系。水路上通襄县山头店，下通漯河、周口、界首、蚌埠，转旱路通安徽。旱路东至漯河，西到洛阳，南到南阳、赊店、老河口，转水路通往武汉等地。1987年在北舞渡贾湖遗址出土的甲骨契刻和骨笛，被测定8000年前在这块富庶的土地上就有了甲骨文化的发展。这一发现将中国的人类文化史向前推进了3000年。证明早在原始社会晚期（新石器时代）即为仰韶文化与龙山文化（遗址）发祥地，其历史悠久足可昭示。西汉末年，湖北暴发了由王匡、王凤领导的绿林军起义，舞阳人王常（字颜卿）率众参加起义军，后与刘秀合力抗击王莽军。公元23年7月，绿林军于昆阳（今叶县）与40万莽军大战，被困，刘秀带八九人到北舞渡、漯河搬兵，即住在北舞渡。传说，在昆阳绿林军将莽军打败，刘秀带千余人抢先入城，抢夺了胜利成果。王常被刘秀封为汝南郡廷尉。

北舞渡在春秋时属楚国北部的一个集镇，战国时属魏。后分隶韩、魏，韩设定陵邑，魏设舞阳邑。秦朝时将定陵、舞阳合置为舞阳县。西汉时设定陵郡，东汉时改为定城县，三国时属魏，废县。南北朝改为北舞县，属魏司州，分设西舞县（上澧河店）。隋开元（581年）又合置北舞县。元朝又废县设镇，因有渡口故称北舞渡。明朝末年，北舞渡只是几个小村庄的合称，有东曹箱、南王庄、陈庄、马弯、周小庙、灰河张

① 胡德周，舞钢市人，生于1962年5月。1980—1984年在北京军区某部服役，曾任舞阳县史志档案办副科级干部、舞阳县政协文化和文史委主任。

和东老街等。现在只有南王庄、陈庄的名字个别人还知道外，其他的都已失传了。

从元朝到清朝，北舞渡一直是水陆交通要道。那时，商业特别繁盛，当时群众流传着一句俗语："装不完的赊家店，填不满的北舞渡。"尤其是陕、山二省商人汇集者多。其原因是：明末时期，清兵入关，占据北京，清王朝为维持其封建统治，竭力镇压汉人反抗，各地农民纷纷起来反抗压迫，并和明兵结合起来，在大别山一带开展了数十年的战争。因此，北京通武汉的大道被阻止，两方经济交流受到影响。到康熙中期，南方和北方的商人，不得不寻求开辟新的南北交通大道。因此南方商人将货物由武汉经汉水运至老河口，再经洪河运至赊店，再从赊店走旱道运到北舞渡，北舞渡装船东运至周口、界首、颍上、亳州、寿县和蚌埠，并能由贾鲁河运往山东、河北、山西、陕西。而北方货物由周口、漯河、北舞渡、赊店、老河口运到武汉。那时的北舞渡被称为全省有名的三大码头（即周口、赊店、北舞渡）之一。

清朝康熙中期，北舞渡码头特别兴盛。过载行很大，货栈很多，雇用脚行（装卸工人）100多人，还设有船行（管装卸船）、场头（运货车辆负责人）。每年除汛期外，码头货物堆积如山，有人曾形容船桅多得像竹林。各省大商家很多来北舞渡买地建房，经营自己的业务。特别是陕西的商人最多。货运的发达，带动了其他各项行业的兴旺。据老年人回忆，现在的西大坑就是被那时的商人买去鼓土窑，烧砖瓦建房，形成中山大街、顺河街、太平街、西新街、顺城街、官厅街等，门面市宅多系外地商人所建修。到乾隆年间，北舞渡的市面更大、更繁，有当铺4家，过载行18家，屠行10余家，票号钱铺4家，京广杂货行10家。另有陆陈行、油槽房、菜行、花行等。此外还有车场数十家。生意特别兴盛的是设于北舞渡天津黄姓包销的郾、舞、西盐务舞阳振德总店。盐店总经理名称管总（亦称管督），捐五品顶戴，职权大于县长，不属本县领导，出入坐暖车，前有顶马开路，后有武士随从。管总以下有账房、收发、文牍、杂务、业务等部职，皆称上座，姓啥称啥爷。再往下边有二爷（管总督服役）、茶房（上座服役）、门头（看大门的）、巡头

（管盐巡的），还有盐务巡警约20名。加之南来北往的木牛车、手推车，年月日夜，川流不息，杂声隆隆，数十家车场经常人畜难容。当时的茶馆有8家，以石头街北口的茶馆最大。是客人的业务洽谈处，所以这个茶馆那时定名“讲货台”。后来因市面繁荣，外地商人家属相继迁入落籍下户。很长一段时间，北舞渡像经常性的古刹大会一样热闹。由于市面繁荣，当地居民90%以上都做起小商小贩和装卸工人。资本家一面经商赚钱，一面大量收买农民土地，不少农民陷入了贫困。

选自2003年9月《漯河文史资料》第十一辑

风雨春秋八十年

——漯河市牛行街牲畜贸易市场见闻

张福祥[1]

1955 年 3 月中国人民大学校刊《教学与研究》第十期登载胡兆量、黄河清的文章《漯河市经济地理》，其中提到：

“漯河市影响的范围超过了河南省界，是一个具有全国意义的牲畜集散中心……京汉铁路通车后，漯河市代替周口而成为巨大的牲畜集散中心……到了 1931 年达到了 40 万头的空前纪录。”

笔者前年出差到济南，在旅馆与同房间一位天津老先生闲聊。原来他年轻时在漯河经商，我问他对漯有何印象，他说，有两件事使他印象很深：一是牛行街的繁华热闹，二是漯河的胡辣汤好喝。漯河牛行街名闻遐迩，可算是“街不在大，有牛则名”了。

四根杆子一根绳

清宣统三年（1911 年），一个阳光明媚的春天，一位拖着长辫子、穿着长袍外套坎肩的中年人，从沙河北岸骑着一头粉鼻粉眼白肚皮的黑毛驴悠然自得地向渡口走去。他好摆弄牲畜特别是毛驴。他渡过河牵着心爱的毛驴穿大北门，上北大街，本来是到“三义和”药铺抓药的。他看一街两行的生意兴隆，人流摩肩接踵，特别是“三义和”门前买药的，把柜台都挤严了。他抬头看看日头，天色尚早，就牵着毛驴正南了。这头毛驴除鼻眼肚皮是白的外，其余毛光油亮如黑缎子面一般，再

① 张福祥，漯河市人，1932 年生，1950 年参加工作。先后在漯河市文化馆、市文联、市干部学校、市供销社工作，曾编写《漯河地方志》供销、牲畜部分。

加上花笼头、红缨子、金黄的铜铃铛，谁见谁啧啧称赞。没出南阁门就有几个人问："老兄，这头毛驴卖不卖？"中年人一愣："卖不卖？不卖！不卖！"他到南大街尽南头向开粮行的刘显甫家走去。刘显甫是沙河北刘窑村人，这位骑毛驴的中年人是石槽赵人，名叫赵双，与刘显甫是紧村邻居。落座后，年过半百的刘显甫把水烟袋递给赵双。赵双吸了两袋烟若有所思地说："老叔，粮行生意咋样？"刘显甫说："不咋样，这地方有点背，热一阵冷一阵的。"赵双说："老叔，我有个想法，你估摸中不中？我看你这门前院内也很宽敞，开个牛行咋样？""开牛行？！"刘显甫不由地眉头一皱，"咱可没干过。"正在这时进来一位30来岁的年轻人，气宇轩昂，穿戴不凡，对着赵双一抱拳："双哥，这头毛驴比上回那头还漂亮！你是从哪儿弄到的？"来者是刘显甫的儿子刘怀。赵双说："这是前几天我在周口牲口市上买到的。周口牲口市可热闹呢。可惜咱郾漯一带还没有，我正跟咱叔商量呢，把您这块地方改成牛行，生意肯定比开粮行赚钱。"刘怀一听，眉开眼笑连声说："中！中！中！俗话说物以稀为贵，咱要是开牛行那可是蝎子屎——独粪（份）。"刘显甫说："隔行不取利。牛行的道道咱不懂。"赵双说："周口、沈丘、项城、淮阳、界首我都走过，开牛行就是两间门面，栽几根杆子扯根绳，又不扎啥本，用几个牛牙纪，一个账房先生，收收佣钱就行了。没啥难。"刘怀说："爹，我看双哥说的有道理，咱就闯一下吧。"刘显甫捋着山羊胡沉吟半晌说："停两天，让我想想再说。"赵双看看天色不早，还要到"三义和"抓药。骑上毛驴拱拱手说："好吧，隔两天我再来。"

等待交易的牛

几经磋商，漯河第一家牛行"天顺长"终于在宣统三年（1911年）农历三月十四日诞生了。掌柜的就是刘怀，账房先生赵全海，牛牙纪赵双，赵双又在西平人和寨聘请一名牙纪名叫任布紧。门前栽四根杆子拴一根绳，就这样开业了。

俗话说：“树起招兵旗，就有吃粮人。”初开始，三村五里的农民牵个牛在这里搭个价品头论足一番，一天成交个三五头。不到半年的时间，“天顺长”门前人欢马叫牛嘶驴鸣，生意颇为兴隆，这使周围的左邻右舍很是眼气。

“天顺长”后来改名为“天顺祥”。刘怀已成领衔掌柜。它的第二任掌柜名叫刘栓紧，但与刘怀并非近亲。刘怀是沙河北刘窑村人，刘栓紧是河南毛寨人。他与刘怀年龄差不多一般大。1935 年正是牛行业的黄金时代，“天顺祥”的掌柜由刘栓紧的三儿子刘少亭接任。刘少亭为人精明干练，刘怀还把自己的女儿嫁给了他。

三刘鼎立

“天顺长”南边，龙王庙街头一家（现在南大街房管所南边）是个“交泰炉房”，掌柜的叫刘太庚。刘太庚的大哥叫刘长耀，当时是源汇寨商务会领导人之一，年高德劭，是个和善的长者，颇有威信；老三刘冬帮助大哥二哥处理些杂务；老四刘翰臣有学问教个私塾。兄弟四人于清朝光绪年间从禹县迁来。刘冬没有正式职业，他眼看隔壁邻居刘怀开牛行生意不错，也想开一个。弟兄们一商量在同年 9 月也挂上了招牌，取名“德太成”。掌柜的刘冬兼管账，牙纪是夹河里挂刀营的胡旺，其余人员都是刘冬的侄子或叔伯兄弟，像刘太发、刘太顺、刘盘珠、刘盘玉、刘盘欣等。尽是亲兄弟父子兵，生意也不错。民国 7 年（1918 年）刘冬去世。“德太成”由刘冬的四弟刘翰臣接管，一直到 1951 年成立农民服务所，历经 40 年。

第二年，舞阳人刘发祥（名叫小发）开了第三家牛行：“共和义”。刘发祥有个得力的牛牙纪叫王老九，外号“王大个”。三刘家同姓不同宗，在民国初年率先办起了三家牛行。后来又添了几家，比较有名的有滑县人劳任申开的“振兴和”，长葛人赵子杰开的“大兴和”，叶县马大少、张军开的“三义兴”，一直往南延伸着。

英商安子钦到漯河

1921年春夏之交，一位碧眼黄发隆准长身中国名字叫安子钦的英国人来到了漯河。年龄在四五十岁之间。他住到了马路街“天宝栈”大旅社（现在人民电影院前）。休息两天之后，他带了一块长约80厘米、宽约50厘米的黑漆底、烫金字、半浮雕中英文字体的招牌：“英商华蒙公司”来到了源汇寨商务会，用生硬的汉语说是来买菜牛的。其他牛行掌柜不敢和这位洋人打交道，最后商务会把他介绍给“共和义”掌柜刘发祥。刘发祥与安子钦谈判之后，按照“华蒙公司”的要求贴出了收购菜牛的布告。菜牛的标准是：除去40千克的废料（包括粪便、肠胃食物）过磅够800市斤就收。安子钦除带来一块招牌外还有一盘磅，这盘磅就设在刘发祥开的“共和义”牛行内。牛过磅之后只要符合标准当即付给现钱，所以这种牛又称磅牛。钱是银圆，由安子钦在东大街“同和裕银号”取出，装在一只小黑木箱里，一次能盛银圆1000块。安子钦不赊不欠，现钱交易定价又高（当时每斤牛肉价80个制钱，而磅牛价每斤约102个制钱，800斤以下755斤以上每斤95个制钱）。高价招远客。舞阳、泌阳、方城、唐河、南阳、鲁山、宝丰、叶县、西华、商水、遂平、沈丘、项城、淮阳等地的农民从四面八方牵着大黄牛络绎不绝地向漯河赶来。此时牛行已发展到20多家，但还是人满为患，畜满为患，饲草为患。

第二年（1922年）安子钦由马路街天宝栈旅社挪到了源汇寨，住到了“赵天顺”牛行的一间小南屋里。他在漯河三年，每日平均收磅牛约50头，收购的牛由漯河火车站装车押运天津，由天津乘船运往国外。有时火车装不上，就有牛行派人赶着成群的牛到山东的东昌府，那里是个接收点，够一定数量再转往天津。

抗日战争期间，日本大昌株式会社（又叫大昌洋行）也在漯河收购磅牛，标准比英商低，755市斤。

英商华蒙公司和日本大昌株式会社在漯河连续几年收购磅牛，刺激了漯河牲畜市场的发展，并打开了牲畜贸易的内外渠道。

马王会

源汇寨有牛王庙、龙王庙、大王庙、文武庙、东大庙等，那不过是“斋公”们信奉的神灵的住处。1923 年诞生的马王会却是一个牲畜业同业公会，与以上的牛王庙等没什么干系。

随着漯河牲畜交易行业的发展与繁荣，牛行与牛行之间的矛盾日益突出了。争买争卖、打架斗殴的事时有发生。安子钦来时只带一盘磅，牛多时收购不及，农民住几天还排不上号。牛行与牛行之间为了争生意也经常闹摩擦。遇着打官司、评公说理的事都到寨内商务会和镇公所去。可是这两个地方都不管牛行的事，形势的发展呼唤着有一个同行业的管理组织机构，于是马王会就应运而生了。地址就在现南大街房管所东边。马王会是集神、商于一体的组织，它一方面组织处理牛行业的日常事务与纠纷，另外，会里敬的是马王爷，每逢农历十月十日是马王爷的生日，到这天还要举行大祭。

马王会的第一任会长是万五，副会长是刘翰臣，头面人物还有翟庆甫、李华斋、赵三等。万五脾气不好，刘翰臣却豁达大度，广结人缘，众望所归，是马王会的实际领导人。马王会的第二任会长是刘印唐、副会长仍是刘翰臣。其他几名成员是：李华斋、潘良臣、赵三、赵芳臣、赵子杰、李贵元（回民）、朱八（朱海西）。第三任会长是蔡秀山。后来马王会内部发生了矛盾。杨少卿在牛行街南头又成立一个马王会。算是南北两个马王会。

马王会除管理牛行外，还代当时的税局征税。税局不再对各家各户牛行收税，而是按照马王会登记注册（牛行户数多少及交易数量收入情况）统一收，马王会再向各牛行摊派。

新开业的牛行要到马王会登记，由马王会的人给起字号。登记和起字号要先交 26 块铜元（每个铜元面值 100 文）。此外，新开户还要对马王会进行三请：小请、大请、正式请。

挪出南门外　定名牛行街

民国13年（1924年）牛行已发展到20多家，从龙王庙街一号到南寨门实在没有再发展的余地了。这年刘发祥的“共和义”首先挪出南寨门外。接着，新野人杨庆堂开的“同丰祥”也挪了出去。“振兴和”“大兴和”“三义兴”相继搬出。

出了南寨门是一条不足两庹宽的南北路，路两边是两条沟。初开始，群众说：“牛行街，两条沟，一直通到信阳州。”后来，各家牛行把沟填平，拓宽了路面。由于这条街开的都是牛行，于是约定俗成，人们都把这条新街叫作牛行街。

民国24年（1935年）牛行已发展到140家（包括后龙王庙街、南大街），从业人员达1500余名，牛行街的地盘已扩展到干河沿，足有三华里长。

繁荣的牛行街

1935年，牲畜上市量达到80万头，成交量达28万头，创牛行街牲畜交易史上最高纪录。

抗日战争期间，日寇侵华，我国广大农村屡遭摧残。征夫拉丁、田园荒芜，漯河牲畜市场也呈萧条景象。

解放战争期间，牛行街仍处于凋敝状态。1947年底漯河市解放，牲畜业逐渐恢复与繁荣。1949年，牛行恢复到60家，列表如下：

商号	名称	经理姓名	店员数	地址	门牌号数
朱记	聚义成	朱荣卿	12	牛行街	16
	天丰祥	卜天佑	13	牛行街	305
	聚　大	吕永和	12	牛行街	302
	又兴和	李宗唐	12	牛行街	303
	德和祥	孙肃正	15	牛行街	18
	天顺祥	刘运志	7	牛行街	25
	天顺公	王留锁	6	牛行街	43
	福兴全	万铭新	13	牛行街	250
	又兴德	卢国学	8	牛行街	257
	庆和祥	阎俊峰	9	牛行街	110
	三合永	蔡秀山	15	牛行街	123
	天　丰	龚天福	14	牛行街	124
	天复兴	张顺德	12	牛行街	134
	天　德	张同照	12	牛行街	1
	三兴长	李蔚东	7	牛行街	311
	同顺公	翟庆南	7	牛行街	33
	义兴隆	王书印	5	牛行街	251
	又兴长	李法宾	10	牛行街	331
	玉和祥	张瑞祖	9	牛行街	132
	中和祥	杨香九	4	牛行街	139
	太合公	业珍民	11	牛行街	148
	润兴长	马海森	6	牛行街	30
	润　太	刘提功	9	牛行街	295
	长兴恒	阎金国	6	牛行街	161
	大兴成	赵子杰	13	牛行街	313
	天　兴	杨香山	6	牛行街	138
	祥茂恒	王子茂	7	牛行街	131
	祥太昌	丁瑞五	13	牛行街	125
	同顺祥	蔡蔚亭	12	牛行街	149
	义和昌	刘瑞芝	9	牛行街	132
	庆和昌	陈寿亭	7	牛行街	159
	中和成	王林中	6	牛行街	138
	万太祥	刘常山	10	牛行街	165
	太　丰	张自明	7	牛行街	252

续表

商号	名称	经理姓名	店员数	地址	门牌号数
朱记	义茂祥	李雪义	6	牛行街	251
	天太祥	高庆祥	5	牛行街	309
	庆康祥	张　贵	4	牛行街	17
	西昌永	张明周	3	牛行街	26
	庆和长	乔寿亭	4	牛行街	135
	三太成	白成章	5	牛行街	151
	义庆祥	王子坦	7	牛行街	2
	三义成	陈子室	7	牛行街	8
	祥顺公	张德合	5	牛行街	255
	庆和元	陈杰三	6	牛行街	150
	庆　合	乔振甫	4	牛行街	149
	三太和	赵子玉	5	牛行街	120
	东　兴	张　兰	7	牛行街	248
	公和祥	安中举	5	牛行街	119
	聚庆祥	夏德盛	10	牛行街	296
	德太成	刘翰臣	4	龙王庙街	1
	天　成	宋粹文	2	牛行街	211
	长兴太	张歧林	5	牛行街	140
	和兴全	康国栋	8	牛行街	132
	公义祥	荆向文	4	牛行街	310
	三太玉	陈玉璞	3	牛行街	152
停　业	聚玉成	赵焕成	2	牛行街	252
停　业	太　兴	赵广灿	2	牛行街	9
新开业	义成祥	马启明	11	牛行街	309
新开业	瑞丰祥	万平安	6	牛行街	292
新开业	鸿福同	杨俊良	9	牛行街	164
合计	60 户	463 人			
牲畜业同业公会理事长蔡秀山 中华民国三十八年二月十九日					

1950 年牛行为 35 户；1951 年市供销社成立农民服务所，牛行的从业人员经过整顿，一部分归农民服务所，一部分返乡生产。

1953 年私人牛行剩 30 户。1955 年牲畜服务部成立，私人牛行全部被服务部取而代之。

牲畜服务部一成立，服务宗旨确定为完全为农民服务，面貌焕然一新，它抛弃了旧牛行的陈规陋习，黑语暗码，实行以质论价，买卖公平，服务周到，一视同仁，颇得农民的信任。1953 年牲畜成交量近 26 万头，接近战前 1935 年的历史最高水平。

1953 年牲畜成交情况见下表

畜科	头数	%	畜种	头数	%
牛	165.789	61.6	猪	7.978	3.0
驴	66.883	24.9	羊	1.207	0.4
骡	8.280	3.1			
马	18.902	7.0			
合计	259.869	92.6		9.185	3.4

历年来牛的上市量与成交量均在三分之二以上，驴次之，骡马又次之。

漯河牲畜的流向是由南方输入向北方输出。南阳黄牛和泌阳驴在市场颇受顾主青睐。他们说："南阳黄牛泌阳驴，个大色好有力气。"皖西与豫东的骡也很受部队战士及农民的欢迎，特点是体魄健壮，能拉善跑，既能耕田又能运输。农民说："铁打的骡子纸糊的马""买马不薄（生育），不如买骡。"实际上川马和云南马使用起来泼辣又温驯，本省农民也很喜爱。

牲畜主要来源与销地见下表

畜种	来源地	销售地
牛	河南：南阳、舞阳、叶县、泌阳、唐河、西平、遂平、沈丘、项城、淮阳、商水、郸城、西华、临颍、襄县、上蔡 湖北：沔阳、应山 湖南、四川、安徽等地	河北、山西、陕西 辽北、吉林、黑龙江 以及豫北各县
驴	西平、泌阳、唐河	山东、河北、江西、东北部分地区
骡	确山、汝南、新蔡、沈丘、安徽的蒙山、阜阳	山东、河北等地
马	四川、广西、云南	河南省及河北、山西和东北部分地区

袖筒议价　黑语暗码及其他

俗话说:“仵行店脚牙，无罪也该杀。”干粮行的交易员称为“斗纪”，干牲畜行的称为“牙纪”，干烟行的称为“烟纪”，干其他行的统称“经纪”。他们都是买卖中的“居间人”。他们为买卖双方穿针引线，从中说合，是商品经济活动中不可缺少的角色。如何评价他们的功过?如果按照重农抑商的观点或重义轻利的陈腐观念去看他们，自然会得出“该杀”的结论;从发展商品生产的角度看，应该说他们是功臣，至于他们当中的少数不良分子的坑骗行为毕竟不能代替他们的全貌。

牙纪在帮助交易

牛行的牙纪，首先是业务熟。业务熟表现在对牲畜的口齿、毛色、膘情、役力、健康状况，搭眼一看就摸个八九不离十，估价也比较合理。好的牙纪在农民中颇有威信。各个牙纪都有自己的老主顾。是王老五的客就不找李老四，而王老五也拉不走李老四的客。

“袖筒议价”是牲畜业交易的一种特殊方式。交易员与交易员，或交易员与买方、卖方不便在公众的场合言明价格，于是就伸出手摸住对方的手（在袖筒内）比画，除 1、2、3、4、5 是按手指的原数外，6 是拇指与食指捏一起,7 是拇指与食指、中指捏一起。8 是拇指与食指叉开。9 是食指曲弯成钩。10 还原为 1。买卖牲畜的一多，“袖筒议价”就照顾不上了，于是又产生了暗语或“黑语”。这种语言只有牙纪与牙纪知道。从一到十的表示法是：一海子、二谈子、三品子、四调子、五拐子、六搔子、七才子、八别子、九弯子、十按一还原。101 叫丁头零，102 叫刺头零，103 叫品头零，104 叫虎头零，105 叫没头零，106 叫鼠头零，等等。如这头牛值 370 元，就说品才！ 450 元就说调拐！ 890 元 就说别弯！

成交中如同吵大架，卖方气呼呼地吆喝着少一分也不中！买方脸红脖子粗嚷嚷着多一分也不要。牙纪拽拽你拉拉他，挤挤鼻子弄弄眼高喊着:“成啦，牵走！”这么一来，买卖双方似乎都无话可说了，心领神会都按牙纪说的数成交。但也有嫌价钱悬殊不愿成交的。牲畜成交之后，买卖双方向牛行各纳百分之五的佣金，其余一切（包括税）都不再出了。

俗话说:“铁嘴鸟舌牛粮行。”牙纪有一套说服买卖双方成交的本领。牲畜头上或身上其他部位有旋毛，迷信认为不吉利，往往不好成交，可是牙纪有办法说服他们。比方说这头牛头上长个旋，牙纪对买方说:“头上一枝花，谁家买住谁发家！买住好。”对卖方说:“头上一枝花，不妨爹来便妨妈！卖了算啦。”如背上长旋，对买家说:“通脊牤牛对脐键，谁家买住谁家喧，通脊牤牛对脐键，干起活来不用鞭！”对卖家说:“通脊牤牛对脐键，妨的主家不得安！”

民国年间，有位国民党的军官在牛行街选马。他看到一匹通身赤红如火炭一般的枣红马很是喜爱，价钱也不贵，是一匹好战马。一打听，说这匹马背上长一个“驮尸旋”。这位军官心里不悦，转悠几天欲买心里犯嘀咕，不买又舍不得。有位牙纪看透了他的心思，走过来对他说：“长官，这可是匹好马呀！你看通身火炭一般，说不定就是关公骑的那匹赤兔马的后代，有你这一表人才骑上，那真是‘人中吕布，马中赤兔’！”“不是背上长个不吉利的旋吗？”军官不高兴地说。牙纪说：“嗨！那都是瞎说，这种旋可不是‘驮尸旋’，这种旋花纹好，名叫‘将军坐’，当连长的骑上它能升营长，当营长的骑上它能升团长，团长……”这位军官不等他说完，“好啦，好啦，管它什么旋，这匹马我买下啦！”

牙纪从中吃“黑盘”，坑农民的事也是有的。民国初年有位农民卖骡子，少 880 元不卖，有位牙纪说，这头骡子实在不错，这样吧，我给你两拐子。农民说，一拐子是多少？牙纪说，一拐子是 500 元，农民一想两拐子当然是 1000 元了，等到交钱时农民只得 550 元。这位农民不依，拽住牙纪到县里打官司，说牙纪敲诈。县长对牙纪一拍惊堂木：“混账，既然言明 1000 元，为何只给人家 550 元？还不从实招来！”牙纪说：“他这头骡子起初要 880 元，没人要，因为有毛病，我说给他两拐子是不假，可这拐子分大拐子和小拐子，大拐子 500，小拐子 50 呀！”县长一听也迷糊啦，没办法只好说：“这样吧，你再给他两小拐子算啦，退堂！”这场官司就这样结束了。

牙纪在长时期的交易中对牲畜的饲养、口齿、年龄都有一套经验。如在饲养方面，他们说：“冬呼啦，夏扑喳。”牲畜冬天吃食不要添过多的水，干一点。草料搅拌起来要呼啦作响；夏天炎热水要多一些。他们深知“水长精神料长膘”的道理。另外，下料时，还要掌握大大的、小小的、小小的、大大的。就是开始吃大大的草小小的料，后来为了让牲口多吃点，再大大的料小小的草。同时还要讲究搅拌，他们说：“赖料好料四角搅到。”

对牲畜的年龄也总结出一套成熟的经验，如看马的年龄是“七（岁）青，八白，九出斑，斑斑点点十二三。”牲畜的牙齿是“七摇八不动，九年裂了缝，底光上圆十二三年。”“中渠平，十年零。”

历史上的漯河牛行街

牛行的组织除掌柜主管全面外，还有管财务的账房先生，写店簿的（负责客人食宿），登记的（负责记录客人牲畜的年龄、口齿、毛色、品种、有无疾病等）。除这几角外，大部分都是牙纪。行大者有牙纪 20—30 人，或七八人，或三四人不等。牙纪分内鞭、外鞭两种，内鞭的是由牛行掌柜管吃、住，佣金和柜上三七开，即柜上得七，牙纪得三；外鞭的不在牛行吃住，所得佣金与掌柜的二一添作五分。

三年恢复和五年建设时期

俗话说："大战之后，必有荒年。"我们伟大的祖国经过八年抗日、三年内战之后，山河破碎，满目疮痍，田园荒芜，生户凋敝。新中国成立初期，由于党的政策正确，土地改革后，耕者有田，中国农民在中国共产党领导下第一次成了土地的真正主人。农民的生产积极性空前高涨，农业的恢复和发展很快，作为农业重要门类的牲畜业也随之发展起来。从 1950 年到 1954 年，牛行街的牲畜上市头数与成交数都突破了 6 位数字，是自 20 世纪 30 年代初期以来的第二个黄金时代。1960 年 2 月，漯河市人民委员会出版的《我市建国十年来的经济统计资料》财政金融卷说明一再提到："1951 年来牲畜市场活跃，使税收明显增加……"

在当时，除了粮行外，其他行业在为地方贡献上很少能与牛行街牲畜业比肩，牛行成了漯河一大经济支柱。

1950 年至 1957 年牲畜上市成交及税收金额数如下表：

单位：头、元

时间	上市量	成交量	税入
1950	220998	172243	386742
1951	280728	185329	433538
1952	243788	121134	350721
1953	413203	259864	702651
1954	257350	153472	534850
1955	328348	98240	308557
1956	121204	67043	109449
1957	104987	55704	213859
合计	1970606	1113029	3040365

三年恢复时期，河北、山东、山西、陕西等省的农民和供销社的采购人员到牛行街买牲畜的最多。流动人口加上当地的老户。牛行街的人口日流量均在万人以上。1953 年西安市供销社有一位姓胡的来买牲口，牛行的交易员给他起了个外号："净街虎"，这个外号并非恶霸和恶棍之意，而是他在牛行街转悠一圈，就买去大黄牛上百头，简直超过了英商华蒙公司的安子钦。河北供销社的采购员多买毛驴，互助组用来拉水车；山东、江西的客户多买大旦驴，为的是制药。到牛行街可以听到操着不同方言土语的人在讲话。

牛行街的牲畜交易买卖还带动、派生了很多行业：屠宰业、皮革业、饮食业及其他服务行业。可以说"一业兴旺、百业繁荣"。

1958年“五风”刮起，牲畜成交额陡然下降，只有35986头。三年自然灾害时期（1959—1961年）牛行街更加萧条。1959年成交13569头，1960年11536头，1961年19422头。1961年中央“农业发展纲要60条”的贯彻，农业又开始复苏。1962年牲畜成交额即回升到59689头。党的十一届三中全会后，回升更快，1979年即达90602头，1980年又一次突破6位数，达到113255头。1981年后成交额逐步下降，下降的原因并非社会存栏量的减少，恰恰相反，农村大牲畜发展了，社会存栏量增多了，市场出现了“三多一少”的局面（即多种经济成分、多种经营方式、多种流通渠道、少环节）。仅郾城、商水、沈丘、淮阳、项城牲畜市场出现百家之多，互相竞争。我们在经营管理上新的经营机制未能及时建立，贸易呈现暂时萎缩。尽管如此，它对漯河的贡献还是不容置疑的。1961年至1984年为国家代征税款10213461元；企业上缴利润4348363元。1951年至1984年上市牲畜6650827头，成交2639621头，为城市和外贸出口提供菜牛108063头。

牛行街大改造

1970年的春夏之交，当时的市委、市革委领导视察了牛行街，原来赫赫有名的牛行街竟是一副破败不堪的样子。热闹还真够热闹的，但拴在一街两行的牛驴骡马任意大小便，污泥浊水横流，又低又破的草房呈现出一片片灰褐色。杂乱无章的摊贩麇集在牛行的周围。牛行街的繁华热闹与混乱、肮脏、嘈杂、破败形成了极大的反差。这不仅有损市容，而且对远道来市的省内外广大农民及牲畜本身的健康也不利。市委毅然决定：改造牛行街。

市革委一声令下，全市军民总动员，有钱的出钱，有力的出力。搬迁房舍，清扫垃圾，拓宽路面，绿化美化，高低不平的牛行街也铺上了柏油。修建了三个交易大院，占地27625平方米。所有的牲畜都在院内交易，从而结束了牛驴骡马临街买卖的历史。每个大院都是一个交易所，北大院临街还盖了四层楼房；中院、南院也盖了三层、两层的楼房。现在共有客房面积7522平方米，畜房面积4559平方米，养运场地16744平方米，给人畜吃住提供了方便。围绕着牛行街的改造，有计划地设立了兽医院、银行、百货商店、纺织品商店、土杂商店、糖烟酒店、医药店、旅社、饭馆、豆腐作坊、蔬菜肉食店等。现在的牛行街法桐夹道，房舍一新，马路平直，清洁美丽，旧貌换了新颜。

1985年8月14日，中共河南省委书记杨析综、省委副秘书长袁鹏雁等一行来漯河视察巡视了牛行街。指示漯河牲畜市场虽然办得不错，但还很原始，它应该办成一个良种培育、畜牧繁殖、饲料加工、防疫灭病、评比竞赛、信息传递、提供优质服务的现代化多功能、综合性的牲畜贸易中心。为牛行街牲畜市场指出了美好的发展前景。可以预料，牛行街第三次黄金时代将会在不远的时间到来。

选自1988年《漯河文史资料》第二辑

漯河早期的燃料市场

陈庭苕

燃料，可分为两大项，一是石油，二是煤炭。漯河燃料市场的形成较早，而且规模较大，是漯河早期市场经济支柱之一。现分别叙述如下：

一、石油市场

漯河的石油市场起自1906年。京汉铁路通车以后，和沙、澧河航运一起形成了水陆两运纵横交织的运输格局，由此，漯河的市场经济逐步辐射周围数十县数百里。当时在汉口开办的“美孚石油分公司”，看到了漯河的市场潜力，即派人到漯河委托寨内“同兴永杂货行”为其代销石油。起初，人们称石油为洋油，对石油作为燃料感到又神秘又昂贵，不敢使用。“美孚公司”为了打开漯河市场销路，不惜大亏血本，廉价抛售，每桶30千克银币1.5元，并免费赠送灯具。几年后，随着时间的推移，“美孚公司”的抛售策略大见成效，人们对石油逐步有所认识。于是销量大增，价格猛涨（每桶涨到银币5元），尚且供不应求。1912年，随着销路的畅通，“美孚公司”便在煤市街建库储油，库内设大型卧式储油罐两个，库存量600吨。到1915年，石油销售业务急剧扩大，“美孚公司”将漯河经销点改为经销处，由林维昌任经理，在煤市街开设“人大号（后改为德大号）美孚石油公司漯河经销处”。随着业务的迅速扩大，经销处将业务延伸到附近各县，舞阳、鲁山、襄城、叶县、郾陵等地设经销店或代销点，生意十分兴隆。

1920年，“亚细亚火油公司”看到“美孚公司”在漯河生意火爆，也在火车站附近的煤市街兴建油库十间，有卧式油罐一个和立式油罐两个，此外还设有土式油罐。油库建成后，有徐少洲等人筹办“福记（后改为怡庆）亚细亚火油公司漯河经销处”，徐少洲任总经理，余质夫、李蔚延任协理，并在周口、扶沟、襄城设代销点。

1930 年，“德士古石油公司”在火车站以南建库设栈，储存石油，由经销商贾立国在寨内开办“东记德士古石油公司经销处”，不久迁至煤市街，改为“祥记德士古石油公司经销处”。德士古经营的石油因质量较差，在漯河的销售量稍逊于美孚和亚细亚。

1930 年，苏联的“壳牌”和“红星牌”石油也相继进入漯河市场，由“光华火油公司”经营。但由于石油色黄、烟大、味怪，所以长期处于滞销状态。

据统计，1930 年，漯河有 70 余家专营或兼营石油的店铺，全年销售石油 7000 吨，其中美孚占 38%，亚细亚占 35%，德士古占 25%，壳牌、红星牌仅占 2%。

1937 年 8 月，淞沪抗日战争爆发，吴淞江、长江防线被封锁，石油来源中断，经销商相继撤离。

1940 年，抗日战争中，漯河一度偏安，市场经济活跃，人口猛增到 12 万。对石油需求量急剧增加。此时，陆路中断，石油转由安徽省蚌埠从沙河逆水航运而来，因而价格昂贵，且时断时续，供应十分紧张。

1945 年 8 月，日军投降后，漯河市场石油又转由汉口运入。随后内战爆发，水陆交通不畅，石油运销失常，市场一度萧条。

二、煤炭市场

漯河的煤炭市场起自 1912 年，先是由巩县芦荣宗等人集资银币万元，并有当时河南省省长刘茂恩参股，在火车站以北开办了一家“豫庆煤炭转运销售有限公司”，专门经销焦作“福中（英商）煤矿有限公司”出产的煤炭。有职员和工人 400 余人。在鄢陵、扶沟、西华、临颍、襄城、郏县、赊旗、新野、上蔡、汝南、商水、淮阳、鹿邑、太康、沈邱、项城以及安徽省的临泉、界首、太和等地都设有经销处，年销售煤炭10万吨以上，生意红火。从焦作运来的煤炭经常货堆如山，从漯河用大小车辆和船只运往各地的煤炭像流水般源源不绝。煤市街车水马龙拥挤不堪，因此得名。

1931年，“焦作福中煤矿有限公司”看好漯河煤炭销售市场，在漯开办一家隶属福中公司的“平心煤炭销售公司”，与豫庆公司开展市场竞争。由于平心公司销售的煤炭是矿家直销，价格优惠，很快占领了漯河市场。豫庆公司被迫转行。原来从豫庆公司批进煤炭的28家零售煤场，后来都由平心公司批进。漯河和周围城乡的煤炭市场几乎全被平心公司所垄断。1938年，日军侵华步步紧逼，南北交通中断，平心公司停止经营，市场煤炭高度紧缺，广大群众只得用木柴作燃料。

日本投降以后，到1947年漯河解放前夕，煤炭行店逐步恢复和发展到45家，煤炭来源主要是附近的小煤窑，品质低劣，又多半是畜力和人力运来，成本高昂，销路不畅。

选自2006年7月《漯河文史资料》第十四辑

解放前漯河盐市场

陈庭苕

食盐是人民群众日常生活中不可缺少的重要物资，一日三餐离不开它。由于漯河水陆交通相对便利，食盐运销业在这里也由来已久，曾经形成了一个庞大的十分活跃的盐业市场。辐射面积广阔，除附近各县外，还远及陕南、川东、鄂西北各县。

旧社会的食盐市场，可分为包商经营和民间散营，日军占领后为外商洋行买办经营。所谓包商经营，是由官僚或富商大贾向官府盐运使（1937年后改为盐务管理局）按年定期承包，定期交纳盐税（即称盐课），其承包范围内的食盐运销专利权则受官府保护，不受他人侵犯。运销中由官府发给凭证，有证则为官盐，无证则为私盐。漯河食盐市场早为承包经营期，后为散营期。

漯河的食盐市场起源于清朝末年。当时天津一李姓在源汇寨西北隅（现二中对面）开设一家同德盐场，承包了郾城、舞阳、西平三县食盐运销专利权，1929年停办。平汉铁路通车后，另一天津人春祝三在铁路东小铁路街开办一盐场，亦名同德盐场，承包了西华、商水、淮阳三县食盐市场。1931年大水过后，食盐损失惨重，于1934年停办。1930年春，由于寨内同德盐场歇业，河北省巨商张志谭在煤市街（现公安街）北段开办了隆昌盐场。先承包了郾城、西平、舞阳三县盐业市场。1935年由于铁路东同德盐场歇业，又承包了商水、淮阳两县盐业市场。后来，由于军阀别廷芳控制河南，河南境内暂无包商专营，因而隆昌盐场向西南大力扩充市场，食盐曾远销南阳一带，生意十分红火，年输进食盐2000万千克，销售1800万千克，旺季日销盐65000千克。售价以小麦折计，斗麦（30市斤）换盐8市斤（麦、盐均以市斤计算，下同）。

抗日战争爆发后，由于平汉铁路中断，南北交通受阻，食盐运输困难，隆昌盐场于1939年停办。

1939年秋，河南省盐务管理局豫南盐务站从镇平迁到漯河，在煤市街北段建站。站长姓倪，站内设一中共秘密联络点，站长的儿子倪鼎元为秘密联络点负责人。1940年秋，竹沟惨案以后，曾在这里掩护了当时的中共河南省委书记刘子久和中共豫中特委组织部长杨毅夫妇等顺利转移。后由于抗日战争吃紧，盐务站随之又向东转移。

从此，漯河的食盐市场进入了民间散营阶段。1940年，先后有协盛永、同昌祥等10家盐号相继开业经营。天津、连云港的淮盐经蚌埠、商丘水旱两路运到漯河。半年之内运入食盐648万千克，销于周围各县，斗麦换盐5.5市斤。1941年全年运进食盐猛增到2880万千克，除销售到附近各县外，还远及陕南、川东、鄂西北广大地区。1942年，由于大旱成灾，粮价暴涨，盐价惨跌，斗麦换盐24市斤，销路死滞，盐商有的破产，有的转营其他商品。经过灾后两年休养生息，到1944年，农业又有了较好的收成，因而漯河的盐号又恢复到10家。后来由于日军飞机接连狂轰滥炸，交通运输十分困难，全靠人力和畜力运输，一春从黄河渡口运进食盐仅720万千克，斗麦换盐13市斤。

1944年5月7日，日军占领漯河。从此，漯河的盐业市场操纵在日商三菱、三井、吉田三大洋行手中。日军基于战争的需要，通过漯河这个交通要冲，除向本地区外，大肆向豫西南、川东、陕南、鄂西北等广大地区倾销食盐，换取这些地区的生漆、桐油、熟铜（铜元）、苎麻、酒精等战略物资。到1944年底，半年内运入食盐1.5亿千克。为了加速销售，日本人在漯河大力扩充代销门店，数月之内，漯河街上的盐号发展到160多家。与此同时，西南各路的盐商纷纷云集漯河采购，公路上人挑、车拉、马驮，络绎不绝。销路大畅，盐价一涨再涨，斗麦换盐4市斤，后为2市斤。在此期间，日本人共换取各种战略物资2400万千克。

1945年8月，日军投降后，伪币（联合、储备钞票）成为废纸，盐号随倒闭150多家。不久，上海盐业公司、大冶盐业公司、大昌裕盐号、重庆盐号等四家官僚资本企业，很快垄断了漯河盐业市场。到 1946 年底，共运入食盐 1.8 亿千克，销路仍是上述各地。除这四家官僚资本企业外，漯河的民营盐号又恢复到 80 多家。这些民营盐号，大部分是官僚资本的代销商，其中运销商仅 32 家。1947 年 8 月，国民党政府为了筹集内战资金，加征了 30% 的盐税，民营盐商陷入困境，盐价下滑，斗麦换盐 11 市斤。到年底，中国人民解放军首次解放漯河，在火车站没收了上述四家官僚资本的食盐 5 万包（500 万千克），就地分给了群众。

选自 2003 年 9 月《漯河文史资料》第十一辑

清末、民国时期的临颍商会

阎理之

据县志记载：“临颍县商务会，设在城内西会馆，县令陶瑢于光绪戊申三十四年十月委张乃谦为商务会长，会董十四人，按月分班，到会助会长兴利除弊，评争息讼，经费由商号月捐。”这是临颍商会的创始。

首任临颍县商务会长张乃谦，字益斋，城内北街人，清末廪生，曾任尉氏县教谕。其父张焕文经商致富，开有染坊，永裕元、奎胜祥、奎胜长药铺。

第二任商务会长陈凝之，字萃卿，临颍台陈人，清末廪生，曾任浙川厅教谕。虽无商业，其本族台北知府陈星聚后代陈士昌在城内开布行祥泰义等五处。

民国元年（1912 年）商务会长李锡爵，字俊卿，临颍西关人，是县城首屈一指的杂货店和泰昌的财东，该商号资本雄厚，五间门面，兼营铁货、糕点、酱园，自清末一直经营到解放后公私合营，历时约 50 年。

民国 8 年（1919 年）商务会长李佐卿（原名李其相）城内西街人，开有粮行。

民国 12 年（1923 年）商务会长耿元三，字会甫，城西南三里耿庄人，在城内南大街住宅开永顺祥染坊，任财东兼经理。

这期间北洋军阀政府开始征收印花税，售房风行，各商号账簿、折子、单据、民间文约、学生毕业文凭等，一律贴印花，多寡不等。对商业抓得更紧，常派委员驻商会检查，商民一听说委员来查，把贴印花账簿放在外面，未贴印花的账簿藏起来，后来不管贴不贴印花，由商会按生意大小分配数额买印花。

民国 19 年（1930 年）商会会长卢蔚东（原名卢森），城西南十里裴墩人，绅士，在城内西大街有住宅。是崇华堂药铺、崇义永染坊财东。

当时商会下面，按行业分同业公会，如杂货业同业公会，京货业同业公会，设理事长。俗称杂货帮、京华帮、帮首。

当时商业税收繁重，如：营业税、直接税、所得税、利得税、统税等，都是从省财政厅包下来的。由商会代表商家与征收机关交涉，讨价还价，确定税额，分配给各同业公会，再分给各商号。

1927年北伐以后，县政改革，县政府取消衙役，民壮戏班散班，后来由城内赵长喜、杨国山、张泰山、谌合秀、时相臣等所谓十大棍伸头组织恢复戏班，由商会长卢蔚东摊派四街各商号出钱置买戏装、头盔、乐器和一切道具。名为临颍“四街戏”。并将火神庙戏楼改建为戏园，建筑费也由各商号负担。

民国25年（1936年）商会会长龚藩臣，原名龚景镇，城西南十二里洪山庙人，县甲种农校毕业，城内西大街有住宅及市房，瑞太布行财东。

当时县内开大会花费、支应兵差、招待过境官员及来县视察的委员等费用，以及凡是不在县财政预算的临时开支，统由商会摊派各商号负担。

民国28年（1939年）商会会长卢吟秋，城西南裴墩人，绅士，城内西大街有市房。

时值抗日战争期间，第一战区司令长官部向临颍派购大批军麦，各区长代表农民在县政会议上要求商界分担一部分军麦，而商界以不种地为理由拒不负担，尤以商民张光宇为首态度强硬、坚决抵抗。县长褚怀理将他抓到监狱押起来，商界惧怕，最后定为“商一农九”负担军麦。1942年秋正值旱灾严重时期，第一战区向我县派购军麦12000包（每包200斤），第五战区向我县派购军麦47000包，向人民大量搜刮粮食，弄得农民逃荒饿死，商业亏损倒闭，市场十分萧条。

民国33年（1944年）日伪商会会长黄锦章，城西十五里杜曲人，聚兴布店经理，投靠日寇，为虎作伥，依仗权势，把持市场，巧立名目，征收捐税，小商小贩，也难幸免。

民国 34 年（1945 年）商会会长张子宽（原名张容德），城内北街人，开封师范毕业，本县首任商务会会长张乃谦的第七子，日伪时开过粮行。商会长任内，在西会馆开办商会小学。

抗战胜利，万众欢腾。但是，大小商号，甚至小商小贩出售商品，存有不计其数的日伪联合票、汪伪的储备票，顿时成为废纸，损失无法估计。

当时，商会忙于招待国民党“劫收”官员，支应过境军队，国民党为打内战，对商民横征暴敛，苛捐杂税，较抗战前有过之而无不及。

选自 1993 年 6 月《漯河文史资料》第五辑

古今钱币在漯河

——世界语言　历史见证

周跃海[1]

漯河地处中原腹地，有悠久的传统文化。人们由物物互换发展为货币交易，这就是钱币的起源。钱币一产生，就焕发出巨大生命力，它不仅促进了生产发展，加速了商品流通，推动了社会进步，还成为国家的命脉、人们生产生活的伴侣。它经历了由简单到复杂，由粗糙到细致，由不完善到精美的发展过程。据漯河出土的古钱图录显示：有春秋称量货币青钢块、空首布、半两钱；战国货币郢爰、刀币、蚁鼻钱（又称鬼脸钱）；汉朝货币五铢钱、新莽一刀平五千等。这些古钱币，串起了历史的脉络。经过专家学者的解说，那些凝聚着岁月沧桑的古钱币上，隐约浮现出中国历史的面目。

笔者在 2000 年 2 月 1 日的《人民日报》上看到，西安金泉钱币公司收藏了上起先秦，下至民国的中国历代钱币，上万个品种、百余吨重量，有数亿枚之多。他们认为，钱币实物是中国传统文化的重要载体，所谓“王朝兴废事，尽缩钱币中”。例如：北宋皇帝频繁御书钱文，是统治者重文轻武的一种表现；一些王朝在灭亡前铸造的铁钱，往往是国力衰微气数将尽的标志。从钱币上的文字可欣赏到中国典范的文字，新莽“悬针篆”的艺术美，北齐“玉著篆”飘舞流畅的姿致……他们从钱币实物考评出史书实载的古地名，整理出许多新发现的钱币版别，被专家视为中国钱币研究学的新突破。

纸币是中华民族文化的产物，它的起源虽较硬币晚，也不失历史悠久。远在公元前 100 多年，汉武帝就创立了白鹿皮币。史书记载，以白

---

① 周跃海，郾城县人，1931 年出生。曾在召陵乡政府和银行系统工作。离休。

鹿皮方尺，缘以藻缋（饰以彩绘）值40万钱，王侯宗室朝觐聘享，必以皮币著璧，这便是中国纸币的先驱。世界上最早的纸币是北宋建隆元年（960年）在四川印刷的“交子”，由大商户印刷，三年兑换一次，是纸币的原始形态，它比欧洲国家使用的纸币要早几百年。北宋时期商业极为发达，需要大量轻便的钱币，当时流通的铜钱、铁钱，体重值小，交易不便。如一匹骡卖2万钱，要收铁大钱500斤，这就需要车子来载了。在造纸术、印刷术相继发达的状况下，一种由国家发行的“官交子”便出现了。

宋仁宗天圣元年（1023年）设益州交子局，次年二月起发行“官交子”。交子用铜版印刷、三色套印，版面图案精美，有屋木人物和密码、图章等，这在世界印刷史、版画史上有很高价值。宋徽宗大观年间（1107年）又把“交子”改为“钱引”，“钱引”比“交子”还要精美，每张“钱引”用六颗印，而六颗印都饰有红、蓝、黑三种颜色的花纹。例如：字印上或饰以金鸡，或饰以金花，或饰以双龙，或饰以龙图。这些复杂精致的花纹图画，是世界多色印刷术的鼻祖，有很高的艺术价值。以后历代的纸币都是在宋代的基础上不断发展演进而成的。例如“至元通行宝钞”同以前的纸币相比较，显然是进步了，不仅不限年月诸路，还成为全国通行纸币，对世界都有一定影响，印度和日本等许多国家都加以仿效。

继北宋使用纸币“交子”之后，南宋使用的纸币叫“令子”，金代使用的纸币叫“交钞”“宝券”，元代使用的纸币叫“元宝交钞”“通宝交钞”，明代使用的纸币叫“洪武宝钞”“大明宝钞”。“大明宝钞”是公元1375年明朝印刷最大的长6寸、宽4寸的纸币，一直流通到清朝。清朝时期的纸币有“大清宝钞”，虽有所改进，基本上还是沿袭以前的。但是大清内部银行的“官票”同“大清宝钞”发行后，民间把两票合二为一，简称“钞票”，这就是“钞票”的来历。“官票”与“大清宝钞”相比较，内容和形式都有很大改革，旧式的钞票是竖式的，新式兑换券是横式的；旧的大、新的小。1900年后，有外商银行在我国发行外国钞票，中国银行发行中国钞票，还有像“大清银行兑换券”以及地方上的纸币和江西官银总号壹元银圆券等。

古钱币作为一种序列完整的历史实物，不仅让人们直观到整个历史进程，还能体会到各个历史时期的细微差别，从而牵动出不同的经济生活和社会形态。从这个角度而言，古钱币是一种世界语言、历史见证。

20 世纪上下在漯河流通的钱币有：

金属币

制钱：为官铸方孔圆钱，面值从一文到千文，共 16 级。一千文为一串，折银一两，在漯河流通有 2000 多年的历史。新中国成立后，郾城县城彼岸寺附近，先后两次出土制钱约 750 千克，种类多、数量大，世所罕见。其中有汉“五铢”，唐“开元通宝”，宋“太平通宝”“淳化通宝”“至道通宝”“咸平通宝”“元丰通宝”“景德元宝”“宣和通宝”等 30 余种，型制多达近百种。清末民初在境内流通的制钱有“康熙通宝”“乾隆通宝”“道光通宝”“嘉庆通宝”“咸丰通宝”“光绪通宝”“宽永通宝”“宣统通宝”等。根据形状大小、品质优劣区分成为库铜钱、大钱、小钱三种。库铜钱品质最优，大钱次之，小钱也称耗钱，品质粗劣，形状小。后随着机制铜元的出现，制钱逐步退出流通领域。

银两：为清朝本位货币。完粮纳税以钱两为单位，民间使用的是称量与制钱，纯度为 0.995374，市场上凡 098 到 099 为足色银。清末民初在漯河流通的足色银有重 50 两的元宝、马蹄银，重 10 两的中锭、小元锭，一两至五两的银镖，两以下的碎银。计算货币的天平分为库天平、漕天平、市天平三种。库天平用于计量元宝，漕天平通常为商人之间所使用，市天平是在商民之间通用的天平总称。漯河漕天平与汉口漕天平相比，等级相同却大 0.012 两，故漯河漕天平一两等于汉口漕天平 1.012 两。银圆出现后，银圆和银两混合流通，银 100 两合银圆 147 元，即银圆 100 元合银 68 两，银一两折合 100 铜元。民国 22 年（1933 年）国民政府“废两改元”，白银逐步退出流通领域。

铜元:漯河俗称“铜子”“铜板”[①]。光绪二十六年（1900 年）开始铸造铜元。清朝制铜元正面有“光绪元宝”及“大清铜币”两种，背面中央均为蟠龙图案。民国时期所铸的铜元有“开国纪念”“共和纪念”“双旗嘉木”三种。面值有一文、五文、十文、二十文、五十文、一百文、二百文、五百文等。十文铜元等于一文制钱的十枚，十文铜元 100 枚为 1 串，换银圆 1 元。光绪三十一年（1905 年）107 枚铜元换银圆一元，民国 15 年（1926 年）跌至 350 枚换银圆一元，后来跌至 800 枚换银圆一元。民国 24 年（1935 年）国民政府实行法币政策，铜元逐步退出流通领域。1948 年 4 月，中原华东野战军司令部及豫苏皖行署发布布告，规定在中原局所在地准许铜元暂时流通，以排挤国民政府的法币在解放区流通。

银圆：俗称“洋钱”“大洋”或“现大洋”。漯河流通的银圆有“大清银币”“湖北龙洋”，英属地铸造的“站人”，墨西哥铸造的“鹰洋”，“袁世凯像银币（俗称袁大头）”“孙中山银币（俗称小头）”“双旗、嘉木加双旗银圆”等，重七钱二分。民国 34 年（1945 年），国民政府禁止银圆流通，但市场上仍有使用，在法币贬值的情况下更甚。1944 年后，由于滥发纸币，造成恶性通货膨胀，纸币如废纸，民间存放的银圆又重新活跃于市场。1948 年 4 月，中原、华东野战军司令部及豫、苏、皖行政公署发布布告：规定银圆暂准在中原地区流通，严禁银圆出口，以排挤法币在解放区流通。1949 年市人民银行按一定比价进行收兑，共收兑 21700 枚，银圆停止流通。

镍铅币、纪念币：市人民银行于 1951 年 12 月 1 日发行 1 分、2 分、5 分三种镍铅分币；1982 年 1 月发行 1 角、2 角、5 角、1 元四种镍铅币，共 0.46 万元。1986 年 9 月发行国际和平年“纪念币”，面值 1 元，共 24 万元；1988 年 11 月 30 日发行中国人民银行建行 40 周年“纪念币”，面值一元，共 0.2 万元；1989 年 9 月 31 日发行“庆祝中华人民共和国成立 40 周年”纪念币，面值 1 元，共 4 万元；1990 年 8 月 6 日发行“亚

---

① 亦称“格子”“铜格”等。

运会”纪念币，面值一元，共2万元。

纸币

河南省豫泉官银钱局兑换券，即豫泉钞：河南豫泉官银钱局漯河分局发行银两票、银圆票、铜元票、制钱票等多种兑换券，后因大量增发兑换券，导致贬值挤兑，于民国12年（1923年）奉命停止清理，所发各类兑换券滞留民间，只收兑部分，其余悉成废纸，人民蒙受重大损失。

大清银行兑换券：清末在漯河流行的有一两、五两、十两、五十两、一百两五种银两票，一元、五元、十元、五十元、一百元五种银圆票。兑换券兑换银两，需按汇水市价贴水，否则不予兑换。

交通银行兑换券：宣统元年（1909年）设立开封交通银行后，开始发行兑换券。兑换券有银两券、银圆券、国币券、辅币券、小银圆券、铜元券六种，面额39种，均在境内流通。

河南省银行钞票：1923年至1926年间，河南省银行在漯河发行的有十文、二十文、五十文、一百文四种铜元券。1元、5元两种银圆兑换券，发行之初就开始贬值。1925年，铜元券1元贬值到7角，1926年8月仅值1角2分，9月跌至8厘。铜元券被商人拒用。

中国银行钞票：中国银行将大清银行已印成未签发的钞票改印行名，加盖图章签字加地名（唯1元券不加地名），投入市场。漯河流通的有加印“河南”的5元券、10元券、1元券。后准备金保管制度由集中改为分区保管，各省发行钞票改为分区发行。河南与湖北、湖南、陕西、江西、贵州、甘肃分为第二区，发行钞票印有“汉口”字样地名券，即“汉券”又名“汉钞”。漯河流动“汉券”数量多、时间长，民国12年（1923年）汉口中国银行发行的五省地名通行券（湖北、湖南、河南、陕西、四川）在漯河流通，1928年武汉国民政府下令集中现金，“汉券”停止流通。

河南农工银行兑换券，铜元券：1928年至1935年11月间，在漯河流通的有5元、1元、5角、1角、5分五种兑换券和100文铜元券。未发行和已收回的封存保管，并由中国银行、中央银行、交通银行三行点验查封、对已发行的进行收兑。1938年11月为抵制日伪套取法币、国民政府将存于中央银行的汇兑券投入市场，因不敷使用，又发行新制1元汇兑券及辅币券投入市场。

中央银行钞票：1928年11月中央银行开始发行兑换券，面额有1元、5元、10元、1角、2角、5角六种，均在漯河流通。1935年11月4日国民政府宣布“改革币制”，将兑换券改为不兑换货币。1940年发行50元、100元钞票，因辅币奇缺，至兑换辅钞需贴水。1942年，1000元大票换小票需贴水180—200元。

中国农民银行钞票：1933年4月1日在汉口成立“豫、鄂、皖、赣”四省农民银行，发行1元、5元、10元、1角、2角兑换券，均在漯河流通。1935年4月1日改组中国农民银行后，发行新行各兑换券，与旧兑换券并行流通。1936年1月20日，将兑换券改为不兑换货币，1942年回收。

法币，关金券：民国24年（1935年）11月4日，国民政府实行法定货币政策，规定由中央银行、中国银行、交通银行、中国农民银行发行的钞票为法币，面额最小的是一分，最大的为一万元，法币取代了市场上其他纸币。1932年5月，中央银行发行“海关金单位兑换券”，以纯金0.601866克为单位做标准计算，每单位折合美元0.40元，英镑19.7265便士。1942年4月关金券以1元折合法币20元的比价，在市场上与法币并行流通。国民政府采取通货膨胀政策，法币急剧贬值。1948年与1937年相比，物价上涨3492万倍，法币彻底崩溃。民谣：钞票一变更，物价飞上天，法币不如粪，物比命值钱。1948年6月豫西行署发布布告：禁止5000元以上面额关金券在解放区流通。7月17日又发布命令，自8月20日起，禁止法币在解放区流通。8月27日中原局命令排挤法币，吸收银圆，严禁银圆、黄金出口，银行挂牌以银圆1元折合法币700万—800万元收兑。9月1日豫西行署再令：从9月20日起，禁止法币在中原解放区流通。

金圆券：国民政府在法币崩溃后，于民国37年（1948年）8月发行的一种纸币，面额为1角、2角、5角、5元、10元、100元、100万元等。金圆券1元折合法币300万元，同关金券一样，因缺乏准备金，发行又无限额，在漯河流通几天即同废纸，停止流通。该币从1948年8月下旬发行至1949年6月止，仅使用9个月，成为我国寿命最短的一种货币。

中州币、冀南币、北海币：1948年元月发行中州币，规定中州币为中原局所属各单位的本位币。面额有1元、2元、10元、20元、50元、100元、200元九种。发行初期准许中州币以200元兑换银圆1元的比价流通。冀南币、北海币作为友币暂准流通。冀南币除普通版外，另有加盖“太行”“大岳”“平原”“鲁西”字样不同颜色的冀南币。北海币只收兑不再投放。1949年3月10日，中州币以三元折合人民币一元的比价，以五百元兑换银圆一元的比价流通。1949年3月底，冀南币、北海币停止流通。1949年6月底前，漯河各单位均以中州币为本位列账。1949年底，中州币停止流通。

人民币：1948年12月1日中国人民银行发行第一套人民币，1949年3月开始在漯河流通，券别从一元到五万元共12种，版62种，1955年5月10日停止流通。1955年3月1日发行第二套人民币，面额从1分到10元共11种，同时以1元对1万元的比价收回第一套人民币。到1955年底，漯河共收兑24582820元。1962年4月15日发行第三套人民币，与第二套人民币面额等值混合流通，从1角到10元共13种券别。1964年4月15日至5月15日收兑苏联代印的1953年版的3元、5元和10元券。1987年4月21日，发行第4套人民币，主要有1元、2元、5元、10元、50元、100元6种，辅币有1角、2角、5角三种。中国人民银行于1999年10月1日在全国发行第五套人民币100元，又于2000年10月16日起发行第五套第二批人民币，面额20元，硬币1元、1角。2001年9月1日发行第五套第一批纸币10元、50元。

［补记］日伪纸币：1944年5月至1945年8月，日本军队侵占漯河期间，日本军用票为北平伪中国联合储备银行发行的“联银票”（俗称联合票）及南京伪中央储备银行发行的“中储券”（俗称储备券）在

漯河流通，与日元等价使用。抗日战争胜利后，国民政府虽公布法币“中储券”1比200元的比价法币兑“联银券”，1比5的比价限期收兑，但并未兑现，致使一些人倾家荡产。民谣“伙计门前放炮（指庆祝胜利），掌柜屋内上吊”即言此。1945年8月15日，日本军队投降后，国民政府集中在漯河的一一五师团收缴“联合券”30774816元，“中储券”858143元，日币3644元，法币473918元。

选自2004年《漯河文史资料》第十二辑

古钱币鉴赏

李建松[①]

20世纪80年代初，裴城一农民翻地时，挖出了几十斤北宋古币（内有几枚宋前币）。他将这批古铜钱当作废铜换钱时，我略加整理分类，并各拣出一枚，计有（按年代顺序，书体相异币文相同者归为一种）：五铢、货泉、开元通宝、乾元重宝、唐国通宝、宋元通宝、太平通宝、淳化元宝、至道元宝、咸平元宝、景德元宝、祥符通宝、天禧通宝、天圣元宝、明道元宝、景祐元宝、庆历重宝、至和通宝、嘉祐通宝、皇宋通宝、治平通宝、熙宁重宝、元丰通宝、元祐通宝、绍圣元宝、元符通宝、圣宋元宝、崇宁重宝、大观通宝、政和通宝、宣和通宝。

结识了这几十位“孔方兄”，我不禁浮想联翩。

这批古币，凝聚着900多年前灾难深重、颠沛流离的中原百姓的滴滴血泪，是发人深思的历史见证。其中，汉币、唐币各2枚，南唐币1枚，余皆北宋钱。北宋共九帝，除了钦宗外，从太祖到徽宗，几乎每个年号的钱均有。钦宗刚即位就成了俘虏，所铸“靖康”钱数量极少，民间异常罕见。靖康元年（1126年）金兵攻陷汴京，掳徽、钦二帝，烧杀抢掠，无恶不作，继而纵兵南侵，势如洪水猛兽。得中原者得天下。中原地区历来是兵家必争之地。郾城地处中原腹地，更是在劫难逃。试想，当时境内定有一户富裕农民，慌乱中把平时省吃俭用历年历代一枚一枚积攒的血汗钱，仓促藏于地下，扶老携幼，仓皇汇入南逃洪流。也许逃难途中家破人亡，也许世世代代落户南方，一去不返，不然所埋钱币不会于近千年后才重见天日。之所以这户裴城难民再也没有回归故

① 李建松，河南郾城人，郾城一高教师。

土，之所以藏钱者再也没有机会挖出这批钱，原因在于，宋廷一直未收复中原。由此想起了抗金名将岳飞“靖康耻，犹未雪”的悲叹以及“莫须有”冤案，想起了岳飞为“还我河山”收复中原而“驾长车”出生入死的拼杀场景，还想起了岳家军逐鹿中原鏖战郾城的轶事遗迹：小商桥（岳家军先锋杨再兴遇难处）、岳士王（岳家军两名士兵捐躯处）、挂刀营（岳飞挂佩刀以严明军纪处）、拐张（岳飞大破金兀术拐子马处）……

这批古币，还带来了陶情养性、赏心悦目的艺术享受，是引人入胜的书法精品。“货泉”铸于王莽时期，字体是绝无仅有的“悬针篆”。粗略一瞅，仿佛清泉里摇头摆尾的嬉戏游鱼；仔细一瞧，恰似襁褓中妖美柔嫩的酣睡婴儿。“开元通宝”为唐初欧阳询所书的“率更体”，有魏碑书风，兼具隶书笔意，端庄清秀，稳健靓丽。北宋盛行“对文钱”，即形制相同的铸币同时有两种以上的书体。宋太宗时的“太平”“淳化”“至道”等币，宋真宗时的“咸平”“景德”“天禧”等币，各有楷、行、草三体，均为皇帝“御书”，笔端显示着不可一世、唯我独尊的霸气。宋神宗时“熙宁”“元丰”诸币，由苏轼书写，楷书恢宏凝重，行书潇洒流畅，隶书遒劲匀称，篆书圆润飘逸，草书龙飞凤舞，展现着东坡居士超脱豪放之风。宋徽宗所书的“崇宁大观”币，是他创制的“瘦金体”，铁画银钩，雍容雅致……由此想起了岳飞于小商河边，用杨再兴生前所执长矛，在岳云取来的一块青石上，镌刻而成的“杨再兴坟墓”5 个大字。虽是岳飞戎马倥偬随意而写，但比世上所有著名书法家的作品都“壮怀激烈”，熠熠生辉。

这批古币，披露了无奇不有、妙趣横生的民间传说，是耐人寻味的珍贵资料。“货泉”，俗称为“宜男钱”。旧时重男轻女，育龄妇女往往如怀抱娇儿一样将其暗佩胸前，以求生育男婴。“开元通宝”为唐代铸造最多的钱，我存的这枚，背面有月牙状凸起（行家叫“背月”），一见这纤美的弯月，就像欣赏到了杨贵妃翩翩起舞的婀娜体态。据传，一次唐玄宗审看此币蜡样后，又呈杨贵妃过目。“回眸一笑百媚生”的杨贵妃撒娇，指甲印痕无意中留在了蜡样上。宋代李俊民为此事还写了“藏得开元一捻痕”的诗句。农村习俗认为，这种钱可用来“避邪”，家有此币诸妖退避，因而被奉若神明。这批古币中最大者均为宋徽宗时钱，“圣宋”“崇宁”“大观”“宣和”等直径都超过了三厘米。宋徽宗骄奢昏庸，宠信蔡京，专铸大币，当十钱使用，逼百姓兑换，掠夺了民间一半以上财富，于是物价飞涨，民不聊生。宋代《独醒杂志》载：当时宫中演戏，扮买方者取一大钱买汤，演卖方者称无小钱找零，请多喝几碗了事。买者无奈，后拍着肚皮说，幸亏只发行当十钱，若铸当百钱，肚子早撑破了！由此想起了一则岳飞轶闻：明代嘉靖三十四年（1555 年），郾城大刘人陈玑，带了不少铜钱，赴任湖广按察副使，途中窜出一伙执械暴徒，劫走了钱财，还要折磨人致死。陈束手无策，只等死于非命。突然，一位骑马佩剑、高举“岳家军”大旗的将领，率军飞来相救，钱财物归原主，暴徒落荒而逃……为报岳飞英灵救命之恩，陈玑用所带钱物，并变卖家产，扩建重修了位于郾城西北隅的岳忠武祠。岳飞生前救民于水火，死后仍于水火中救民，可谓浩气长存。北京《文摘报》曾发消息曰：“皇宋通宝”目前世上仅存两枚。上海《文汇报》亦登文章云：“大观通宝”构成了上海百珍。我陡然有了羽化升空、飘飘欲仙之感，自我陶醉、自得其乐了好多天。无论这两种说法的准确度如何。

忙里偷闲。玩古币，长知识，开眼界，广见闻，娱性情，令人成败无悔，宠辱不惊，豁达通脱，怡然自得。何乐而不为！

选自 2005 年《漯河文史资料》第十三辑

古当铺百年巨变（甲）

尚兰芳[①]

定陵古镇（即今舞阳县北舞渡镇），有一座现存极其稀少的古代建筑——清代当铺。它建于清道光六年（1826年），迄今已有170余年的历史，虽经多次战乱洗劫和自然灾害侵袭，现在仍然昂然挺立、巍巍壮观。民间流传，当初晋商修筑这座当铺时，交代负责施工总管，不要计较采办银两，必须达到最佳标准。所以，在建造过程中，选料、用工等都非常讲究，就连砌砖用的灰浆，都是用糯米汤搅拌的。当铺建成后，总管请东家验收，老板反复验看，果真挑不出毛病，最后叹了口气："唉！可惜四角没安环扣，抬不回我山西老家！"

典当业起源于南北朝时的南朝佛寺。当时，佛教大为盛行，各地佛寺多不胜数。寺院拥有大量资产，僧官和院主不仅驱使那些投奔寺院的人种田，而且还亲自经商，经营高利贷。社会上不论贫富，谁只要急着用钱，都可以用实物到寺院质押。寺院按质押品价值的五成以下放给现款，利率很高，有的可达四五分。质押期间六个月到十八个月不等，到期付清本金和利息，质押品归还本人；若到期无钱赎当，寺院即没收质押品。古代典当业由此开始。

到了唐代，由于生产发展、商业繁荣，商人财力大增，受质放债的行业逐渐转由商人经营。开当铺的不仅有私商，也有官商。不过，那时不叫当铺而叫"柜房"，柜房又有"僦柜""寄附铺""质库""质舍"等名称。柜房放债利息很高，许多开设柜房的人，很快就成了巨富。北宋时，当铺多称"质库"或叫"解库"，大寺院开设的则称"长生库"，比唐代有发展。元代开当铺的多是回族人，名称改叫"解典铺""解典

① 尚兰芳，舞阳县北舞渡镇尚庄人，生于1932年9月，曾任舞阳县文化局局长。

库”。明代正式有“当铺”“典铺”，有的也叫“解铺”。从事此项经营的多为山西、陕西商人和徽商，各名都大邑都有他们开设的典肆。乡镇中还有他们设立的“代当”。

当铺经营花样多种，有的广设分店，分店所收贵重质品交总店保管，借款人取赎时要经过转手手续，叫作“本代”。还有些大当铺借钱给小户，经营小押，也有的地方以公款放给小押的。典当业一直延续至全国解放。

北舞渡现存古当铺建于当时商贸鼎盛时期。当时该镇凭借水旱码头，东连鲁苏，西抵宛鄂，北通郑汴，南达汉口。镇内商铺林立，河上桅舟穿梭。陕晋商人为了同业相济，还在该镇黄金地带，合建了一座气势恢宏的“山陕会馆”。随着商业的兴盛典当业也就应运而生。当时北舞渡究竟有多少典当铺，因无文字资料，现在也无法妄估。民间传说当时最大的就是这家“高阁当铺”。这家当铺的东家来自山西太原，是个会管理、有心计的商人。他知道典当经营最关键的是要有一名懂行的“朝奉”（旧时当铺管事的人，俗称账房先生）。因为质押贵重物品少不了名贵书画、传世文物、金银翡翠，如被赝品、假货混入，当铺就要赔掉血本。这样的重要角色他不从山西带来，偏要在本地物色。最终被他看中的一个，不仅有很强的鉴别能力，还有一种“洁癖”，说是在他的被褥上放一根线头，他就睡不着觉，非要起来挑灯寻找，直到把线头找到才能躺下。晋商老板最看中的偏偏是这点，按他的说法，这不叫“毛病”，而是警觉，没有这种高度的警觉，就看不好柜台。以后果然被他言中，当铺管理井然有序，质押、赎当分毫不差，生意十分兴隆。偏偏有一天，一个典当者拿着一盏油灯前来质押，开口要押银二千两。看那盏油灯分明是生铁铸成，其他店员见了都哑然失笑，怀疑这人是个精神病患者前来取乐，谁知质押人正言厉色，说是少一钱一分都不退让，不然就往别处质押。这早惊动了那位账房先生，只见他细细检验了那盏铁灯，又像审视铁灯一样把典当人看了个洞穿肺腑，最后果断地把当契推到他面前，签约成交。

北舞渡当铺旧址

这事无疑在当铺掀起了轩然大波，那些平时被账房先生挑剔而心烦的店伙计们，趁机去晋商老板处挑拨，暗喻账房先生起了外心，一定是内外勾结，等搞垮了当铺，再去找典当人暗地分赃。老板将信将疑，要等质押期满是否赎当才见分晓。过了一个月，典当人踪迹不见，山西老板动摇了对账房先生的信任，立马叫来质问，账房先生却一脸镇定，叫山西老板尽管放心，这宗典当果真黄了，二千两银子情愿自己包赔。山西老板听不进去，不但知道他赔不起这笔巨款，还怕他继续作祟，便作了个半软半硬的决定，让账房先生暂时回家休息，需要时再派人去请他回店。账房先生心里洞察，工钱也不算，卷了行李便回了农村老家。又停了足足一个月，山西老板正在店里焦虑难寝，典当人像天上掉下来般出现在当铺的柜台前，拿着当票跟着担银锭的仆人前来赎当。原来典当者是个官宦后裔，那盏油灯乃传世家宝，油灯底座上嵌有乃公的手镌图章，为去京城打点安抚事项需大量银两，才忍痛把家宝质押。事办成后过了当期，按当票条款，超过日期回当，十天之内多收半月之利，超过十天加收一月之利，结算下来，这宗生意给典铺一下子赚了300多两纹银。这一下不由不使山西老板想起了被赶走的那位账房先生，为尊重起见，让人套上了马拉轿车，亲自去到账房先生的农村老家，费了好大劲儿，才在田野里找到。只见他身铺土粒，头枕土块，脸上盖着破草帽，在那里睡得正香。山西老板觉得诧异，唤醒问其原委，怎么一个来月便改掉洁癖？账房先生从容回答：此一时，彼一时，在当铺里担着千斤干系，蚊子哼叫也会惊醒；回来一身轻松，震雷炸响也惊不回美梦！结果当然是老板赔了千百般不是，又长了一倍的薪水，才将他恭迎回了当铺。

过了一段时期，由于灰河改道，北舞渡镇西扩，这家当铺延续至第三代，由于经营上不如乃祖，特别是地理位置的变迁，便在激烈竞争中逐渐败下阵来。停业之后，这家主人因回太原老家，便委托同行老乡临时代管，从此就没了音讯。

已改作天主教堂的原北舞渡当铺

北洋军阀时期，天主教发展到北舞渡一带，这座闲置的当铺就成了他们设立教堂的理想场所。他们通过当时的地方政府对当铺进行收购。代管这所当铺的商家无奈，只好做了变通，变卖为当，为的是以后有机会回当，产权不会丧失。而且把当价一再往下减，写了个800元的当契，算作一种象征。

这座古当铺还是舞阳最早有共产党人活动的革命圣地。20世纪20年代，当时的共产党人石庭桂、郭培轩从外地回舞阳，在这里办起了“时雨学社”，吸收进步青年，学习、宣传马列主义，发展共产党员，建立了舞阳县第一个党小组。解放初，这里还做过人民解放军的粮食仓库，对支援前线和地方政权的后勤供应起到了重要的作用。

定陵古当，似一座灵山圣刹，蕴藏着丰富的文化典籍；像一位长寿老人，演说着百余年的历史沧桑！

选自2007年《漯河文史资料》第十五辑

古当铺百年巨变（乙）

王海防[①]

北舞渡镇位于舞阳县城北 25 千米处，有着 2000 多年的悠久历史。明、清两代，这里的商业经济达到鼎盛时期，山陕商人云集此地，曾有“拉不完的赊旗店（社旗县），填不满的北舞渡”“北舞渡日进斗金”“九门九关小北京”等盛誉。

在繁荣商业以及强劲经济的推动下，一个宏伟的大型建筑群在北舞渡镇应运而生。在这个宏伟的建筑群中，有河南牌楼之冠的山陕会馆牌楼，有典型完整的天爷庙等。另有反映当时发达运输业的马王庙（仅存戏楼）以及樊侯祠等。作为北舞渡镇宏伟建筑群的一个重要组成部分，北舞渡镇当铺却有着特殊意义。

北舞渡镇当铺位于北舞渡镇东街，距舞阳贾湖遗址 1.5 千米，始建于清道光八年（1828 年）（也有七年之说）。资料显示，当铺院整个建筑坐东朝西，面阔 5 间，是一座二进四合院。总面积约 1500 平方米。前过厅（代大门）、后过厅和大厅在一条中轴线上。过厅均为圆圈窗，窗下铺青石，石上镌刻有花草、卷云、麒麟等浮雕图案。南北厢房进深 4 米，宽七八米。眼下，这组结构严谨的建筑群只剩下一进四合院，前院厢房已坍塌了 3 间。根据国家文物局专家鉴定，像这样保存完整的当铺在全国也为数极少。2006 年被公布为第四批省级文物保护单位。

去年隆冬时节，我们来到北舞渡镇当铺，当铺院旧址上是当地的天主教堂。护院张梅林老太太热情地接待了我们，并引导我们了解这一特殊的近代建筑。

① 王海防，出生于 1971 年 2 月，河南省淮阳县人，毕业于郑州大学新闻系。漯河日报社记者。

北舞渡当铺旧址

从房屋的外观上可以看出，当年修建当铺院的老板是花了大钱的。据老人介绍，北舞渡当铺相传是当时的山陕巨商所修，建当铺院的材料相当讲究，从土坯的打制到合缝用的灰粉，都严格按照当时最高的建筑标准执行。相传，当铺院的修建是由巨商的儿子负责的，建成后，巨商之子请老爷子来验收。老爷子赶到北舞渡镇，围着房前屋后转了一圈说："房子建得不错，可惜没法装上轱辘运回老家。"儿子一听十分不解，原来，兴建当铺院投资过大，巨商已经无力继续经营。无奈之下，他们将当铺转让给了当地的天主教士。

由于建筑破坏严重，许多房间的木柱已经不见，留下的只有红石基座。记者在厨房里发现了一些当年的遗存。一张两尺见方的案板下，有几块垫底的木板。木板厚 3 寸有余，上面雕刻着浪花之类的花纹。张梅林老太太说，她也不清楚是房间的哪一部分，可能是一节椽子之类的东西。

古老的建筑已经看不到初建时的华彩，只能从所剩的残砖碎瓦中还能体会出曾经的辉煌：一尺半厚的墙以及四四方方的基石和石钉，给人以古朴的庄重大气和无比沉稳坚实的感觉。

北舞渡当铺不仅是一处珍贵的古代建筑，同时还是一处重要的革命纪念地，解放前舞阳的第一个中共党组织“时雨学社”，就在此诞生。

据《中国共产党舞阳党史》记载，1924年至1927年的大革命时期，共产党人在舞阳的最初活动，是以“时雨学社”为开端，随后又成立了“学友会”。当时，河南青年协社的骨干、共产党员石庭桂、郭培轩就以北舞渡镇等地作为活动阵地。1926年2月下旬，他俩以春节探望同学、朋友的名义，一同来到北舞渡镇天主教堂（即北舞渡当铺）西偏院，会见正在补习功课的李令一、尚振华等学生，并召集失学青年鹿庆昌、张洁亭等人，议论舞阳的形势，商讨青年学生关心的问题。大家一致同意，成立“时雨学社”，其主要任务是学习进步书刊，宣传马克思主义和中国共产党的革命主张，积极开展青年运动。

无巧不成书。张洁亭正是张梅林老太太的父亲。张老太太说，她父亲参加过农民起义。在一次战斗中，父亲负了重伤，后被当地的党组织营救到离当铺不远的亲戚家。张老太太还向记者讲述了她父亲的传奇经历。当时，她父亲额头上有块疤，敌人为了捉拿他，竟在舞阳县城城门

时雨学社旧址

处设立岗哨，盘查行人时，凡青年男子，首先要看头上有无疤痕。

张老太太在北舞渡镇中心小学工作了30多年。如今，逢年过节，市、县领导都来慰问。她告诉记者，最能体现当铺建筑特色的要属临街的一排和过厅的一排。在这些房间中，有的房棂子全是由木头组合而成，房内还有一抱粗的木柱。后来，随着时间的推移，木柱和房棂被人拿的拿、毁的毁。而东大厅经过翻修后，高度比以前低了许多。

以前，当铺在无人管理时，做过其他用途。其中临街的一排房内炕过烟，最后一排曾作为玻璃丝厂的生产车间。刚解放时，则做过粮管所。中间的一排，楼顶的隔板糟了，现在又换上了崭新木板隔层，可以当作床铺用。

前年，来了一个白发苍苍的老人。他告诉张老太太，他父亲曾是“时雨学社”的成员，这使他怀着崇敬的心情从外地赶过来，看看父亲曾经战斗过的地方，觉得很有意义。

北舞渡镇当铺和山陕会馆一样，显现着清代北舞渡镇商业经济的盛况，诉说着这里当年辉煌的历史。张老太太回忆说，当时她只十二三岁，在县第七完小（现北舞渡镇中心小学）上学。她还清楚地记得，当铺门外是一条用大红石铺成的下坡路，不远处还有一座阁楼，楼上还有人值守。当铺的北边是个盐场，每天到这里贩盐的是人山人海。在河边码头，很多帆船来回运货，能天天见到粮食、布匹、棉花等运进运出。当时的北舞渡镇名不虚传，饭馆、戏楼、商店星罗棋布，仅烟厂就有好几家。

随着沙河航运的衰落，北舞渡镇当年如花似锦的繁华渐渐化为云烟远去，只有当铺院仿佛还回忆着曾经拥有的繁华往事，也许它还会见证北舞渡镇明天的辉煌。

选自2008年《漯河文史资料》第十六辑

清末民国时期漯河金融业简介

黄方聪[①]

一、钱庄银号的兴起与发展

鸦片战争前（1820 年）漯河已是著名的粮油、牲畜集散地，各地客商纷至沓来，达官显贵接踵而至，尤以陕西、山西来者最多。由于市场贸易扩大，使货币出纳、货币储存、货币结算、货币兑换、货币的异地划拨和货币资金的余缺调剂迅速增加。起初这些货币活动由商人自行处理，后来便有专门机构来办理这些业务，于是以存、放、汇为主要业务的钱庄、银号便应运而生。清光绪三十一年（1905 年）漯河第一家钱庄天德恒钱庄开业，经理陈耀德，营业地址在源汇寨内（以下简称寨内），主要业务是汇兑、抵押等，资本金白银 2 万两。清光绪三十二年（1906 年）随着京汉铁路全线通车，火车站商业得到发展，由汉口、周家口移来行栈、钱庄多家，据清《郾城县记 · 文征篇》载"近由汉口移来万恒正等行栈多家，或自称洋行堆栈，或自称华洋公司……买卖土货洋货，并代客包运货物，承揽车船……"。辐射周围百余里，已成各县最大市镇之一。清宣统二年（1910 年）德恒祥钱庄开业，经理秦德宽，营业地址寨内北大街，主要业务是汇兑、贴现，兼管皮货、棉纱。民国 7 年（1918 年）发展有益昌、文茂昌、德盛公、天顺德、天升福、裕隆恒、豫兴长等 10 多家钱庄、银号。民国 20 年（1931 年）秋季澧河决口，漯河遭受水灾，街上行舟，房舍店铺部分倒塌，货物霉烂，外商

① 黄方聪，河南禹县人，1924 年生。曾任漯河工商银行高级经济师。

撤离，市场萧条，钱庄大部分停业。民国 21 年（1932 年）店铺经过重建，市场面貌焕然一新。钱庄相继复业，到民国 25 年（1936 年）共有 14 家，主要业务办理存、放款、汇兑、抵押、委托，兼营皮货、棉纱、布匹、纸烟，有时也发行银钱票。后由于资金少，重人情，轻抵押，资金周转不灵，加之政局动荡，摊派勒索繁重，而年有倒闭者。到民国 27 年（1938 年）仅剩德恒祥、永孚两家，其金融业务逐渐由新兴的银行所取代，1945 年 5 月钱庄银号关停。

附表：

1905 年到 1941 年钱庄银号一览表

名称	掌柜或经理	营业地址	业务	成立时间	关闭时间	总号台址	资本金（万元）
天德恒钱庄	陈耀德	寨内	汇兑、汇票、抵押	1905 年			白银 2 万两
德恒祥银号	秦德宽	寨内北大街、马路街	汇兑、贴现、皮货、棉纱	1910 年	1938 年 7 月	周口	白银 8000 两
益昌银号							2
同和裕银号	毕吾庭	寨内西大街	汇兑、贴现皮货、棉纱	1912 年	1937 年 7 月 5 日	新乡	1.2 两
振豫银号	冯子启	竹木待		1931 年 2 月	1935 年 10 月 10 日		5
信昌银号	乔书盛		汇兑、存放款、信托押汇	1934 年 1 月 1 日复业	1933 年 10 月 12 日停业 1951 年清理	开封	2
永孚银号	李燕秋	寨内北大街		1934 年 10 月			3
信孚信号	宋景山	中山路		1921 年 10 月	1935 年 12 月 1 日		5

续表

名称	掌柜或经理	营业地址	业务	成立时间	关闭时间	总号台址	资本金（万元）
德泰祥银号	王仁甫	煤市街豫庆公司内	纸烟、布匹、金、银、汇兑	1939 年		西安	2
豫生厚银号	毕世华	煤市街豫庆公司内	汇兑、贴水、棉纱布匹、金、银	1941 年 4 月		西安	2
永丰银号							
文茂昌钱庄							
德盛公钱庄							
天顺德钱庄							
天升福钱庄							
松生钱庄							
生记钱庄							
裕隆恒钱庄	赵瑞曾	寨内	兼营纱布庄				
大成钱庄							2
豫兴长钱庄							2
长盛公钱庄	冀省三	寨内	兼营纱布庄				2
聚昌钱庄	王槐亭	寨内	兼营纱布庄				2
豫庆长钱庄	许锡侯	寨内	兼营纱布庄				2

续表

名称	掌柜或经理	营业地址	业务	成立时间	关闭时间	总号台址	资本金（万元）
德茂隆钱庄	张汉三	寨内	兼营纱布庄				2
两谊昌钱庄	郭步先	寨内	兼营纱布庄				2
祥聚德钱庄	关玉峰	寨内	兼营纱布庄				2
聚成钱庄	李秀峰	寨内	兼营纱布庄				2
义成钱庄	马旭升	寨内	兼营纱布庄				2
瑞成钱庄	梁青丞	寨内	兼营纱布庄				2
孚丰钱庄	郭松亭	寨内					2
殷实钱庄			兼营纱布庄粮食、糖、皮货				2
信康银号漯河寄庄				1934年9月1日			2

二、银行的兴起与发展

清朝末年，市场流通的是制钱。由于各州、县向省里解缴租税时，必须以制钱向钱店兑换成银子上缴。因此，那些专营兑换的钱店，积存了大量的制钱，常常因市场上钱少而抬高钱价，商民均受其害。于是，河南省先后设立官钱局与官银号，办理发行和兑换银票、钱票业务。直到清宣统三年（1911年）9月，把官钱局和官银号合并，改称豫泉官银钱局，这是我省最早的省银行性质的官办的金融机构。同时，漯河第一家银行性质的官办金融机构河南省豫泉官银钱局漯河分局开业，主要业务发行兑换券、铜元票、制钱票、银圆票及纸币，办理汇兑、存、放款业务，代理省金库，兼营纱布、粮食、糖、皮张。由于经营不善，于1912年撤销。

民国元年（1912年）在火车站附近先后成立为外商服务为主的十八家转运公司，在铁路东西两侧、老街和中山路（现马路街）次第铺开。商业重心也逐步由寨内向火车站延伸。民国15年（1926年）火车站商业建设已初具规模，行栈林立，贸易旺盛。1936年仅粮行就有170户、牛行140户；转运公司42户。在民国年间，漯河长期凭借水陆交通之优势，依据周围广大地区农副土特产品的丰富资源，招来外商、出口商、贩运商云集采购。形成万商云集，市场贸易兴旺。这些优势不仅使市场商品经济得到发展，又促进了金融业的繁荣兴盛。中国银行于民国元年（1912年）2月1日在漯河设立寄庄，地址寨内北大街，后改名为郾城办事处。主任谢舜官，副主任李监。民国11年（1922年）停业。民国19年（1930年）恢复营业。民国24年（1935年）改为漯河办事处，地址和平街。民国27年（1938年），日本军队入侵河南，此处撤往汉口。抗日战争胜利后，民国35年（1946年）在漯河重新恢复营业。民国36年（1947年）漯河解放前夕，撤往汉口清理。主要业务是发行钞票、办理国内外汇兑，代理国库、募集公债兼营杂粮、油类等土特产品，以及进口煤油、纸烟等。

民国4年（1915年）交通银行漯河汇兑所成立，隶属汉口分行。民国16年（1927年）武汉国民政府实行集中现金政策，汉口分行亏损严重，被迫停业，漯河汇兑所亦随之停业。民国35年（1946年）3月15日交通银行漯河办事处开业，主任蔡钟珊，地址中山路（今马路街）中段宁波会馆。民国37年（1948年）撤往汉口。主要业务是发行货币、办理存、放款、储蓄、信托和代理国库。

民国13年（1924年）河南省银行漯河办事处成立，地址寨内顺河街。1926年5月河南省银行滥发纸币1200万元，铜元券1800万串，有奖票券400万元，军用票60万元，任意出票，不能兑现，害商病民，有害无益，当年被河南当局查封，漯河办事处随之停业。主要业务是代理省金库，收存公款，办理存、放款，买卖金银及兑换货币。民国17年（1928年）10月，河南省银行改组为河南农工银行，划归西北银行管辖。民国18年（1929年）3月，河南农工银行脱离西北银行，独立经营，获准发行兑换券。民国21年（1932年）10月10日，河南农工银行在漯河设立办事处，地址寨内顺河街，主任李文徵。民国28年（1939年）5月1日实行总管理处制，总处下设5个分行，漯河办事处升格为分行。民国33年（1944年）5月，日本军队进犯豫中地区，分行迁至内乡县西峡口。抗日战争胜利后，民国34年（1945年）11月迁回漯，称漯河办事处。民国35年（1946年）7月1日改为河南省银行漯河分行，经理孙化民，地址保元里。民国36年（1947年）12月14日撤往汉口，主要业务发行银圆券、铜元券、有息证券、金库流通券、推行纸币、办理兑换、托收及买汇业务，代理省金库。

民国13年（1924年）4月6日，上海盐业银行在漯河设立寄庄，在同和裕银号内营业，撤销时间不详，主要从事兑换业务。民国16年（1927年）6月，西北银行在漯河设办事处，地址寨内小北门。民国19年（1930年）蒋（介石）、冯（玉祥）、阎（锡山）中原大战时，西北军失败，西北银行解体，漯河办事处亦随之停业。民国23年（1934年）8月1日，上海商业储蓄银行在漯河设立办事处，地址寨内东大街。后迁铁路桥西杨靖宇院内营业。主要业务吸收小额储蓄存款和发放小额工商贷款。民国24年（1935年）2月14日撤销。民国23年（1934年）10月成立上海银行漯河办事处，主任王子文，资本金15万元，地址寨内东大街，主要业务有存款、汇兑、兑换及押汇。民国25年（1936年）12月30日裁撤。

民国26年（1937年）中国农民银行漯河办事处在中山路（现马路街）99号开业，主任胡振汉。民国27年（1938年）撤往汉口。民国32年（1943年）秋在漯河复业。民国33年（1944年）5月，日本军队进犯豫中地区，办事处迁到内乡县西峡口。民国34年（1945年）日本军队进犯豫西，又迁到陕西省商县。抗日战争胜利后，民国35年（1946

年）迁回漯河复业。民国36年（1947年）12月撤往汉口。主要办理农村贷款、工商企业存、放款、汇兑，并招揽军政存款业务。

民国29年（1940年）中央银行漯河办事处设立，地址老街东头路北。民国30年（1941年）2月5日升格为漯河分行（三等分行）。民国33年（1944年）5月，日本军队进犯豫中地区，迁至内乡县西峡口。民国34年（1945年）4月，日本军队进犯豫西南，又迁往陕西省商县龙驹赛，8月日本军队投降，10月迁往郑州。民国35年（1946年）1月1日，改称郑州分行。主要业务代理国库、发行货币、吸收存款、办理贴现、重贴现，兼营商品购销、代理发售各种储蓄券、代办保险，供应行政经费及军粮。

选自1993年6月《漯河文史资料》第五辑

解放前中央银行漯河分行的简况

黄方聪

一、机构设置

1928 年 10 月 6 日，国民党政府公布《中央银行条例》，同年 11 月 1 日，中央银行正式成立。于总裁之下，设立业务、发行两局，秘书、稽核两处，并陆续在各省主要城市设立分支机构。中央银行成立之后，它在国民党统治时期始终处于官僚资本信用体系中心的地位。

民国 29 年（1940 年），中央银行为完成全国金融网，在漯河设立办事处（地址在今老街 31 号），于民国 30 年（1941 年）2 月 5 日改为漯河三等分行。

民国 33 年（1944 年）5 月，由于日本大举进攻中原，豫中各县沦陷，漯河中央银行分行奉命迁往内乡之西峡口照常营业。

民国 34 年（1945 年）4 月，日本进攻豫西，展开豫西会战，中央银行漯河分行移至陕西商县之龙驹寨工作。（摘自貊光华《河南战时金融》，民国 35 年 2 月初版）

民国 34 年（1945 年）中央银行漯河分行于 10 月迁返郑州。民国 35 年（1946 年）元月改称中央银行郑州分行。（原中央银行郑州办事处于民国 33 年〈1944 年〉撤至西安办理结束）

二、在漯河的业务活动

中央银行的性质，不同于其他一般银行，它的业务与一般银行有所不同，它是管银行的银行，统揽同业存放款的业务，在票据交换中了解同业的经济活动，通过对同业资金的管理与调剂，达到控制市场金融的目的。现就该行在漯河的业务活动情况简述如下：

1. 存款方面：中央银行分行处的主要业务为代理国库及发行货币两种，存款甚少，它主要是经收盐税、烟酒税、印花税、统税、矿区税及其他应解各税，并经理军政经费的支拨，这种待解税款和待拨经费形成了中央银行的存款资金的重要来源。中央银行用公库资金参加营运，这是它得天独厚的条件，也是其他任何公私金融机构所不能比拟的。另外，根据《中央银行》的规定还收存了各个银行的法定存款准备金。存款准备金的缴存比例为存款的20%。存款利率据“开封中央银行函漯河分行（即郑行）称：转业务局1222电，尊处活存利率准自本月（民国34年12月）21日起，一律改为周息8厘，同业存款息亦同（35年1月31日收交）”（河南省档案馆卷223）。这项存款的开展，对保障存户权益，控制金融市场起到了一定作用。

2. 放款方面：中央银行不直接办理一般工商业及个人的存贷款业务。尤其在民国31年（1942年），四行实行专业化后，中央银行分行处，除对同业间有融通外，普通放款则为无有。各商业银行向中央银行借款时，是将商人的质押品交给中央银行做重押，以便取得资金，扩大经营。因此，中央银行的同业质押放款，实际上是重质押的性质。短期拆借给商业银行的款项，一般数额较大，利率较高，期限以一天为限，如遇例假最多两天。贴现及重贴现业务，因各地尚无使用票据之习惯，营做极少。总之，中央银行运用调剂金融的手段，向各商业银行提供质押透支和质押放款、贴现及重贴现放款来控制金融市场。

3. 汇兑方面：由后方汇漯之大宗军政经费，多由中央银行分行处办理。抗战前由于漯河地处中原，交通便利，市场繁荣，物资交流遍及省内外，外埠交易以天津、上海、汉口居多，汇入款项超过汇出款项。抗战开始后，后方商人来漯采购货物时，为了方便安全，款项也多由中央银行分行处汇解。民国33年（1944年）豫中各县沦陷后，中央银行漯河分行所营业务，仅限于代理国库及汇兑两项而已。（摘自貊光华《河

南战时金融》，民国35年2月初版）

4. 代理业务：除上述业务外，该行还代理中央信托局经收各种储蓄存款，发行各种储蓄票券，并办理保险业务。唯限于当时条件及习惯，保险业务开展极少。

选自1987年11月《漯河文史资料》第一辑

解放初期的漯河市中州农民银行

周跃海

1948年8月漯河市正式解放，11月9日市人民民主政府成立。政权变了，可是，与人民的经济和生活休戚相关的物资交流、商品交换、货币流通仍需正常进行。作为交换手段的货币必须有专门机构管理。政府成立初，先在工商局设立金融科。1949年元月1日成立了中州农民银行漯河市县银行（含郾城县），直属设在郑州的中州农民银行总行领导，2月改属豫西行署二支局领导，5月改名为中州农民银行漯河市行兼理中国人民银行漯河市行业务，隶属许昌支行领导。内设四科一室，即业务科、会计科、出纳科、农金科、秘书室。主要管理货币发行，打击金银黑市活动，统一货币市场，吸收存款，发放贷款，实施金融行政管理，统一收购，配售金银，代理金库，代理发行国家债券。

一支新兴的金融队伍

解放初期干部较缺，中州银行的干部职员来源于四个方面。一是部队转业干部，有林步云、陶红、王本善、张位川、张介民、石振兴、南瑞亭等7人；二是老银行职员，有位士江、赵文高、马得龙、杨得九、惠兴俭、王道宏、王郎、李金彦等10人；三是由豫西行署调入，有王耀卿、司自修、司红业、司水聚、孙干卿、陈和丰、潘寨立、王清江、张红云等9人；四是由漯河市知青短训班分来，有田中杰、丁显甫、周跃海、陈克中、杨毛等14人。总计40人。

银行的第一任经理兼党支部书记是林步云同志。1938年参加革命，抗大毕业，曾任冀南银行科员、科长，中州农民银行五分行科长等。他不仅业务熟练，而且善于团结同志，善于做思想政治工作。每天早晚他都组织大家学习时事政治，学习毛泽东主席的《新民主主义论》《论人民民主专政》《将革命进行到底》等著作，宣传全心全意为人民服务的革命道理。他要求大家努力学习金融业务，搞好工作，支援解放军打过长江去，解放全中国。在他的带动和严格要求下，全行同志思想觉悟和业务水平提高很快。当时银行职员和其他各部门一样实行的是供给制，吃饭包干，一年单棉两套灰制服，毛巾、肥皂、牙膏、牙刷等生活用品全都发给，行内大部分职员是未婚青年，生活上无后顾之忧。原来的老银行职员，在国统时期备受通货膨胀和失业之苦，现在有了稳定的生活和工作，革命热情普遍高涨，以行为家，遵守纪律，服从分配，工作不计时间。

让人民的货币站稳脚跟

解放战争时期，国民党不断向革命根据地抢掠物资，同时，对革命根据地实行经济封锁，企图扼杀革命。我党在解放战争向前推进，革命根据地不断扩大，全国尚未统一的历史条件下，采取了针锋相对的斗争措施，因地制宜地发行地方性货币，以驱逐蒋币，冲破经济封锁，保护人民利益。中州币就是中原区政府1948年元月发行的一种地方性纸币，规定为中原局所隶各地的本位币。面额为1元、2元、5元、10元、20元、50元、100元、200元共8种。发行初期以中州币200元兑银圆1元的比价流通。1948年6月1日，在豫西宝丰县成立中州农民银行，开始发行中州币。此前在中原区作为友币暂时流通的冀南币和北海币，于1948年10月10日开始收兑，停止投放。为了弥补流通中小票的不足，豫西行政公署和桐柏行政公署发出指示，允许各县印制中州钞，在小范围内临时流通，分1元、2元两种，与中州币等价使用。1949年2月宣布收回，3月15日停止使用。1949年3月10日中州币以3元折合人民币1元、以590元兑银圆1元的比价流通。至1949年6月底，漯河市各单位均以中州币为本位币列账。

漯河市中州农民银行成立时，毗邻的西平县尚属游击区，驻马店是蒋管区，人民群众对共产党能否站得住，中州币是否靠得住心存疑虑。在国民党统治时期，长期蒙受通货膨胀之害之后，百姓对任何纸币包括中州币在内都不信任，在商品交易中向往银圆，拒收中州币现象普遍存在，所以中州币在发行中难度很大。为此，中州银行配合工商行政管理局采取了多种积极措施。

其一，是通过发文件、工商联会议、出板报、发传单等形式，揭露国民党反动统治的黑暗，宣传共产党为人民服务的宗旨；宣传共产党一定会打过长江去，解放全中国；宣传人民自己的货币有雄厚的物质基础，有力量抑制通货膨胀，必然取代国民党的任何货币。

其二，组织专门人员加强监督检查，对只收银币拒收中州币的商户进行批评教育。银行每天派出周跃海、陈克中等 5 名同志，以摆地摊卖香烟为名，分布在马路街、煤市街、老街、东大街等闹市区，监视私商交易中拒收中州币的行为。一经发现，严肃处理。

其三，在新解放区，由于群众尚未充分发动，生产还未完全恢复，物资缺乏，财政开支困难，借助银圆在群众中的信用，采用以银圆标价，实行银圆与中州币互相兑换，同时流通。

1949 年 2 月，市行两次从总行运回银圆 3600 箱，每箱 1000 元，约 400 万元，银行门口挂出了中州币兑换银圆的大牌子。这一爆炸性新闻成了人们街头巷尾议论中心。它向群众证明中州币有充足的准备金，有雄厚的物质基础，有力量保证币制的稳定。一向讲究实惠的老百姓，看到共产党的宣传不是空口说话，于是中州币的信誉迅速提高，流通面一下子扩大到东到津浦铁路，西达川陕边境，北起黄河，南达长江，整个解放区市场活跃，物价平稳，很快扭转了金融混乱现象。

把蒋币驱逐出解放区

从 1912 年到 1948 年，国民政府共发行三种纸币。一是法币。1935 年 11 月由中国银行、中央银行、交通银行、农民银行发行。其面额有

1 角、2 角、5 角、1 元、5 元、10 元 6 种，法币与银圆的比价为 1∶1。由于缺乏准备金，发行额无限制，造成通货膨胀，币值大幅度贬低，到 1947 年与银圆比价为 20000 ∶1。二是关金券。1932 年发行，开始专供缴纳关税使用。面额为 500 元、5 万元、25 万元 3 种。1942 年 4 月按 1 元关金券折合法币 20 元投放市场，1948 年被金圆券取代。三是金圆券。法币崩溃后，1948 年发行金圆券。面额为 1 角、2 角、5 角、5 元、50 元、100 元、1 万元、100 万元等，金圆券 1 元折合法币 30 万元。但投放市场几天后，即重蹈法币与关金券覆辙，等同废纸。民谣曰：蒋军跑如飞，物价坐飞机，金圆券变废纸，商人论捆数不及。

新解放区在中州币没有正式投放之前，几种蒋币还在市场流通，国民党借这种形同废纸的货币抢购解放区的物资，所以在发行中州币的同时，必须打击与驱逐蒋币。1948 年 6 月豫西行署发出布告，禁止 5000 元以上面额的关金券在解放区流通。9 月 1 日豫西行署再次布告，从 9 月 20 日起，禁止法币在中原地区流通。漯河市中州银行[①]采取相应措施，一是严禁主要集市及与国民生计关系重大的盐、粮、牲畜、制烟等行业使用蒋币，二是允许商人自由收买大额大票并迅速出口到蒋管区换取商品，三是把金圆券运往蒋管区。1949 年元月北京和平解放，中国人民银行总行将原中央银行存入的大批金圆券通过解放区运往蒋管区。2 月分两批运至漯河约 500 亿元。由漯河运到游击区西平办事处，再由商人带到驻马店蒋管区购买物资。2 月中旬，中州银行农金科长石振兴、业务员周跃海押着 18 辆满载金圆券的胶轮马车向西平进发，途经宋集，遭遇敌机轰炸及机枪扫射，打坏马车两辆，炸死骡子一匹，整修后又继续前进。大批金圆券运到蒋管区后，见啥买啥，满载而归。一时间，中州银行成了拥有各种生产生活用品的杂货店。

停止银圆流通

银圆俗称“洋钱”“大洋”“现洋”“光洋”等。清末以后先后流通

① 应为中州农民银行，或为简称，下同。

的银圆有“大清银币”“湖北龙洋”“站人”“鹰洋”“孙中山银币”“袁世凯头像”。1935年国民政府曾禁止银圆流通。但由于当局滥发纸币，造成恶性通货膨胀，于1944年后，民间保存的银圆重新活跃市场，以假充真的黑市交易更是屡禁不止。

解放初期，中州银行利用银圆在群众中的信用，因势利导，采取中州币和银币互兑和同时流通的暂行措施。但是，随着解放区的巩固，蒋币基本肃清，如果允许银圆继续流通，会影响人民币的独占性和物价稳定，特别是银圆的黑市交易，更会直接损害群众的利益。中原局在1948年10月13日《关于排除蒋币与停止银圆流通》文中指出：为贯彻排除蒋币推行本币并坚决打击蒋币所谓改革（币制）的欺骗行为，必须立即停止白银流通，并查禁出口。根据文件精神，漯河市中州银行广泛宣传，加强缉私，深入打击黑市活动。同时以1元银圆兑590元中州币的比价，收兑银圆。至1949年底共计收银币21300元，黄金15908克。

支持生产　繁荣经济

马克思把货币与商品生产、流通三者的关系阐述为货币流通是以商品流通引起的，并且是为商品流通服务的。商品流通是货币流通的基础，货币流通是商品流通的表现，而商品流通的扩大，是以生产发展为前提的。因此，银行要让本币拥有雄厚的物质基础，抑制通货膨胀，稳定物价稳定人心，就必须通过融资业务活动，支持生产发展，扩大商品流通。

解放初期，除了少数国营贸易公司外，大都是私营工商业。当时私营工商业对人民的银行缺乏认识，与银行的业务往来中存在犹豫观望态度。中州银行根据党中央提出的“公私兼顾、劳资两利、城乡互助、内外交流”的政策，尽量给私营企业提供发展生产和扩大流通的资金优惠条件。对私营企业发放短期贷款、折实贷款、活存透支放款，因物价波动，以折实贷款为主。开始是以单一实物为折实单位，后改为小麦、小米、食盐、香油和棉花各1市斤为一折实单位。1949年7月因物价涨落幅度较大，8 月 10 日起改为小米、小麦、食盐各 1 市斤及煤 10 市斤为一折实单位。10 月至 11 月折实贷款共放出 116 万元，12 月底活存透支贷款放出 3.9 万元。

1949 年根据国家对私营商业政策，市中州银行从建立存款往来入手，全面开展存、放、汇业务。一部分工商业户为了到外埠采购物资，要求存零取整或存入中州币换取人民币，银行都给予方便。

通过上述业务活动，广大工商业户感受到共产党的银行和恶性通货膨胀的国民党银行显然不同。共产党的银行是为人民利益着想的，于是便开始放心大胆地与银行开展业务往来。年底私营工商业存款余额为 13.2 万元。

解放初期，由于百业待兴，物价不稳，工农业生产和人民生活水平低下，所以，对群众个人存款实行了高利率政策。定活两便存款月利率为 30%—60%，整存整取一年期的月利率为 195%。尽管如此，年底个人储蓄余额仅仅 380 元。

1949 年 10 月中华人民共和国成立，大陆基本实现统一，中央决定，开始以人民币作为统一的本币取代各种地方性货币。中州农民银行完成了它的历史使命，于 1949 年底过渡为人民银行。漯河市中州农民银行虽只存在了短短一年，但它在排除蒋币、取缔银币、巩固本币、支持工农业生产发展，促进商品流通和支持解放战争中作出的贡献是重大的。作为漯河市人民银行的第一块奠基石，漯河市中州农民银行为漯河市金融事业的发展创造了良好的开端，值得我们留念。

选自 2005 年 7 月《漯河文史资料》第十三辑

记“文革”中漯河市饮服业“七二一”工人大学

阎书华

“文革”中，在文化领域大破“四旧”（旧思想、旧文化、旧风俗、旧习惯）的同时，原本不被世人看重的饮食服务业也未能幸免其难。在反技术挂帅、“白专道路”“反动技术权威”“服务越周到越出修正主义”的极“左”思潮冲击下，厨师不敢教，徒弟不愿学、技术水平、服务质量下降。许多色味香形兼具的花色品种、送饭到桌的传统服务项目被视作为资产阶级老爷小姐服务而取消了。于是，一贯倡导的“面向广大群众，满足多种需要”的服务方针中的大众化，变成了简单化、大锅化。当时漯河市饮服业很长一段时间存在着“四大”——大锅炒菜、大锅杂烩、大锅面条、大锅鸡蛋汤和顾客自买自端自找筷子的全方位自我服务。出现了“三难”——吃饭难、住宿难、理发难，其中吃饭难尤为突出。来自乡村的农民，在牛行街（现在泰山路）食堂排队买票、排队端饭往往要等上一两个小时。食堂主任形象地说：碗筷刷不及，就只好“茬耩”。

我市饮食服务公司参照毛泽东主席1968年发出的关于走上海机床厂从工人中培养技术人员的指示，决定办一个旨在培训烹饪技术人才提高服务质量的“七二一”工人大学。名曰大学，实际上就是厨师培训班。

“七二一”工人大学设置在牛行街与人民路的交叉口。有一所宽敞的教室和一个颇大的实验饭店。校长由公司工代会主任赵凤祥和漯河宾馆厨师出身的经理李海根担任。我和公司抽调来的干部张永昌在办公室组织教学工作。教师是从一、二食堂和宾馆等大饭店挑选出的技术高超、经验丰富、见多识广的老厨师。其中烹调师有赵松山、孙雪旺、王振明、戴金保、闫秀才、李明义、张尚德，面点师有寇秀田、徐乃寅；服务师有靳新年、陈翠莲。

“七二一”工人大学授牌

学员是按照“七二一”指示精神，从有一定实践经验的厨工、服务员中严格挑选来的。有服务系统内的，也有服务系统外职工食堂选派来的；有本市的，（当时漯河还没带县）也有外县的。其中郾城县 4 名、舞阳县 2 名、舞钢区 1 名。第一、二两期，约计 51 名学员，学制一年，分烹调、面点、服务三个班；第三期为许昌地区技校烹饪班代培 51 名，学员是从郑州、开封、平顶山、许昌等地下放到许昌地区所属各市县的知识青年中招来的，学制两年。

“七二一”工人大学于 1975 年 10 月开办。为了给即将开业的实验饭店招徕主顾，举行了隆重盛大的开学典礼。前面彩旗引路，锣鼓喧天，后面几辆大卡车载着戴大红花的老师、学员和选送单位的代表，游遍了全市的主街道。在“文革”中，除了迎接“最新最高指示”的游行和“走资派”“黑帮分子”戴着高帽子的游街外，像这样广告式的游行宣传几乎是第一次。学员孙拴柱后来写了一首诗登在校刊上，表达了他在游行时的心情：大红花，红彤彤，书记给我戴在胸，同志们送我上汽车，千嘱咐来万叮咛。一面面红旗把路引，一声声锣鼓催征程，一阵阵鞭炮传贺意，一行行热泪往外涌。要问我到哪里去？我当了饮服工大首届大学生。

开学典礼上，市委副书记王振五、郭廷珍亲临会场颁授了“七二一工人大学”的校牌。

大学本着理论与实践相结合的原则，上半天讲授烹饪理论知识，下半天在实验饭店实际操作，边学边做边卖。

具有丰富实践经验的老一辈厨师，他们的最大欠缺是只能口传身教，不能书写，而且有许多原料佐料的配比、火候的掌握都是带经验性的，还有许多烹饪技法作用，知其然不知其所以然。而大学开办时期正是“文革”高潮，文化严重断层，几十名学员，只有我保存一本省公司发的《烹饪技术讲义参考资料》。为了把老厨师的感性经验上升为理论，帮老师们讲好半天的理论课，让学员们留下文字资料，我和具有初中文化水平的学员孙拴柱（厨工）、徐公所（回城知青）三个担任助教。课前，和老师一起试验菜肴、面点的配比分量，编写教案；课中，老师口授，我们往黑板上书写。就是用这种方法向烹调、面点班传授了许多烹饪基础知识。诸如动植物原料的选择鉴别，肉类原料的分档取料，山珍海味的泡发加工以及刀工刀法，配料配形，烹调的种类、方法、挂糊、上浆与勾芡等。还有面点的配料、加工、面碱的使用与鉴别等。服务班由久经锻炼的既精通接待服务又懂得烹饪知识的老服务师任教。他们按服务规范，讲授了服务员的仪容仪表、接待礼仪、语言艺术、饭菜介绍、宴席种类、摆台方法、上菜顺序以及店堂清理等全方位的服务知识。

实验饭店的实际操作更是搞得有声有色。

曾在广州大餐馆当过厨师的王振明，重返故地采购来当时还十分紧缺的海参、鱿鱼、鱼翅、鱼肚等海产品。在大锅化的年代，饮食业的青年人除了肉丝、肉片、回锅肉、大杂烩外，几乎没有见过做海味类的高档名贵佳肴。等到形状似扇坚若机翼的鲨鱼脊翅摆在面前时，大家都不大相信这种东西可以吃。但经过王老师反复地泡、煮、焖、浸、漂、去皮、抽筋拔骨的示范操作，竟然成了细如粉丝、剔透嫩柔的翅针。王老师的传授不仅使学员掌握了复杂的泡发过程，还了解了鱼翅的品种、产地、质地鉴别和扒制方法。王老师还引进了许多名优粤菜，东江盐焗鸡就是其代表作之一。王老师是个案、灶、面点的多面手，讲授了许多精制的佐餐面点，诸如开口笑、蒸蛋糕、萨其玛等。“文革”后，在省恢复名师考评时，他是我市老厨师中第一个获得技术职称的厨师。

每个老师都有一手绝活。赵松山示范庖制了已中断十数年的酥鱼。他在大砂锅里铺一层莲菜一层鲜鱼，装满后，泼上调好的酱油、醋、白糖、香油等，然后加盖用稠面糊糊严，武火烧开文火焖煨四五个小时后，鱼和莲菜金黄油光骨酥，好吃又好看。美其名曰鲫鱼卧莲，是佐酒佳品。

孙雪旺的焦烧拆骨肉，以外焦里软煊嫩著称。这个菜，业内人都会做，但都做不成他做的那个样子。关键在于糊浆的配料浓度和火候的掌握，他一环环地演示给学员，然后给学员打下手从旁指导。许多学员经实地操作，达到了预期效果。

听老师们讲，七八月份高粱成熟前，正是雏鸡成材肉嫩味鲜的季节，过此季节，吃过高粱、学会“踩水”（交配）的雏鸡，肉质变老变臊。实验饭店抓紧时机，集中学习鸡类烹调制作，开出八宝布袋鸡、花子鸡、料子鸡、盐焗鸡、香酥鸡（今日的肯德基）、琵琶鸡、活鸡快吃等“百鸡宴”，对外广贴海报，招徕顾客。

面点师寇秀田的包酥火烧，在1956年合作化前单干时就已闻名全市。他把多年的实践经验传授给了学员，是实验饭店重要的面食品种之一。

馒头、包子、火烧等发面食品是我国人民重要的主食品。看起来似乎无多大技术性，但却常常使不少老面食加工师傅丢丑。业内有这样的流行语：一等师傅敲一敲，二等师傅拉一刀，三等师傅烧一烧，四等师傅蒸出瞧。发面用碱多少与面发酵的程度、气温有很大关系，碱大了发黄变硬，碱小了发酸变死。第三期的面点师徐乃寅，蒸了大半辈子馒头，他给学员讲授了鉴别碱用量的重要和简易方法。兑碱后拍一拍，听着像是拍在棉花上，几乎没有声音，碱小了；嘣嘣响，碱大了；嘭嘭的空洞声，碱正好。面揉后拉一刀，扁眼，碱小了；不见眼，碱大了；眼圆睁，碱正好。这一诀窍，经多少学员试验，都非常有效。

实验饭店经营的饭菜大都是漯河市数年来稀有的品种，慕名来品尝的顾客经常盈门。他们在这里不仅能享受到名贵的佳肴、精制的珍馐，还能享受到开票、送饭、结账三到桌一流的热情周到的服务，不少顾客跑很远的路来买包酥油酥火烧和全市独一无二的开封切馅烧麦，车站附近宾馆旅社的旅客也跑几里地来此就餐。

两期学习班结束后，孙拴柱、徐公所我们三人帮助老厨师整理编写了近 300 种菜谱和 10 多种面点的加工方法，印成讲义，作第三期学员教材。

这三期百余名学员经过培训，掌握了许多烹饪和服务的理论及实际操作技能，第一期烹调学员常水河结业后随外交部援建坦赞铁路的专家组到坦桑尼亚当厨师。两年后回国，向第三期学员介绍了他在国外的见闻和在那里学得的西点加工知识。第三期学员结业后，有 15 名被招聘到省体委训练班招待所、政法干校当厨师和服务员；18 名被日本专家援建的平顶山帘子布厂挑选当厨师和服务员。其中何书杰、胡旺生、李胜利、李亚萍被分配到外宾招待所。专业思想最强、学习拔尖的何书杰，被外交部挑选到驻科威特大使馆任厨师，回国后被评为省特级厨师。

1983 年恢复技术职称评定后，学员徐公所、孙拴柱和老师王振明、赵松山、孙雪旺、戴金保、张尚德、寇秀田、徐乃寅、靳新年、陈翠莲等，分别担任了烹调、面点餐厅服务的技术职称评委，为漯河市饮食业评定出了五批约 500 名不同等级职称的烹饪、服务技术人员，对改革开放后繁荣漯河市饮食业起了不容忽视的作用。

学员中学习最刻苦、成绩最佳的郾城学员刘连章和杨全成被评为省高级技师。孙拴柱、张尚德被评为省工人技师。徐公所被评为省特级厨师。陈翠莲被评为省二级服务师。包揽了全市全部的高级技术职称。其中刘连章还被聘为河南省烹饪大赛考评委、职业技能竞赛省级裁判、国家职业技能鉴定考评委。

除此，他们还担任了饮食服务业重要的经营管理工作。徐公所任市饮食服务公司副经理，孙拴柱任商城宾馆副经理兼餐厅经理，杨全成任烤鸭店经理，刘连章任郾城县饮食服务公司书记、郾城大酒店经理和由他投资兴建的高六层4800平方米的漯河市饮食服务职业中心校长。

2001年市烹饪协会成立后，徐公所任秘书长、刘连章任常务副会长，孙拴柱、杨全成任副会长。

选自2005年《漯河文史资料》第十三辑

医药卫生

漯河“三义和”药堂

刘国胜

清光绪二十八年（1902年）漯河市丁庄丁思明到郾城县“济善堂”当学徒，五年出师后回漯河。

清光绪三十三年（1907年）丁与东家卢冠儒（卢老九）、朱同三人合股，集资三百五十串，在寨内北大街路东开办“三义和”药堂，门面3间，由丁任掌柜。随后，相继盖柜房3间，储药房9间，厨屋2间半，共有房屋17间半。

药店开业后，收徒弟4人，请坐堂医生1人，姓阎名亚斋，全员8人，看病卖药，零售兼批发，当时为漯河第一家中药堂。该堂药品齐全，炮制精良，远近有名，郾城邻近一带也到此买药。

“三义和”药堂除经营各类中药材外，还前店后作，配制经销各种丸、散、膏、丹等百余种成药。举其要者有：

（一）丸类

1. 水丸类

香砂养胃丸	海南沉香丸
黄连上清丸	烂积丸
参苏利肺丸	四消丸
香莲丸	化积丸
健磁丸	一把抓
黑虎丸	蒙石丸
槟榔丸	百消丸
香附丸	鳖甲丸

金鸡虎补丸　芦荟丸
七制香附丸　木香丸
含化上清丸　开胸丸
白玉饼等等

2. 蜜丸类

六味地黄丸　人参健脾丸
明目地黄丸　健脾丸
金柜肾气丸　二母丸
补中益气丸　蒲黄丸
附子理中丸　调经丸
藿香正气丸　香稻丸
八味丸　蝉苏丸
知柏丸　蝉苏定
麦味丸　全鹿丸
归芍丸　英雄杯
杞菊丸　益母丸
鱼螵丸　烧针丸
八珍丸等等

（二）散（面）类

生肌拔毒散　八宝拔云散
冰片散　金黄散
六一散　山甲散
益元散　五香散
七厘散　猪腰散
吹耳散　猪肝散
惊风散　羊肝散
下肝散　鸡肝散
五黄散　牙肝散

黄水疥药面　一捻金
千金牛黄散　疥疮灵面
如意金黄散　白术散
八宝清凉散等等

（三）膏类

五毒膏　连疮膏
加纸膏　千垂膏
万应膏　益母膏
玉红膏　拔毒膏
痄腮膏　鱼口膏
黄连膏等等

（四）丹类

一粒丹　五灵丹
万灵丹　红灵丹
点舌丹　白降丹
壮筋丹　保安万灵丹
天王补心丹等等

为醒目招揽顾客，除挂字号外，还悬“遵古炮制”“本堂发兑云贵川广地道膏丹丸散生熟俱全”等匾牌。

“三义和”药堂最有特色的炮制药物是熟地，用铜锅铜笼不熄火蒸三天三夜，加黄酒、砂仁等辅料，炮制好后漆黑透明，能显出人影。其他药店仅做一般蒸，远不及该堂之精做。所以，其他一些药店也到此购进再配方售出。

“三义和”药堂在当时坐落集市闹区，从开业至民国时期，门庭若市，生意兴隆，一天可接待顾客六七百人。开初日销货款约50串钱，后来最高可逾200串钱（七串二折一块银圆），约合30块银圆，居各药堂之冠。

民国初年间，东家朱同与丁分手，在南大街开设“聚义堂”。

民国 12 年（1923 年），学徒孟持安首先和掌柜分手，在马路街东头路南开办“德和堂”。

1942—1949 年，“三义和”药堂由武松亭任领事掌柜和掌柜。1950 年，是武任掌柜最后一年，因调整内部事务，“三义和”药堂于同年 12 月 16 日批准歇业。

1951 年 3 月 22 日，在“三义和”原址基础上，由丁思明之孙丁健亭开设“三一和”药堂，直到 1956 年 1 月。

1956 年 2 月 1 日，“三一和”药堂归入“公私合营中药总店”，并在此设立第三门市部。（现北街医药零售部）

“三义和”药堂先后请坐堂医生阎亚斋、阎秉恒、阎贞朴、胡化林、张本善、杜润西、邵友轩、邵胃轩、刘少安等 20 余人。

“三义和”药堂先后共出师徒弟 80 余人。由徒弟在漯河境内开设的药店达 30 余家，在附近方圆乡村开设的药铺有 20 余户。徒弟的徒弟又相继递增，越来越多，至于总共有多少，现已无法完备考证。

“三义和”药堂在漯河药业历史上曾发挥重要作用，乃漯河药业的鼻祖。从清朝末年至民国时期，从它崛起及长居盛势而经久不衰，有它的一整套完备的经营管理方式。

其经营方式：

1. 零售兼批发：设坐堂医生，看病开方，收取诊断费。

2. 笑迎笑送：对来客和颜悦色，热情招呼、让座。处方力求配齐，个别药物没有的到其他药店找寻，或以其他药物顶替，形式上的周全使人满意而归。

3. 看人划价。看人划价用药是一般药店奉行的一个标准，即看对象的身份、阶层、地位等。收费在一定程度上以能交付多少而定。但决不会赔钱。

4. 药价实行当下（当时的时间）一言为定，早晚市价不同，一本万利不为赃。

5. 订约暗方，与其他家庭医生等订约暗方暗码，病人求医看病所开处方，只能依照医生所指定的药店去买，到别的药店就看不懂，这样，药店就给医生按一定比例的酬金。

6. 讲究字号招牌，用以招揽顾客。

7. 讲究质量：为了保持竞争能力，扩大销售，严格药品的炮制质量，维护药店信誉。

8. 各包上号：即每味药各包一包，包前加盖药性章，以示明辨药名、药性和主治（开初用笔写，后发展用药性章）。

9. 赊账：在某种情况下，来客只要能说出与其药店熟悉的地点及人员，就赊账（当时彼此间一般都能讲信义）或停些时付钱，或麦收后以粮抵作药价。

10. 折售：制作折子，专供权贵、富家用。绅士、老板、庄头等到药店拿药，在发给他们的折子上记上取药品名、剂数、金额等，待过节时派人去讨，一般是由他们主动送上。

11. 庄头（指乡庄的头脑人物）和有权势的人进店，尽管不是买药，如在此停留，也热情接应，设宴款待。

12. 往坊子、行店（指经粮铺子）赁被子，该堂有被子百余条，作为兼营业务。对熟识的店外人员还安排夜宿。

13. 加工饮片，自制各类成药和药酒。

14. 代煎中药，为患者熬煎药汁。

15. 收购各类中药材。

16. 购货渠道多由禹州（禹县）进入，也从行商手里买一部分，运货以雇用人力、小推车、驴驮、骡马大车并用。

17. 营业不定时间，天不亮就开门营业，直到晚上10点以后。还根据季节和天气延长营业时间。店员一天工作要在16个小时以上，没有休息日。除此之外，来客啥时叫啥时卖。

管理方式等：

1. 人员阶层：①掌柜：掌柜是一店之主，掌管药店一切事务，包括进入徒弟、解雇人员和外事处理等。②领事掌柜：可代替掌柜施行权力的人。③管账先生：掌管账目的人。④伙计（或把式）：出师后的从业人员。⑤徒弟：学徒期间的人员。

2. 称呼：除掌柜（或领事掌柜）对下属便称外，相互间一般称“师兄”“师弟”。

3. 徒弟生活：学徒期定为三年，为掌柜干各种杂活，学徒期间不上柜台营业，掌柜每年给学徒 10 串钱（其他药店一般不付报酬），出师后再为掌柜报效一年。

4. 从业人员吃药免费，亲属吃药二八扣。

5. 增收人员：一般是接收徒弟，必须有人保、亲朋保（即通过关系进店）。

6. 用人标准：掌柜根据自己的某些手法，对学徒和从业人员时常进行考验，满意则受用，如不如愿，以某种借口给以解雇。

7. 各卖各收款，统一放入钱柜。

8. 账目管理：由管账先生受理，日销货额交付掌柜。

9. 薪水待遇：从业人员的薪水，由掌柜根据各人情况，如年限、技术、能力而定，薪水发放周期实行年度支付，一次付清。

10. 支付杂税。如营业税、厘金税、百货税、所得税、利得税等。另外，还要承纳警察局、商务会等上层机构和官僚、军阀、豪绅的各种名目的派捐，等等。

选自 1987 年 11 月《漯河文史资料》第一辑

民国年间漯河医疗卫生事业

范子文

清末、民国年间，漯河的医疗卫生事业有着两个明显的分支，那就是西医和中医，国民的卫生防疫工作根本不在其中，这当然是由于社会的原因了。所以，这里我只着重简要地就几所新兴的医院述说一下漯河西医发展情况，中医的情况也附表于后供参考。

美国医院

1902 年（清光绪二十八年）美国传教行医者米莱尔来中国，经广东、汉口到信阳、周口等地，成立“基督复临安息日会”。

1912 年，教会派牧师刘振邦来漯，成立教会区会——河南分会，征地建房。地址：沙河南岸堤内。

1913 年，美国基督复临安息日会，在漯河河南区会内备西药，为教会人员医治疾病，西药自此传入。

1915 年，区会建立明德学校。1916 年美国医生德文波在校内开设诊所。

1919 年，区会建立“善济医院”（普济医院），德文波任院长。设外科手术室、内科门诊，西医治疗。

1931 年，建成新病房楼（两层、木地板）和礼堂，教会医院改为“郾城卫生疗养院”。床位 110 张，医务人员 30 人，美国人贝光慈任院长。医疗设备当时属一流的，有显微镜、X 光机、发电机等，能做骨折、腹腔肿瘤、剖腹产、眼白内障等较复杂的手术。常用药品有史太安、消治龙、606、914、破伤风抗毒素等百余种。

医院历任负责人：1919—1940年先后有美国人德文波、纪墨士、贝光慈、聂德理等；1940—1949年先后有国人曹森元、吴海波、朱曙光、黄子克、马同立等。

1943年迁西安，1945年迁回。1951年政府接管，人民解放军第五陆军医院占用后，为漯河市卫生院，1955年改为市人民医院，1981年更名为漯河市第一人民医院。

1996年，原房全部拆除，辟为公园，取名老虎滩公园。

漯河公教眼科诊所

1938年6月，贾世义首先在许昌开办了公教眼科。

1940年9月，贾委派意大利人柏启云到漯创办公教眼科。所有用品由郑州公教医院筹措。

1943年6月，贾又委派意大利人谭以理在公教眼科增设内、外科。至此，眼科成了公教医院。

1946年6月，郑州天主教会派眼科医生张玉英到漯河公教眼科工作。

1947年，漯河即将解放时，意大利传教士甘露德、毕以成离漯，张玉英担任所长，全面负责诊所工作。

1952年，人民政府派柴文章到诊所做管理工作。1955年市政府接收公教眼科诊所及全部人员，改名为漯河市人民医院眼科，并任命聂景玉为行政主任，张玉英为业务主任。现为市第一人民医院眼科。

漯河同仁医院

1944年，美国医院迁西安，漯河仅存几个私人诊所。原私人诊所经营者王学文、樊省五、汪维忠三人志同道合，联办一所医院，取名“同仁医院”。地址设在老街西头豫庆公司厂房内（今市二医院）。院长王学文，经理樊省五，医师汪维忠，助产医师方芝兰、樊含香，又招收学徒

16人，1944年9月1日开业。

院内医疗器械、药品、床铺、桌椅等皆自筹，另外又购置显微镜2台，开展了三大常规康氏实验。对一般手术如截肢、膀胱结石、产科的内倒转，皆能进行。

抗战胜利后，又集资改善医疗条件，增设了医疗器械与床位等。

解放战争中，医院工作仍正常进行。

1956年6月，实行了全市以同仁医院为主的大联合，成立了联合医院。“文革”期间，改为“工农兵医院”。十一届三中全会后，改为漯河市第二人民医院。

广济医院

广济医院是民国时期漯河市第一家西药房——广济药房后期的改名。

1926年（民国15年），唐生智的第十四师军医李岐峰离伍行医，在华平街租屋1间，立号“广济”，附设诊所，看病卖药。

1931年，该号迁中山街中段路北；立号“广济药房”，附设诊所，门面三间，从业8人，资本逾4000元。李看病卖药，零售批发。药房设有太阳灯和电疗机等，另有两匹马力发电机1部，当时在漯河是最先进的设备，在西药业中推为首户。

1926—1943年，先后出师徒弟30余人，分布漯河等地行医经商。

1944年5月，日军入漯，该号遭受火灾，伙计在外购货途中数次遭劫，损失严重，被迫停业。

1945年通过整修，改为“广济医院”，1952年加入联合诊所，1953年归属联合医院（现市二院前身）。

附表 1　中药房一览表

药房名称	创建人	创建时间	地址	备注
三义和药堂	丁恩明	1907–1950	寨内北大街南头路东	第一家中药店
聚义堂药堂	朱同	1912	南大街	
开成堂药店	马子珍		南大街北头	
德和堂药房	孟持业	1923	马路街东头路南	
三益堂药房	唐杏庵		大新街口	
三一和药堂	丁建亭	1951.3.22		
	（丁恩明孙）	1956.1	原址	

附表 2　西药房一览表

药房名称	掌柜	开业时间	组织方式	门面（间）	从业人员	资金（千元）	地址	备注
广济	李岐峰	1926	独资	3	8	4	中山街	漯首家诊所
济生	李云樵	1927	独资	1	2	0.5	中山街	
瑞记	宋子和	1930	独资	2	5	4	中山街	
中法	袁明勋	1930	合资	2	8	4	中山街	
博施	李振汉	1935	合资	1	3	1.5	中山街	
德隆	粟伯卿	1939	独资	1	3	1.5	东大街	
科发	李建捷	1940	独资	1	2	1.5	东大街	
卫生	李伯华	1940	独资	1	2	0.5	东大街	
复乐	李溪山	1940	独资	3	5	1.5	东大街	
芳轩	宋芳轩	1940	独资	1	3	1.5	东大街	
济良	靳济良	1941	独资	3	5	1.5	东大街	
竹樵	崔竹樵	1941	独资	1	2	1.5	东大街	
良济	陈寿亭	1941	独资	2	3	1.5	东大街	
新星	赵鹤年	1941	合资	3	5	4	东大街	1946 年迁许昌
普济	梁好韫	1941	独资	1	3	1.5	东大街	
星光	甄自桐	1941	独资	2	4	1.5	东大街	
航慈	张凤鸣	1941	独资	1	3	0.5	东大街	
民生	邹子良	1941	独资	3	4	1.5	中山街	

续表

药房名称	掌柜	开业时间	组织方式	门面（间）	从业人员	资金（千元）	地址	备注
三友	李冠三	1942	独资	1	2	1.5	中山街	
济世	李秀峰	1942	独资	1	1	1.5	中山街	
大华	李凤山	1942	独资	1	3	0.5	中山街	
华美	丁德沛	1942	独资	2	2	1.5	中山街	
中和	刘仰超	1942	独资	1	3	0.5	中山街	
中华	马汉文	1943	独资	1	4	0.5	中山街	
裕兴	靳道立	1943	独资	2	3	1.5	中山街	
新民	冯惠力	1943	独资	1	5	0.5	中山街	别名冯根来
中原	许国定	1943	独资	3	2	4	中山街	
广慈	王毅兵	1944	独资	1	2	1.5	中山街	
宏兴	尚宏兴	1944	独资	1	3	1.5	中山街	
惠中	田化南	1944	独资	1	3	4	中山街	
惠东	张桂林	1944	独资	1	3	1.5	中山街	
中美	王芝龄	1946	独资	2	6	4	中山街	
万国	赵树斋	1946	独资	1	3	1.5	中山街	
信谊	朱新立	1946	合资	1	6	1.5	中山街	
民众	张益芳	1946	独资	1	2	1.5	顺河街	
振华	范永禄	1947	独资	1	3	1.5	中山街	
亚东	李自荣	1947	独资	1	3	1.5	中山街	
中西	李俊海	1947	合资	2	5	1.5	中山街	
世界	段一峰	1947	舍资	1	3	1.5	中山街	
利民	魏佑民	1947	合资	2	3	1.5	中山街	
同济	刘明甫	1947	独资	1	2	0.5	中山街	
中央	张月明	1947	合资	1	9	1.5	中山街	
中美	牛秀儒	1947	独资	3	10	4	中山街	
大德	范学礼	1948	独资	2	4	1.5	中山街	
东南	方秉东	1948	合资	2	3	1.5	南大街	

续表

药房名称	掌柜	开业时间	组织方式	门面（间）	从业人员	资金（千元）	地址	备注
复华	周少文	1948	独资	1	2	0.5	煤市街	
德华	丁德华	1948	独资	1	2	0.5	木牌坊街	
志远	孟志远	1948	独资	1	2	0.5	中山街	

选自 2003 年 9 月《漯河文史资料》第十一辑

西医西药传入与新中国成立前漯河西药业状况

刘国胜

一、“教会医院”与西医西药传入

（一）“基督复临安息日会——河南区会”及演变

1902 年，美国传教行医者米莱尔来中国，经广东、汉口到河南信阳、周口等地成立“基督复临安息会”。

1912 年，教会派中国牧师刘振邦等人来漯征地建房，筹建成立“基督复临安息日会—河南区会”，地址位于漯河西北隅沙河南岸堤内。1913 年，区会成立，并在区会内备有药品为教会内部人员所用。

1915 年，区会建“明德学校”。1916 年，美国医生德文波在学校礼堂内开设诊所并培训国人当助手，对外应诊，内科备有消毒解热、镇痛等药物，治疗感冒发热、痢疾等常见病。外科有红汞、碘酒、药膏、纱布、敷料、器械之类，治疗皮肤外伤、疮疡。

1919 年，由英国福中公司（英国资本家在河南开办的一家煤炭开采经营企业）捐助，在医会建立“善济医院”，后改为“普济医院”，由美国人德文波任院长，设外科手术室，病床 40 张。有手术床、无影灯、手术器械，可进行阑尾炎、肠梗阻、膀胱结石、截肢、甲状肿瘤及枪弹内外伤病手术治疗。内科门诊能用静脉、肌肉注射给药，能灌肠、洗胃、输液和治疗霍乱、梅毒及常见病和多发病。

1922 年之后，由美籍医生纪墨士、卜明德先后担任院长。此间，病患者每日到门诊看病人数可达 60 至 80 人。

1924年间，教会办起“护士学校”。1926年，护校改称“中华高级护校”。

1927年，教会医院始有显微镜两台，由美籍医生做临床检验后，由该院护校国人护士担任化验员，做血尿、粪便常规检验。

1928年，教会医院建化验室、放射室，由美国人培训化验人员，放射诊断由医生办理。

1930年，国人西医戴安乐到教会医院，是该院首名中国医生。

1931年，建成新病房楼和大礼堂，教会医院改为“郾城卫生疗养院”，床位增至110张，有医务人员30多人，美国人贝光慈任院长。医院病床分四等，每日收费5角至5元不等。并增置有X光机和发电机，可做一般透视、摄影。透视、摄影由美籍医生和中国医务人员操作。同时，增加了骨折、腹腔肿瘤、剖腹产、平产接生和眼白内障手术等。

教会医院所用药品有史太安、消治龙、磺、胺、606、914、阿司匹林、匹拉米洞、破伤风抗毒素、白喉抗毒素、狂犬疫苗、生理盐水等常用药百余种。

教会医院曾先后沿用“善济医院”“普济医院”“郾城卫生疗养院”，民间俗称“教会医院”“美国医院”（现市第一人民医院前身）。

教会医院历任负责人：1919—1940年，先后分别由美国人德文波、纪墨士、贝光慈、聂德理任院长；1940—1949年，先后分别由国人曹森元、吴海波、朱曙光、黄子克、马同立任院长。

（二）天主教眼科诊所

1923年，意大利传教士巴文会来漯始建天主教堂。1924年，教堂在天主堂街（今中华路2号）落成。

1942年，意籍教士柏启云在教堂内设“公教眼科诊所”。

1946年，意籍神父甘露德接管教堂及诊所，有医生二人，助手、药剂、挂号、杂务、炊事各一人，可进行砂眼、倒睫、眼炎等常见眼疾治疗。

二、新中国成立前的漯河西药业

（一）西药房

随着西医西药的渗入和影响，国人第一家西药房“广济”药房于1926年在漯开办。到1936年间，共开业西药房5家，从业26人，独资3户15人，合资2户11人。20世纪30年代以前，由于人们对西药还很陌生，也不甚了解，加之西药价格昂贵，比如，一支20万单位的青霉素就是五六斤粮食的价格，一片阿司匹林的价格就近似一斤粮食的价格。只有少数上层权贵和富家才受用得起，所以，当时人称的“洋药”并不被大众欢迎。20世纪30年代以后，人们逐渐对西医西药有了较多的接触和了解，认为西医诊治、西药服用较中药简便省事、疗效快，请西医诊病和服用西药者逐渐增多。

20世纪40年代以后，西药业迅速发展，随着西药的不断倾入，各种毒品如醋液、巴比通、咖啡因、普鲁卡因等也相应流入。部分药商贩毒严重，大赚钱财。由于西医西药的不断影响，西药市场也逐渐扩大，经营西药商户和人员为之增多。1939年至1944年间，先后相继开业西药房达26家，从业80人，其中合资1户，从业5人。1946年至1948年间，先后开业西药房17家从业68人，其中合资6户从业29人。先后在中山街（现马路街）开办的西药房达42家，从业160人。先后在东大街、顺河街、南大街、煤市街（现公安街）、木牌坊街（易俗街）、老街开办西药房各一家，从业14人。

从1926年第一家西药房开业到1948年间，先后在漯河开办的西药房共计48家[①]，从业174人，其中合资9家，从业45人。营业房73间。资本在4000元上下的有8家，即广济、瑞记、中法、新星、中原、惠中、中美、中英药房。资本在1500元上下的29家。在500元上下的有11家，即：济生、卫生、航慈、大华、中和、中华、新民、同济、复华、

① 参阅P260附表2。

德华、志远药房。资本总额约 8.1 万元。大户药房日销货额约 140 元（旧币）；中户药房日销货额约 80 元；小户药房日销货额约 30 元；合计西药业日销货额约 3770 元；人均日销货额约 22 元。

（二）“广济”药房的开业与演变

1926 年，唐生智部第十四师军医李岐峰离伍行医，同其弟李凤山来漯，在华平街租草房一间，立号“广济”，并附设诊所，看病卖药。

1931 年，该号迁至中山街中段路北，立号为“广济药房”，附设诊所，门面三间，从业 8 人，资本逾 4000 元，李任掌柜并兼坐堂医生。看病卖药，零售兼批发；经营部分西药品种。药房设有太阳灯和电疗机等医疗设备，另有两匹马力磨电机一部。当时漯河还处煤油灯时代，该号却能用上电灯。李医术较全面，药房又处闹区，生意很好，日销货额在 140 元（旧币）上下，在当时西药业中推为首户。该药房从开业到 1943 年间，先后出师徒弟 30 余人，分布漯河及省内外其他地方行医经商。

1944 年，日军侵入漯河，该号遭受火灾，伙计在外购货途中数次遭劫，损失严重，被迫歇业。次年，通过修整改为“广济医院”。1952 年加入“联合诊所”。1953 年归属“联合医院”（现市第二人民医院前身）。

（三）西药房的经营管理

西药房的经营管理方式与中药堂大同小异。

零售兼批发。顾客进店，热情招呼，让烟请坐，只要是上门顾客，想方设法让其多买，一般情况不会让其空手而回。

在批发业务上，对老主顾尤为“款待”，对新主顾殷勤招应。主顾来店后，先由掌柜或伙计热情寒暄，让座，送上烟茶。稍后有人陪同下馆子（饭店）逛妓院，开销全由药房支付。酒足饭饱欢欲之后再谈生意，而主顾的全部花费甚至更多却又暗自加入药价，主顾出走，蜜言话别。

西药商善于经营，各家药房均订有“店规”，要求在号人员以和为贵，和气生财。一般情况下，对所有商品品种力求放全，充实货架。部分药房由于本小力薄，不能购进相当数量的药品，便以空瓶装假物充实货架，以显得货架丰满，药品齐全，对过期商品派人到诊所和医院联系推销，或偷改偷换批号和采取其他不轨手法销出。所以，在当时基本不存在过期、失效、变质、报废药品。店员小病不准休息，大病回家养，愈后再来，弱体不要。

药房购货先拟清单，经掌柜过目认可后方可办理购货。原则上多购进畅销对路和赚钱多的药品。货源多数来自上海的“新亚”“信谊”，汉口的“五洲”等药厂，其次是天津、广州、山东、蚌埠等地。购货途径多靠行商代办。外地药厂也来人洽谈业务，签订合同。药房人员有时亲自到外地药厂进货。有时也采用函购等。

运输方法和工具主要靠铁路运输，在火车不通的情况下，雇用人力马车或红车。

结算方式为：对行商是货款两清。对外地药厂来货是经买卖双方事先商定后，或一年或半年结算一次，或按期按批付清货款，运费也由事先协商后或归厂方或双方共同负担。

当时，药业市场经营混乱，常有从事贩毒、制造伪劣药品、贩卖假药和投机活动。

在销售方面，中药堂与西药房相比，以西药盈利和赚钱较多（指20世纪40年代以后），一般要超过中药堂的两倍。西药商诡秘狡黠，多能善变，为达赚钱目的，掩人耳目，变换字号又是西药商的一个特点，经营方式灵活，为中药商所不及。

漯河药铺（房）众多，行商来往频繁，但益民甚微。各种疾病如黑热病（大肚皮）、疟疾、伤寒等时常泛起，尽管有医有药，但百姓无钱治病，便祈祷求神，拜请巫婆神汉。甚多百姓贻误诊治或被捉弄丧生，众多人们因病魔缠身穷困潦倒。

解放前夕，药业市场萧条，漯河大部分西药户关闭歇业。

选自1993年9月《漯河文史资料》第五辑

美国医院（漯河市人民医院）琐谈

范子文

美国医院，位于原郾城县漯河镇北、沙河南岸。这里原是一片狐兔出没、荒冢累累的荒芜之地，后美国人在此办起了一座医院，人们俗称美国医院。其界限：东到医院街（今教堂东墙南北一线，现已拆），西到老虎滩公园管理站（中间高岗处），南靠原漯周路（今滨河路），北临沙河，现遗址仍留枫树三棵。

为何美国人在此开办医院？事情还需追溯到1840年中英鸦片战争。鸦片战争中，清廷失败后，1842年8月，被迫和英国签订了《中英南京条约》，条约中有“五口通商”条款，自此打开了帝国主义侵略中国的大门，便利了外国资本主义的输入。1844年7月，美国侵略者依据对中国“门户开放”的规定，在澳门附近的望厦村，强迫清政府签订了《中美望厦条约》，条约中美国除取得英国《南京条约》和附件规定的各种特权外，还增加了美国军舰可以出入中国的通商口岸，美国可以在通商口岸（后延至中国边疆、内地、城乡到处）建立教堂等特权。

在这样的历史背景下，美国的侵略势力从海疆一天天地伸向了内地，美国等帝国主义国家到中国来传教是“合法”的。借办学校、开医院、举办一些慈善事业等，扩大了基督教的影响。在郾城城乡到处建立大教堂、小教堂，讲《圣经》、行礼拜。在当时有3万多人口的漯河镇建立了医院、学校，更有利于宣传宗教活动。说是医院，实际它的地位权力，等于美国在漯河的“租界”，他们受美国的派遣、保护，享有“治外法权”特权：人身居住不受侵犯，不受当地司法、行政管辖，免除一切捐、税、劳役等。美国人犯法，不受当地政府处理；中国人犯法逃入医院，政府不得进入追查。如民国20年（1931年），郾城县长刘君笃（任期民国20年3月—12月，山东人）因贪污黑夜逃至医院，河南省政府不敢入院搜查，后不了了之。

美国医院是怎样建立起来的？它的发展变化如何？这要从基督教传入郾城（漯河）地区谈起。

基督教有各个分支：内地会、自立会、真耶稣教会、基督复临安息日会（简称“安息日会”）。美国医院是安息日会创办的，它是教会的附属机构，为“医院、三自（自治、自养、自传）中学、三育小学”之一。安息日会是基督教会中较为保守的一个派别，其礼拜日为每周星期六。安息日会最高领导机构是全球总会，会址设在华盛顿。在我国传教的最高机构是中华总会，会址设在上海。中华总会在全国下辖七个联合会，即华东联合会、华西联合会、华南联合会、华北联合会、东北联合会、西北联合会、华中联合会。华中联合会会址设在武汉黄陂路，下辖四个区会，即河南区会、湖北区会、湖南区会、江西区会。郾城（漯河）安息日会，为河南区会所在地。

基督教安息日会，河南区会的会址是几经迁徙来到郾城（漯河）的。

1903年（清光绪二十九年）有米勒尔夫妇、席宝林小姐、施利民医生等6人（均为美国人）从广州来到河南新蔡传教，不久又到上蔡。在上蔡南关，置地二亩，盖些房子传教。

1910年，安息日会又扩展到周口，开办了一个道医官话学校，有学生90人，其经济来源均由美国资助。

1913年，河南区会第一任区会长瑞典籍传教士魏德培（美国委派）由周口来郾城（漯河）传教。在漯河沙河南岸购地8亩，建教堂一处（今在，除顶部翻修外，余皆照旧），建房60余间。置地南为教堂区，面积较小；北为医院学校区，面积较大（今老虎滩公园管理站以东高岗处），当时无河堤隔阻。

同时教会开办了“圣道速成科”，培训传道员60余人，学习毕，返乡传教。该教派强调必须遵守安息日——从星期五日落到星期六日落，受礼者必须遵守礼仪。每年举行4次对餐礼，圣餐开始之前，先彼此洗脚，称为谦卑礼。又设了一个小门诊，备些西药，为人治病，此为西药传入郾城（漯河）之始。

位于沙河南岸的基督教堂

1915 年，美国人李宝贵任区会会长，葛道扬担任教育工作。后来孔宗道、魏烈文（均为美国人），把圣道速成科改为明德中心，继又改为河南三省研究社（三育中学），有葛道扬、孔宗道、克拉克（美）、汪静波（安阳人）先后担任校长。1916 年，美国医生德文波，在教会内开设了规模较大的西医诊所，治疗一般常见病和外伤。此为西医在郾漯为人治病之始。

1919 年，诊所扩建为普济医院，美籍教士德文波为第一任院长，设病床 40 张，有外科手术室、内科门诊室。

1929 年，河南区会相继发展教会 29 处，牧师 11 人，教徒 719 人。

1931 年，医院扩建楼房 4 栋，平房 37 间，改称“郾城卫生疗养院”（俗称美国医院），设内科、外科、妇科、X 光科，病床 90 余张。先后有德文波、纪墨士、卜明德、贝光慈（均为美国人）任院长。另在老街设诊所一处。并设护士学校一班，学生 20 余人。

同年，又新建病房楼一栋（位于今教堂西北 100 米处，北临沙河，两层、红油漆木地板），设床位 110 张，医务人员 30 人，贝光慈任院长。医院设备当时属一流的，有显微镜、X 光机、发电机、无影灯等，能做骨折、腹腔肿瘤、剖腹产、白内障、肠梗阻、阑尾炎、膀胱结石、外伤截肢等复杂手术。

1937 年，教会发展到 35 处，教徒达 1500 人。是年 9 月，京汉铁路漯河南 4 千米处，客车、货车相撞，死伤 300 余人，美国医院组织人员进行了大力抢救。

1944 年 5 月，日军侵占漯河，外籍教士撤离，教堂、学校、医院全被日军侵占。后来，张振海牧师同赵冠三等至界首又设立河南区会办事处，维持沦陷区的教会工作。

1945 年 8 月，日寇投降后，河南区会从界首迁回漯河，张振海仍任会长。这时区会领导的教会有 40 处，教徒千人左右。漯河教会改设于大新街南端路东，并设诊所。

1947 年底，漯河解放，教会中一部分人到武汉华中联合会工作，教会学校停课。不久又恢复上课，武耀先任校长。区会会长先后由刘学敏、毛永兴、王雅岗担任。

1949 年，漯河市政府曾临时驻该院。

1951 年，医院被市人民政府接管。王静波由武汉回漯河任区会会长。是年秋，中国人民解放军第五陆军医院，借用教会医院的全部房屋，教会职工自动转业。所属教会能坚持传教的仅 10 处，这时教会由政府协助迁到大新街，部分教会人员自谋生计。

1955 年，改为漯河市人民医院。

1956 年，河南区会组织有 7 人组成，主席侯春萱、秘书长张煊。区会领导的教会有郑州、安阳、水寨、周口、吴城、丁集、郾城、新蔡、济源、太保（叶县）、内黄等处。另外聚会的地点在西华的红花集、逍遥、姚桥、新埠口。河南区会教友只有 98 人，每安息日聚会人数 30—50 人，教会每季（春夏秋冬）的第二个安息日举行聚会一次。

1958 年后，安息日会与基督教其他各派联合。

1959 年后，安息日处于无政府状态。

“文化大革命”中被迫停止活动。随后，侯树萱、汪静波、张煊等人组织成立河南区会筹备委员会，领导爱国教徒走“自治、自养、自传”的“三自”道路。

1981 年，原美国医院院址改为漯河市第一人民医院。

1989 年，漯河市第一人民医院整体搬迁至人民路东，原医院房屋全部拆除（除教堂外），兴建了老虎滩公园。

选自 2013 年 12 月《漯河文史资料》第二十辑

我所知道的“漯河市卫生工作者协会”

白惠章[①]

“漯河市卫生工作者协会”是医务工作者自己组建的一个群众团体。1949年前名为“漯河市医师公会”，马汉文医师任理事长，1950年改称“漯河市中西医师联合会”，1951年改名为“漯河市医务工作者联合会”，民主选举王乐天为主任委员，曹森元、白惠章、左赞宇等8人为委员。1953年吸收全体医务工作者参加，扩大改组为“漯河市卫生工作者协会”（简称卫协会）。协会委员会由11名委员组成，我当时被选为主任委员，下设秘书1人，通讯员1人，直到1966年卫协会工作始告中止。

卫协会的主要任务是：团结中西医务工作者，开展政治与业务学习，进行学术交流，提高医护人员的医疗技术水平，进行医风医德教育，面向社会开展卫生宣传、卫生防疫等工作。现仅就回忆片段，叙述于后：

漯河解放初期，卫生工作由民政科兼管。30多家个体开业医生，依靠谁来领导、组织、管理？这是一个十分重要而迫切的问题，“医联会”（即卫协会前身）应运而生承担了这方面的工作。

一、组织医务人员学习政治理论，提高思想认识

解放初期，医务人员对于党和政府的方针、政策、毫无所知，中央卫生部及早制定了卫生工作“三大方针”——预防为主、面向工农兵、团结中西医。以后又增加了“卫生工作与群众运动相结合”所谓“四大方针”。卫协会即组织医务人员，深入学习卫生工作方针，学习卫生部

① 白惠章，河南周口人，1913年生。曾任医生、漯河市防疫站站长、卫生局副局长、漯河市源汇区人大常委会副主任。

副部长傅连暲的文章和“白求恩大夫事迹”、《人民日报》社论等。着重放在思想改造上面，启发大家如何克服掉资产阶级医疗观点，进一步使他们从一个旧社会的医生，逐步转变为新中国的“白衣战士”。大家在学习中，结合实际，对照自己的思想作风，深刻进行检查，凡不符合上级文件精神的，都能开诚布公揭露自己，挖思想根源，找行动差距。

1951 年上级号召医务人员支援抗美援朝，保家卫国，这一号召，在医务人员当中也掀起一场大波，五花八门的思想，浮泛在每个人的脑海里；有的设法逃避，有的千方百计找人说情，有的公开抵触，只有少数人真心愿去。卫协会负责同志向政府领导汇报了这一情况后，市领导到协会作动员报告，讲明抗美援朝、保家卫国的政治意义，卫协会的委员又分别到各家做了不少思想工作，最后有 20 余人报了名，经过领导研究，批准王学文、曹佩章二位医生参加赴朝医疗队。在欢送会那天，王、曹二医生，披红戴花，全体会员敲锣打鼓，手执标语小旗，列队送进火车站，市党政领导同志也亲到车站欢送，并勉励他们为漯河人民争光。医务界这一行动，对全市人民也是一次深刻的教育，在社会上引起了强烈的反响。

农村走合作化道路，这一运动，也触动了全体医务人员，1951 年卫协会及时地发动个体开业医生，组织联合诊所。这一号召，对于每一个医务人员也是一场严峻的考验，它不仅是组织形式上的变革，而且是经营体系上的一次大的改革，因此在会员中很自然地会出现这样那样的思想顾虑。如有的怕联合后业务不好，影响个人收入；有的怕闹不团结，联合不来；技术高的觉得联合了自己吃亏等。我和几位委员反复研究，首先从各个理事带头组织联合，我和张万庆、邢恩生、马骥元等人组织了西医第二联合诊所，吕顺中、卜健之等人组织了西医第一联合诊所，很快几位中医师王邦杰、汪寅午、左赞宇、赵子骏等，也纷纷组成中医第三、第四……第六诊所，这样市内全部医生都走向联合，无一人再单干了。卫协会在这方面做了大量的工作，如组织学习关于农村合作化道路的文章、《健康报》社论等，从而使大家认识到只有联合起来，才有出路，才能提高技术水平，才能增加收入，才能更好地为人民服务。认识到个人单干是一种小农经济思想，没有前途，使大家真正从思想上毅然决然从单干的旧框框里跳出来，本着自觉自愿、自相结合的原则，很快地走向联营道路。

1952年，一部分医务人员，在党的关怀教育下，舍弃了联合诊所而奔向参加革命工作之路。如西医第一、二联合诊所，分别转为漯河市等一、第二卫生所（我当时任第二卫生所所长），此一情况的出现，标志着我市广大医务卫生工作者，迈出了可喜的第一步。是我市解放后首批建立的国家医疗机构。

二、大力开展卫生宣教与防疫保健工作

根据中央卫生部提出的“预防为主”卫生方针，从1949年起，我市卫协会每年都组织中西医务人员，大搞卫生宣传与预防接种，这也是每一个医务人员义不容辞的职责。

会员当中大多数医生，来自旧社会，对于国民党反动统治时期，置群众死活于不顾，亿万劳动人民不讲卫生、不搞预防，连年遭受疫疠侵袭之苦处，记忆犹新。联想到过去，每到夏秋季节，霍乱、伤寒大流行，其他为白喉、痢疾、疟疾、花柳病猖獗蔓延。旧社会称霍乱为“虎来拉”（译音），可见其凶猛之势。1942年夏季，有一天我亲眼看到死于霍乱的达十几人之多，用席片抬出掩埋，死者家属哭声震耳，厥状至惨。小孩死于白喉、流脑、麻疹、天花的，不计其数，造成人间地狱。那时诊所给群众打一针霍乱疫苗，索价现洋二角（只打一次也无效），种一颗牛痘要二升麦，夏收后交还。穷苦大众衣食无着，哪有钱防病？再看看新中国成立之后，党和政府如此关心人民的健康，决心消灭和控制威胁人民健康的多种疫病，免费注射霍乱、伤寒疫苗，免费普种牛痘，免费发预防药，免费治疗黑热病、钩虫病……所有这些，广大医务人员，对此感到是不可思议的事。忆旧社会之苦，想新社会之甜，因此在大搞卫生宣传和大搞防疫时，表现得非常积极，如老中医高东阳、赵福山、王邦杰等，在街上宣传时，废寝忘食、任劳任怨，从不叫苦叫

累。有的敲大鼓把手都震肿了，有的下到郊外，攀登在高墙上书写卫生标语。

在打防疫针时，更是争先恐后，踏实苦干。各注射队按指定地点，在交通要道口设注射站、种痘站，不分中西医，一齐上阵。正是由于党的卫生方针贯彻执行，连续好多年进行一系列的防疫注射工作，为以后在全国范围内消灭天花、霍乱等烈性传染病，打下良好的基础。

三、认真抓好业务学习

对于提高业务能力与技术水平，是全体会员的一致要求，因此对待业务学习，非常自觉主动。卫协会的委员，根据个人专业所长，分别划为几个专业教研小组，本着“能者为师”的原则，指聘医学知识水平较高的进行辅导。如李伯华（上海复旦大学毕业）、王学文（三育护校毕业）、王乐天、汪维中、白惠章、赵子骏、唐杏庵等人，都担任过业务辅导员。卫协会学习委员研究制订学习计划与安排，会员们个个踊跃参加听讲，讨论时结合实例展开争论，谁也不摆“权威”架子，更不能不懂装懂。使学习呈现出一派团结和谐、热烈而又紧张的气氛，收到日有所长的效果。通过学习，纷纷表示以白求恩为榜样，对技术精益求精，树立全心全意为人民服务的观点，争取当一名有德有才的人民的好医生。

此外卫协会在组织医务人员参加兵役体检、支援水利与国防建设、培训卫生员等方面，都付出极大努力，作出优异成绩。不再一一叙述。

选自 1987 年 11 月《漯河文史资料》第一辑

新农合运行十周年纪念

阎书华

（一）

在2003年试行新农合前，长期生长在农村的我们的祖祖辈辈，以及我们这一代现已七八十岁的老人，都经历过而且谙熟当时农村的疾病医疗状况，一向认为各治各病、各花各钱那是天经地义，谁也没有梦想过、指望过政府给拿出一星半点医疗费。

为了让我们的后生了解一下我们前辈和我们这代人所处那个旧时代农村的医疗状况，通过新旧对比能够体味到新农合给我们和后辈人带来的实惠，我想将幼时的亲历、亲见、亲闻记述一些。

旧农村没有医院，郾城县也只有两家由美国基督复临安息日会河南分会，于1919年建立的郾城疗养院，一所建在郾城城内，一所建于漯河镇，俗称“美国医院”。但因医护人员少，床位有限，医疗设备简陋，仅能医治一般常见病。《郾城县志》记载：1931年，设立在警察局内的“平民医院”由二人组成，1939年改为县立医院后至1947年，仅有护士2人，司药1人，加上行管、杂工共20余人。而且，这两所医院，还因抗日、解放战乱，时关时闭。所以在远离县城交通不便的农村，几乎所有的人，从生到死都没有进过医院。

形势使然，农村人土法治病的办法千奇百怪，五花八门。头痛脑热、伤风感冒等小病，一是找会扎针的——多半是中年妇女或老太太，用做活的针，在灯头上燎一下，在脑门、两鬓扎上一针挤出一些浓血；还有的在膝弯处扎一猛针，放放血。二是最常见的办法，熬碗姜茶，喝下后蒙头盖脑捂出一身汗，对待小孩，则是两头捂住被子，逼他哭出一身汗来。

农村小孩，吃不着好东西，遇到年节、串亲待客，偶尔碰到一顿好吃食，猛吃一通，常常会弄得上吐下泻，这叫伤食。大人给孩子治病的办法，就是饿饭，罚你几天不吃晚饭。我和同龄的堂弟，就常常被禁吃晚饭。两个孩子坐在大门的两个门墩上，可怜兮兮地对路过人诉说："俺娘不让俺吃饭！"

那时不少大集镇有私家中药铺，遇到长期消化不良，就到药房买点最便宜的烂积丸，捏住鼻子给灌下去。

因为饮食卫生条件差，喝生水，在菜园或果园里偷食生瓜梨枣，小孩得蛔虫居多，最常吃的打虫药是十君子，甜甜的像糖豆，孩子最爱，价格便宜。

多数庄稼院，一家人用一盆洗脸水，一条白布巾，常常洗得黏黏糊糊，白布巾变成灰色，有的干脆到坑塘去洗。坑塘里洗澡、洗尿布、刷尿罐，啥都干。好多人得红眼病，眼睛肿成一条线，扶墙走。我亲眼见，奶奶从狗身上抓个和牛虻差不多的狗蝇，捏住它的头，用它乱弹蹬的爪子，给我大姐抓眼里的"瘀肉"。实在厉害的，到药铺买包紫金锭眼膏点点。我多次害红眼病，都是不治熬好的。我的一个堂妹落了个烂眼子，陪伴她终生。

农村卫生条件差，很少洗澡。有人戏说：河南女人一辈子洗三次澡：生下来一次，结婚一次，死后一次（棉花蘸酒）。很少洗衣洗被，衣领油黑，被子油光发亮，加上潮湿，成了孳生虱子、臭虫、跳蚤的温床。冬季，许多老头背靠向阳墙根，脱了棉袄抓虱子。我幼年时期，母亲用线绳缠起的篦子，给我戗头发勒虮子，痛也不敢叫唤。上早操排队，我在前面，后面的男生给我往下捏虱子。

农户家家灶房门口一个粪坑，后院一个露天茅房，门外一个粪堆，蚊蝇肆虐。

最常见的传染病是疟疾，俗称老�、打摆子。顾名思义，发作起来，病人左翻右摆，抽搐一团。每天，在快发病之前，家人强迫病人出去跑，叫躲"老�"，设法躲掉疟魔，跑出一身汗来，抽搐也能减轻一些。

在离我村不远的杜庄，有个名中医杜先儿，是个“悬壶济世”、不计报酬的热心肠。方圆几十里，土法子治不了的病，富户套车，穷户跑腿，有请必到。类似疟疾这种危险的传染病，都是请他开方到药铺抓几剂药治好的。

通过蚊蝇、跳蚤、臭虫、虱子这些害虫传播的常见病，还有疥疮，俗称疙痨，浑身脓包，奇痒难忍，在学生集体宿舍传播最快。土方就是设法从驻军或伤病员手里弄些枪药擦抹，或找卖膏药的配点药膏。

为了省诊病、药费，用迷信治病的比比皆是。小孩吓掉了魂，家人前面一个提个灯笼，在小孩受惊处喊着：毛毛回来吧！后面的人在地上摸一把，应答：回来啦！

小孩夜哭睡眠不安，请人用黄表纸写上：“天皇皇，地皇皇，我家有个夜哭郎。行路君子念三遍，一觉睡到大天亮。”贴在来往人多的树上。

我的一个堂弟，五六岁时得了个大肚痞（黑热病），肚子大得像扣了个西瓜，青筋暴突，喘气困难。听说用吊死鬼的上吊绳可治，正好我村一个叫马五的年轻人刚上吊，就把他的一段麻绳拿来束在肚子上。这段吊绳连束了一两年，后来不知是怎么治好的，疾病影响使他个头很低。

农村庸医也常有之。我的一个堂弟十来岁时摔伤了胳膊，找了个捏先儿，他下手极狠，每一回都捏得堂弟哭天唤地，吓得我们兄弟姐妹，见捏先儿来，躲出去老远。多次捏把也没把骨茬对好，最终落了个大骨肘，胳膊抬不起，拐不了弯，参军体检没有过关。

杜先儿终非神医，不能包治百病。遇到他或别的中医先儿治不了的病，只能活活等死。我的母亲在生小弟时，胎盘迟迟下不来，接生婆手伸进去往外掏，终因失血过多死去，小弟也没保住。那年，我只有三岁。如在现在，一个剖腹产手术，就能保住母子的命。

我的姥爷得了个尿不出的病，就是现在说的前列腺炎（或癌）。俗话说，活人不能让尿憋死。我的姥爷，一圈人守着无能为力，眼瞅着活活让尿憋死了。

我的继母于1951年夏，在地里锄高粱时，突发脑出血，大喊一声昏倒在地。当时虽是解放后，但县里还没建立医院，因无法及时抢救，两天后死去。

乡下人习惯于熬病，小病熬成大病，大病熬死。我的奶奶，常年哮喘、咳嗽吐痰，喉咙就像拉风箱，却很少见她吃药，熬了好多年，最终因一口痰堵住断了气。听说她最初就是感冒发烧，熬成肺炎肺气肿的。她死的那年，正赶上1942年蝗灾，我爷爷迷信，怪我们吃了蚂蚱，惹了神虫，把奶奶尅死的。那年奶奶60岁。当时人的寿命很短，活到60岁已属高寿，“人活七十古来稀”的古语就适用那个时期。

我的一个堂弟媳，生了五个孩子，20世纪70年代初，30多岁，月经不止，看了不少先生，吃了不少中药，花了不少钱，靠挣工分的堂弟，一人要养活五个孩子和一个失去劳动能力的老母，已无余钱剩米去供病老婆吃药。尽管当时郾城县、漯河市已有了几所上得了规模的医院，但堂弟从来不敢奢想把她送去住院。最后，弟媳因怕花钱，怕喝苦药水放弃治疗，熬到血流净尽，撇下了五个没娘的孩子。

（二）

新农合之称是对旧农合而言的。

旧农合是怎样兴起的？《大河报》2008年报道：据卫生部原医政司司长张自宽回忆，“合作医疗”这个词真正出现，源于1956年河南省正阳县王店乡团结农庄的“社办合作医疗制度”。1959年11月，卫生部肯定了农村合作医疗这种形式。1960年2月，中央再次对农村合作医疗这一办医形式给予肯定，并将这种制度确定为集体医疗保健制度。这时，全国以农业生产大队举办的合作医疗覆盖面已达40%。1965年，毛泽东主席批示“把医疗卫生工作的重点放到农村去”，1968年“合作医疗好”的毛主席语录，把农村合作医疗推向了第一个高潮。

20世纪70年代曾有《春苗》《红雨》两部电影，歌颂了旧农合时期的赤脚医生，“一根银针治百病，一颗红心暖千家”的精神。

1978年，合作医疗被写进了当时的《宪法》。1979年，国家有关部门出台了试行的《农村合作医疗章程》，全国九成以上的生产大队实行了合作医疗。

漯河市包括郾城县的合作医疗是怎么兴起的呢？据曾经在市郊娄庄生产大队当过赤脚医生、后来成为市第一人民医院（现中心医院）主治医师的娄耀武医生回忆，农村的合作医疗源于1963年起至1978年持续10多年的那场疟疾大战。娄耀武说，由于蚊子传播，1963年娄庄大队初期疟疾发病率占52‰。当时娄庄大队有2000多人，染上疟疾的100多人。《漯河市志》记载，1963年出现高峰，当年市区发病人数达1299人，1964年增至4084人（总人口98596人）。1970年至1978年连续9年均徘徊在4位数。《郾城县志》载：1963年、1964年疟疾发病率分别为10310.26/10万、13576.91/10万。1969—1977年9年间一直持续高发，1970年高达11011.4/10万。

针对如此严峻的形势，省卫生厅马任平厅长，于1963年来到漯河、郾城，组织医护人员打一场灭蚊治疟的大会战。当时漯河、郾城农村人口占绝大多数，因农村卫生条件差，是蚊子孳生的集中地，疟疾的高发区，灭蚊治疟重在农村。但资料记载，漯河市郊公社只有一个医院，医务人员十几人；郾城有16个公社卫生院，医务人员490人，这些医疗人员无法适应会战需要。据此马厅长根据河南省正阳县王店乡团结农庄等地办农村合作医疗的经验，建议漯河市、郾城县以生产大队为单位建立医疗站（后改为卫生所〈室〉），每个二三百人的生产大队设一至两个卫生员，由公社卫生院或县医院集体培训一周，就在卫生院医生的指导下，登门为疟疾患者免费送药，“送药到手，看喝到口，不咽不走”。一般8天服药8次，即可痊愈不复发。很快截住了疟疾的蔓延，保住了劳动大军的体能。

《郾城县志》也有同样记载：对高疟区进行全民性预防服务，发动群众灭蚊，抽调大批医护人员，对高疟区进行全民性免费预防服药，坚持“送药到手，看服到口，吐了再补，外出追服”的送药方法。1965年3月，全县对1964年76575例疟疾病人及14195例疑似病人，正规服药率达99%。

为了奖励这些新生卫生员在治疟会战中的汗马之功，1965 年底，省卫生厅在黄委宾馆，召开全省红色卫生员代表大会，娄耀武作为优秀代表出席了大会。他还清楚地记得省委书记刘建勋在大会上发出的“为完成历史赋予我们的光荣使命，为彻底改变农村缺医少药状况而努力奋斗！”号召。他说：“送一片药打一回针，就是我们为社会发展、为人民健康作出的具体贡献。”

这次会后，生产大队普遍办起了卫生室，每室配备 3 至 5 名赤脚医生（据说赤脚医生之称是来自上海），实行合作医疗制度。自此，生产大队卫生室、赤脚医生就成了农村防病治病的常设机构。县市办起了半农半医的卫校，培训赤脚医生。

《漯河市志》载：1971 年，市郊 27 个生产大队，建合作医疗室 26 个，赤脚医生 187 人。赤脚医生按同等劳力记工分。

《郾城县志》载：1970 年，314 个生产大队办了卫生室，284 个卫生室实行合作医疗，占 91%，赤脚医生 941 人。其待遇，一般按同等劳动力记工分，或略高于同等劳力；出差或外出进修学习，按大队干部标准予以补助。

尽管待遇很低，但是省红色卫生员大会的鼓舞、社会潮流的激励，以及《春苗》《红雨》电影的影响，赤脚医生们的积极性却非常高，他们工作不计报酬。娄耀武说，他当时身无分文，连 2 分钱一盒的火柴都买不起，到工厂打小工挣 1.54 元钱，买了套注射器。第一次打针是在母亲身上试验。不管刮风下雨，白天黑夜，随叫随到。

在灭疟大会战中，因由政府出资免费治疗，待合作医疗转为长效机制后，由于上级卫生管理部门没有一个医疗费用来源的统一规定，各县乡（公社）只能根据各自的经济力量各行其是。

郾城县的筹资形式有三种：一是大队经济状况好的，经费由大队全包；二是大队、生产队拿出部分，社员半年或一年每人交出一毛钱。有的一年一兑，有的半年一兑。社员看病仅交 5 分钱挂号费。外出看病一般报销 35%—70%，慢性病人报销 15%—60%。有的大队合作医疗全部报销。

漯河市郊生产大队卫生室的合作医疗经费无史料记载，仅据娄耀武的回忆，由于其所在的生产大队无过多的公益金可以支付社员的免费医疗，只好由赤脚医生自显神通。娄耀武的筹资办法是：按人头每人交一个鸡蛋，有的连一个鸡蛋都出不起。他一共收了两三千个鸡蛋，挑到食品公司蛋禽收购部，卖了 200 多元，全部买了药品。这是医疗本钱，社员吃药，仍要付费。

娄耀武的这一招法，早在 1955 年春，山西省高平县农民办起的一个“联合保健站”，就曾经“每人出两角钱或拿几个鸡蛋作为保健费”。

正是由于合作医疗没有国家的投资，没有固定的经费来源，各生产大队穷富差异，社员享受合作医疗的待遇亦是旱涝不均。有限的经费，只能解决社员的小病常见病，大病仍无力支付。因之合作医疗曾历几起几落，举步维艰。至 1981 年，农村实行土地承包制，作为合作医疗主要筹资来源的集体经济，失去了继续支撑能力。实行承包制后，曾经有一段有卫生保健提留，被农民视为增加负担，反应强烈。合作医疗的大队卫生室渐次解体，赤脚医生经考核有的成为正式医生，有的个人行医。广大农民又恢复到了自费医疗的老路。

（三）

1998 年，卫生部对原来的合作医疗做了一个调查，发现农民得到合作医疗保障的只有 6.5%。

国务院根据以往农合的经验教训，于 2002 年 11 月确立了新型农村合作医疗制度。

新型农村合作医疗制度是在政府组织、引导、支持下，农民自愿参加，个人、集体和政府多方筹资，以大病统筹为主的农民医疗互助共济制度。

这次改革实现了两个重要的政策突破：一是政府首次明确合作医疗的筹资合法；二是中央财政替农民掏钱看病，历史上从未有过。

新农合制度的出台和付诸实施，让一直游离于国家医疗保障制度以外的农民，第一次知道了政府也可以像对待城市享受公疗的工薪阶层一样为自己报销医疗费了。

新农合于2003年，先在河南、湖北、云南等省试点。

我市按中央、省政府要求，建立了由卫生、发改、财政、民政、农业、计生等有关部门组成的漯河市新型农村合作医疗协调小组，下设专职的新农合办公室，各县区、乡镇都设有合作医疗管理委员会或合作医疗领导小组。各乡镇卫生院及市、县区新农合定点医院，均设有3至5名专兼职人员负责的新农合医疗办。负责参合农民医疗费用补助、信息收集、档案管理等日常工作。与旧农合相比，为农村合作医疗的资金筹集、管理、使用和不断完善改进提供了坚强有序的组织保障。

2003年试点初期，新农合筹资规定，个人缴纳10元，政府按人头为每人投资20元。家中有老年人和慢性病的农户，参合比较积极；一些长年在外打工身体健壮的青年夫妇和小孩，认为个人出了钱，花不上，不愿参保，因而覆盖面不是很大。

2007年，根据省扩大新型农村合作医疗试点意见，筹资比例个人仍为10元，政府增至40元。一些农民看到参合乡亲或亲属，因病、特别是大病住院，享受到的补偿，远远超过个人缴纳的那几个钱，参合的积极性也随之高涨，参合覆盖面达百分之百。据2008年底市卫生局的统计，全市农民192万人，参合农民达195.9万人（含新出生人数）。

新农合资金来源于两个方面，个人和政府投资。政府投资部分，包括中央、省、市、县区四级财政分别筹资。以2009年为例：中央财政每年每人投资40元，省级财政20元，市级财政8元，县区级财政12元，农民个人缴纳20元，人均合计100元。随着物价的增长，2008年以来，个人和政府投资也不断调整。个人缴纳由2008年的20元，于2010年逐年按10元递增，至2013年增至60元，政府投资增至260元。

新农合统筹资金的分配和使用分三个方面：

一是家庭账户和门诊统筹。参合农民以户为单位发给“新型农村合作医疗证”，证书随个人缴费的变更一年一换，医疗证通用于门诊和住院证明。

在统筹资金中，个人缴纳部分作为家庭账户，全家人可以统用。在乡镇卫生院、村卫生室门诊就医，先扣减家庭账户余额，余额扣减为零后，门诊费用按照60%比例进行补偿，2013年规定，年度个人门诊统筹封顶为70元，超出70元不再补偿。

因考虑到个人可支配的门诊数额有限，一些慢性病或特殊病症手术后患者，还需要长期看门诊服药，2008年出台的《河南省新型农村合作医疗统筹补偿方案》规定，特殊病种在门诊产生的费用，可纳入大病统筹基金支付范围，按比例或年度定额包干办法给予补助。省卫生厅2013年9月20日出台新规定，明确重大病症门诊治疗的补偿比例，统一按限额内实际医疗费用的80%予以补偿。另外，对患重大疾病的困难农民，当地民政部门还会在新农合补偿基础上，再按住院和门诊费用的15%予以补偿。

家庭账户余额可跨年度继续使用，住院时可扣除账户余额，作为个人负担部分。家庭账户金额全部用完后，仍可持医疗证住院治疗，享受财政按人头统筹的资金，按比例给予补偿。

二是按照医院等级对住院医疗费用实行分级分段补偿（报销）。住院患者要先缴纳一部分费用，称之谓起付线。自费部分用完后，再按医疗费的百分比给予补偿。为鼓励病情减轻、当地医疗机构又有条件医治的病症，尽量到基层医疗机构就医，所以，越是低等级的医院起付线越低，而补偿比例越高。

值得一提的是，为了让农民看得起大病、看得好大病，并最大限度地方便群众就医，减轻群众负担，市新农合协调领导机构，不断简化报销程序，于2008年12月制定下发了《关于参合农民在各级定点医疗机构就诊费用直补的通知》，指定9家市级医院为新农合定点医院，参合农民可以自由选择，“在哪看病就在哪报销”和“当天出院、当天报销”，农民不需要带着一堆收据去找报销部门，不再担心报销不了。

市新农合协调领导机构，根据省卫生厅文件精神，结合我市新农合试点运行情况和基金支付情况，对住院起付线和补偿比例曾作多次调整。

2005年规定：乡镇卫生院起付线100元，补偿比例分三段：101—

1000 元为 40%，1001—3000 元为 50%，3001 元以上为 60%。

县区级医院起付线 600 元，补偿比例分四段：601—2000 元为 30%，2001—5000 元为 40%，5001—7000 元为 50%，7001 元以上为 60%。

市级及县区外医院，起付线 1000 元，补偿比例亦分四段：1001—3000 元为 30%，3001—5000 元为 40%，5001—8000 元为 50%，8001 元以上为 60%。

这种分段补偿规定过于细琐，医院农合收费操作烦琐，患者更是说不清道不明，只好报多少算多少。

2008 年 1 月规定：乡级卫生院起付线 50 元（7 月调为 100 元），补偿比例不分段，统一 70%；县区级起付线为 300 元，补偿比例 60%；市级定点医院：市中心医院 600 元，其他市级定点医院 500 元，补偿比例为 40%。

2012 年 12 月规定：乡级卫生院起付线 200 元，补偿比例分两段：200—1000 元 70%，1000 元以上 90%；县级起付线 700 元，补偿比例 700—2000 元 60%，2000 元以上 80%。市级 1 类起付线 1000 元，补偿比例 1000—4500 元 50%，4500 元以上 70%；2 类起付线 1500 元，补偿比例 1500—4500 元 50%，4500 元以上 70%。省级 1 类起付线 2000 元，补偿比例 2000—8000 元 45%，8000 元以上 65%；省级 2 类起付线 3000 元，补偿比例 3000—8000 元 45%，8000 元以上 65%。省外起付线为 3000 元，补偿比例与省级 2 类相同。

参合人员年度内在同级别医院第二次及以后住院的，起付线按同级医院降低 50%；在县级及以上中医医院住院治疗的，起付线比同级医院降低 100 元。

为鼓励孕产妇住院分娩，国家及新农合基金给予补偿的优惠更多。在乡级定点卫生院住院的，实行限价内定额补偿 300 元，在县级以上定点医院住院的，新农合定额补偿 450 元。另外，实行母婴共享补偿，筹资时尚未出生，错过缴款时限未能参合的新生婴儿，可以凭有关证明，与参合母亲共享新农合补偿。

三是大病补偿封顶线越来越高。为了防止广大农民群众不致因病致贫，因大病倾家荡产，新农合制度的基本原则，坚持大额医疗费用补偿为主，兼顾受益面，财政补助资金主要用于大病统筹，适当用于小额医疗费用补偿，所以大病补偿的封顶线，随着财政投资的不断增长，也在不断调高。

2003 年初始试点的住院补偿封顶线为 0.6 万元，2006 年调整为 1 万元，2008 年调整为 3 万元，2013 年调整为 15 万元。对封顶线以下一次性住院费用实行分段补偿：5 万元以内按相应级别医院规定比例补偿，5 万至 8 万元按 80% 比例补偿，8 万元以上按 90% 比例补偿，即费用越高补偿比例越高，切实减轻重大疾病患者医疗负担。

（四）

新型农村合作医疗制度自 2003 年启动以来，至 2013 年整整 10 年。我市新农合协调领导小组办公室，按照省新农合领导机构的统一部署，适时调整我市新农合各项举措，使新农合工作整体运行平稳，渐趋完善，广大农民群众获益匪浅。

据市新农合办统计，2003—2012 年 10 年中，获得合作医疗补助的参合农民累计 1613 万人次，补偿医疗费用达 201.8 亿元。

与推行新农合前相比，农民有病敢住院，及时医疗，根本扭转了小病拖成大病、大病拖死的旧状况。

2004 年，我在市中心医院一分院住院，与我同病房的一位农村老太太患心脏病，老伴陪护，试点初期，他们可能还没参合。她刚入院第一天，因多种检查，就花去 400 多元。老伴说，是他们卖了 500 斤苞谷的钱。第二天医院通知再缴 400 元，老伴说，我得再卖 500 斤苞谷。老两口一商量，住不起，干脆出院，老太太带着严重的心脏病回去了。

2008 年、2011 年，我两次在一分院住院，和我同病室及其他病室，都住有参合农民患者，约占住院患者的半数以上。

2010 年，我在源汇区中心医院住院，这个医院的主要服务对象，是其辖区的干河陈乡、空冢郭乡、大刘镇、问十乡等的参合农民患者，当年的起付线为 100 元，和我同病室的农民患者都认为收费不多，住得起。有的当年二次、多次住院，只收 50 元。医院月底公布出院患者的医疗费用收支情况。详细列出患者的姓名、所在乡镇、住院天数、总费用、自付数额与补偿数额。补偿比例各有不同，但总体看来补偿数额均占 60% 以上，政府给担了大头。

在乡镇卫生院住院的参合农民，补偿数额更大。老窝镇千刘村民刘建章，因脑梗塞于 2013 年 8 月在老窝镇卫生院住院 19 天，共花费 5376 元，补偿 4459 元，包括起付线的 200 元，自付共 917 元。老窝镇河状村村民侯自民，因肝阿米巴症，于 2013 年 6 月，在老窝镇卫生院住院 15 天，共花费 1595 元，补偿 1153 元，包括 200 元起付线，自付 442 元。

平产妇在乡镇卫生院分娩，加上规定内的新农合补偿，基本上不花钱或花钱很少。老窝镇河状村村民张焕，2013 年夏，住老窝镇卫生院分娩。入院支付 600 元，出院时带齐相关证件，新农合补偿 300 元，降消补助 300 元，与预交的 600 元抵销，等于免费住院。

因而农村临产妇女都乐意就近到卫生院分娩，方便及时，母子平安。旧时代接生婆接生，无消毒设备，产后风、脐风，母婴死于非命的悲剧不会再重演了。

2011 年至 2013 年，我曾在市中医院三次住院。因为新农合规定，中医院的起付线比同级医院降低 100 元，中医药服务费补偿比例则提高 10%，所以，我发现在这里住院的农村患者很多，就以我所住的脑内科病区来看，参合农民约占一半之多。

在脑内科住院的多是脑梗塞引起的瘫痪，患者有七八十岁的老人，四五十岁的壮年，也有二三十岁的青年，重的卧床不起，生活不能自理，轻的一瘸一拐，要人扶持。但是，由于这里的环境条件好，室内带有卫生间，夏季供凉，冬天供暖，昼夜开水不断，病人家属可以随时洗烫瘫痪病人的尿垫衣物，使患者能够得到较为舒适、舒心的治疗，也为陪护家属提供了很多方便。尽管他们有瘫卧在床的亲人，但从陪护家属的脸上，我看不到愁眉苦脸、焦虑不安。主要原因是他们有新农合的支持依靠，不用担心治病的过重负担影响他们的家庭生活。

我在这里结识了一个大陈的小老乡陈永刚，他 27 岁却患了脑梗，右半身不遂，举步维艰。最可惜的是不会说话，他用左手在我的小本上写下了他的名字和电话号码。我出院时他还没出院，一年后，我给他打电话，是他亲自接的，最使我惊异的是他亲自和我对话。我问他那次出院后再住过院没有，他说没有，一直坚持吃中药，现在不用拐杖，可以走动。说明他那次住院疗效不错。他告诉我那次在中医院住了 1 个月，花费 28000 多元，医院给报销了一半，只花费 14000 元。

与他同病室住的，舞阳乔张的杨俊岭，60 岁，患脑出血，住院 45 天，共花费 18000 元，也是报销了一半，9000 元。

中医院因属市级 1 类，报销比例相对县区乡要少一些。

在我的亲属中，我也亲自看到了新农合给他们带来的实惠。我的表弟董铁山，是前朱村人。弟媳翟秀枝于 2001 年因高血压致脑出血，在市骨科医院住院 1 个月，花费 2000 多元，全自费。2003 年表弟他们同时参加了合作医疗。2004 年正月，弟媳旧病复发，住进区级柳江医院，近 1 个月，花费 7000 元，按 60% 比例报销 4000 元，自付 3000 元。2011 年、2012 年、2013 年，连续三年，弟媳住柳江医院，每次 12 天，花费均在 3000 元左右，每次报销 2000 元，自付 1000 元。

表弟有 4 个子女，弟媳每次住院的自付费用均由子女分摊，但由于几个子女均在外打工，收入不少。所以母亲每次住院，由于新农合报销一多半，并没有给他们增加多少负担。

我的表弟于 2010 年 10 月，在市二院门诊确诊为肝癌，二院将其转诊至郑州医学院附属医院住院一周，花费 11000 多元，在区医疗办报销 3000 多元。因表弟属低保户，按规定由乡民政按区医疗办报销 3000 元的 20%，又给补偿了 600 元。表弟因癌细胞转移，于第二年去世，这次大病同样没有给子女带来太大负担。

2008 年，新农合规定："五保户""特困户"合作医疗个人缴费，由所在乡镇人民政府负责协调民政部门予以解决。源汇区大刘镇在我老家阎魏村办了一所敬老院。收养的是阎魏及附近大陈、抬头、白寺、湾王、板桥、赵庄几个村的 60 至 90 岁的五保户、终身未婚或失了老伴、无儿无女的孤寡老人。我的堂弟阎长河是个老单身汉，也住在这里，我常去看望他们，所以对他们的情况很了解。他们每年的合作医疗个人缴费，由区民政局负责代缴，他们的门诊及住院费用基本上是全包干。他们的指定医院是镇卫生院和区中心医院、柳江医院。每次住院，先由敬老院和区民政局备案，然后通知医院。两个区级医院亲自派救护车接至医院。民政局原则上按每人包干2000元，拨给医院。患者住院期间，医院发给饭票，就餐费也在其中。超支部分，仍由区民政局负责。病愈出院，为保老人一路平安，医院用救护车将他们送回敬老院。我同村的一个叔叔和婶婶是有女无男的五保户，叔叔陈喜安是个小知识分子，他常给我说：像俺这样的人在旧社会不得拉棍要饭！2010年底，他92岁时患病，在镇卫生院住了半个多月病逝。区民政局按规定付给丧葬费2000元。敬老院于2006年开办，至今已送走了7位老人，都是按此标准付丧葬费。据闻，现在的丧葬费已提高至3000元。敬老院里无后的孤寡老人，平日衣食无忧，有了新农合以来，更无无钱治病无人送终之虑，他们可以安适地欢度晚年。

2003年以来的10年中，中央及各级财政为每个参合农民筹资由20元增长至280元，增长13倍，个人出资由10元增加至60元，增长5倍。且个人缴纳部分基本上仍由个人使用，住院补偿用的全部是财政筹资。但是，由于全国参合的农民数量较大，国家财力所限，只能逐步加大投资。所以，广大参合农民得到的补偿大多在50%—60%，还需要个人负担半数左右，包括城市医保人员在内，实现全民医疗全保还需较长时间。不过，中央及各级财政的支持，各级农合办及医院医护人员的尽力配合，使新农合不仅坚持下来，而且稳步发展。新农合已显示出了强大的生命力，它像2004年取消农业税一样，开创了前无古人的为农民出资看病的先河，功在千秋。就其现实意义来讲，广大农民，能够和城市居民、工薪人员同住一个医院，同住一个病室，享受着相近比例的医疗补贴，让我们看到新农合制度的实施，是消除城乡差距的一项重大改革。

省卫生厅最近公布的2014年新农合的新规定：个人缴纳仍按2013

年的60元不变；财政筹资增至320元；大病封顶由15万元增加至20万元；大病保障病种由原来的20种，新增到40多种；住院起付线降低300元至1000元。门诊在个人账户外，按比例报销的慢性病种也有增加，规定病种内的慢性病患者门诊治疗费用适当高于一般门诊，按不低于70%的比例补偿。另外，特别明确了：农民工流动参合人员无法回本县办理转诊的，可通过电话等向县合管办备案，选择居住地县级及以下新农合定点医疗机构就医；确需转诊至市级以上医院的，由居住地县级医疗机构出具证明，我省各级医疗机构即时予以结报。

新农合前程无量!

选自2015年《漯河文史资料》第二十二辑

走访卢氏“广济堂”门诊部

卢丙丽讲述[①] 周跃海整理

2006年3月5日是个风和日丽、春光明媚的好日子。这天，我怀着崇敬的心情，走访了位于沙河东岸母猪圈处翟庄乡冯庄新区远近闻名的卢氏“广济堂”中医门诊部。

走到冯庄路口，卢氏“广济堂”门诊部的宣传灯箱便赫然显现在我眼前，顺着灯箱的标示向前走，便来到了卢氏“广济堂”门诊部前。这是一栋二层建筑的楼房，“广济堂”门诊部的招牌落落大方、美观庄重。

走进门诊室，国家卫生部门颁发的用镜框嵌着的“医疗机构执业许可证”悬在正面墙上。“妙手回春”“医德高尚”的镜匾和锦旗挂满室内。诊断桌、候诊椅、器械筐、患者输液坐的沙发等放置得井然有序，俨然一个安全舒适、清洁、卫生的就医环境。

我正饶有兴致地观察着门诊的布局，老中医卢丙丽大夫从药房走出来，热情地招呼我坐下。当他得知我是特意来走访他时，他异常兴奋，表示愿意通过我的笔墨来展示卢氏中医在治疗烧伤、皮肤病方面所发挥出来的独特优势。

卢丙丽医师现在56岁，是卢氏中医世家的第六代传人。他两眼炯炯有神，衣着朴素大方，满头的黑发裹着几根银丝，给人以平易近人、和蔼可亲的感觉。卢医师很健谈，提起“广济堂”，他感慨万千，把我的思路一下引到了遥远的年代。

---

① 卢丙丽，河南郾城人，生于1950年2月。漯河市召陵区卢氏中医皮肤烧伤专科主任，卢氏中医第六代传人。

老字号“广济堂”

卢医师出身于中医世家，“广济堂”是卢氏的老字号。据家传资料记载和同村长者回忆，它始建于清朝末年。卢氏的祖辈们医术精湛，善于利用中医中药为世人祛除疾患。卢医师讲：“曾祖父下世后，祖父卢新柱继承了祖辈的医德，视病人如亲人，不分贫富，不论贵贱，一视同仁。实在无钱也照治不误。祖父常说：‘黄金有价，情无价，无钱也得治病！’由于祖父医术高明，为人和气，乐善其道，一些治好的病人为回报先生，很多都让自己的儿女认祖父为干亲。世隔几代了，有些干亲戚至今还在行走。”

“那是1976年的春季，我和父亲到西华县逍遥镇一个祖父认下的干亲戚家，主人叫吴振西，是与祖父结为干亲家的吴家孙子。一看我们到来，吴家大人、小孩十分亲热。奇怪的是我们坐下不久便来了许多男女长者和父亲握手问候，眼里闪着激动的泪花说：‘河南（当地人称沙河南岸为河南）的老中医来，我们的病就该好了！’一位老人哽咽着说：‘多亏当年你们父子救活了我儿子的命！’那一幕幕激动人心的场景至今我仍记忆犹新。”

“解放初期，国家为了解决农村看病难的问题，在召陵乡组建了召陵中心卫生院，父亲卢树根成为卫生院第一代老中医，先后在召陵卫生院、沟李卫生所、李村卫生所、李付吴卫生所当医生，父亲的足迹遍布召陵的村村庄庄，把一个个险些让死神夺走的生命拉了回来。由于奔波劳累，一生为世人解除病痛的父亲于1993年腊月与世长辞，享年76岁。”

从小立志当医生

当我问及什么原因让他走上行医之道时，卢医师心情显得有些激动。沉默了片刻，向我讲述他当医生的原委。

“父亲对我影响很大，使我从小就立志要当一名好医生。父亲在李付吴卫生所工作期间，我正上小学。卫生所和家中都成了父亲为乡亲治病的场所，夜间也时常有人敲门。无论炎热的夏天或寒冷的冬天，父亲总是随喊随到。记得邻村有一位烧伤妇女，由于家中贫寒，无钱医治，耽误了时机，致使创面感染化脓，散发着浓烈的腥臭气味。父亲全然不顾，仔细地给她清创消毒，然后敷上自制的拔毒燥湿散和拔毒生肌散。几天工夫，便控制了创面腐烂，长出新的皮肉，而且治愈后没留一点痕迹。当我得知这一激动人心的消息时，暗自惊叹：中医的疗效太神奇了！中医真伟大！长大后一定要向父亲学习，当一名为人祛除病的好医生。”

“到了中学时代，有了一定的阅读能力，但是，由于家传医书都是没有标点符号的木刻本繁体字，自己怎么也看不懂。父亲在家时，我就依偎在父亲的身旁，让其逐字逐句地教我读《药性赋》和《本草纲目》。后来我还买了本《农村医师手册》作为我的课外读物。对于我对中医药的酷爱和如饥似渴的学习，父亲感到很欣慰，用他的话说，我卢氏医术有传人了！所以，他教我很耐心、很细致、讲得透、说得清。父亲晚年对我的要求更加严格，常常举出病例，分析诊断方法、治病技巧，讲辨证施治，讲用药之道，使我有了很好的中医药功底。”

发挥中医药优势

卢医师沿用老字号“广济堂”，其意很明显，就是为广大劳动人民除病医患，愿天下苍生永享健康。

广济堂以烧伤医疗为特色。卢医师是一位德高望重的老中医，有着三十多年的实践经验，并创建了疗效神奇的卢氏独门绝活“烧伤治疗三步法”和“中西药湿敷法”，同时还精心研制出了由十几味名贵中药炮制成的“烧伤拔毒燥湿散”“烧伤拔毒生肌散”“烧伤拔毒生肌膏”“烧伤皮肤还原膏”等系列特效药品。30 多年来，用这些药品治愈了大量的烧伤患者，且无一例出现关节畸形、挛缩、瘢痕疙瘩。对此，卢医师简要介绍说：

烧伤，包括火焰烧伤、开水烫伤、电击伤、化学药品灼伤，常给患者造成身体上的极大痛苦和经济上的沉重负担。众多患者的出现，给我国医疗行业提出了一个难题：如何治疗才能使患者减轻痛苦、减少花费、彻底治愈不留疤痕。这是每位患者的期盼，更是专业医生追求的目标。卢氏中医烧伤专科，据家传医书记载：烧伤属于火疮，即有火毒，也就是本专科认定的烧伤热毒素。无论何种原因引起的烧伤，都会随着面积的扩大、程度的加深、热毒侵入肌肤的深度而越来越厉害。因此，治疗期间如不能及时地将其化解排出，不仅会给治疗带来很多困难，更会给瘢痕疙瘩等后遗症埋下祸根。这种神秘的热毒素，仪器检测不出，只有内服外敷中药，才能彻底根除。一些大医院，一些高层医疗科研单位，只注重运用手术植皮修复术，忽视了中医药在烧伤治疗中特殊功能，致使解除热毒成为治疗盲区。所以，一些患者创面虽无炎症，脓液却流漓不尽，肌肉暗紫不鲜，边缘硬结索口，肌肉无法愈合。这与治疗毒蛇咬伤一样，蛇毒不解，是治疗不好的。这也正是大量烧伤患者留下瘢痕疙瘩的根本原因。为了解决这些难题，卢氏祖辈们进行了大量的探索，经过几代人的不懈努力，终于总结出了治疗烧伤的三步法。

第一步拔毒燥湿法。燥湿有两种方法，一种是西医灯泡烘烤的物理燥湿法，这种方法不利于创面的治疗。另一种是“中药燥湿法”。这种方法融燥湿、拔毒、消炎、止疼为一体，效果十分显著。配合抗生素以及“烧伤清热解毒汤”中药的应用，很快就会使创面干燥结痂，同时阻断热毒素向内脏各器官侵蚀，特别是对心肾功能的危害。

第二步拔毒生肌法。创面干燥结痂后，每天敷“拔毒生肌膏”一次或两次。如有溃烂，常规消毒后，撒布“拔毒燥湿散”和“拔毒生肌散”，排出脓液湿气，促进新鲜皮肉快速生长。这时，仍需配合抗生素的治疗。如热毒过盛，红肿不消，还必须口服“烧伤消热解毒汤”，每天两次，每次250mL，以解除体内毒素，促进血液循环。

第三步拔毒皮肤还原法。创面结痂着实，边缘翘起后，改敷“拔毒皮肤还原膏”，同时口服抗菌消炎中西药片，并从以下几个方面谨防诱发感染：1. 卧床休息，减少活动。2. 忌食辛辣食品。3. 避免遇水浸洗。4. 预防伤风感冒。5. 不要人为摘痂，让其自然脱落。另外，脱痂后的创面，要继续外敷“烧伤皮肤还原膏”，直至创面肤色还原为止。

召陵区老窝镇穆杨村杨超群 2001 年在深圳某酒厂打工，因酒精起火，全身大面积烧伤。在广州、漯河几个医院治疗，历时两个多月，花去 5 万多元不见好转，绝望无奈转卢氏广济堂，按照三步疗法治疗一个月，便痊愈出院。

召陵区姬石乡柱王村李新伟 2005 年春节救火，双手深Ⅲ度烧伤，在漯河某医院治疗数天不见效果，反感染化脓后转卢氏广济堂 20 多天，手指功能恢复如初。

召陵区翟庄乡翟庄村翟新月、翟春华，洼张村赵文丽 3 位女青年，面部都曾深Ⅱ度烧伤，惨不忍睹，经三步疗法治疗，都很快痊愈，脸上未留任何痕迹。

几十年来，经卢医师治愈的面积大小、程度轻重的患者很多。卢医师不但精通中医理论知识，而且勇于实践、善于实践。由于业绩突出，受到广大患者的一致好评，并得到中国中医科学院领导和专家教授的极大关注。2005 年 11 月 18 日至 20 日，被特邀参加了中国中医科学院在北京国际会议中心召开的成立 50 周年庆典大会，参加了中医科学院首届中医药发展国际论坛研讨会，在庄严的人民大会堂受到国务院副总理吴仪及卫生部部长高强、副部长佘靖的亲切接见，并与中医科学院前任院长施奠邦教授、现任院长曹洪欣教授、现任党委书记李怀荣教授一起交流中医中药医疗经验。卢医师撰写的《关于发挥中医药在烧伤治疗领域中的优势——“三步疗法”治愈各种程度烧伤不留瘢痕疙瘩后遗症的学术研究》论文收编于中医科学院《中医药发展与人类健康》一书。中医科学院还向卢医师颁发了论文证书及国家级继续教育学分。

攻克皮肤病顽疾

卢医师不但在烧伤治疗方面取得了显著业绩，而且在皮肤病、骨伤科、内科常见病、疑难病等治疗方面同样取得了良好成绩。

众所周知，皮肤科的牛皮癣（银屑病）、神经性皮炎是当今世界性的疑难顽疾，不但国内无药可治，就是在发达国家也同样无药根治。然而，对这样的顽疾卢医师却有独特疗法。

“广济堂”卢氏“克癣净”软膏1号，专治体癣、股癣、手足癣、头癣、疥疮、神经性皮肤、脂溢性皮炎。卢氏“克癣净”2号，则专门对付牛皮癣，而且与卢氏“克癣净”胶囊配合使用则效果更好。多年来，一个个牛皮癣患者、体癣患者、神经性皮炎患者等得到康复，且无一例复发。

双汇集团职工医院许玉海院长的侄儿许朋鸽，在双汇集团上班。2005年6月感染上疥疮，先后在多家医院治疗都未能治愈。2005年12月3日，许院长得知卢氏“广济堂”治疗皮肤病的信息，当即带领其侄来到卢氏门诊，用了短短十多天的时间，便彻底治愈。许朋鸽激动地说：“卢氏医术医药真是太神奇了！这么短的时间就治好了折磨我半年的皮肤病，真是太感谢卢医师了！”

许玉海院长眼见卢氏医术医药神奇的疗效，先后将双汇集团患十多年牛皮癣的职工马秋菊女士、石聚宝退休老职工等介绍到“广济堂”。浑身布满牛皮癣的马秋菊女士于2005年12月27日接受治疗，经过一个多月的用药，这位饱受牛皮癣折磨十多年的年轻女子终于甩掉了疾病的包袱。石聚宝的牛皮癣也有五六年了，先后跑过多家大医院寻求治疗，都效果不佳。他的脸部特别严重，附着厚厚的痂片，揭了一层又一层，层层不断。2006年2月6日到“广济堂”应诊，仅一个月时间，已基本痊愈。还有市人民东路于记烩面馆的吕卿凤女士，患神经性皮炎已有十多年的历史了，跑遍了全省、全市多家医院都未能治愈，伤透了脑筋。更让她意想不到的是有个别医院的医生眼看治疗没什么效果，就干脆对她说：“神经性皮炎是世界性顽疾，不但中国治不了，就是世界发达国家也同样无药可治，只有带进墓坑里去了！”2006 年 2 月 14 日，一个偶然的机会，吕卿凤发现“广济堂”治疗神经性皮炎的信息，怀着一线希望，来到卢氏门诊治疗。让她万万没想到的是用药不到一个星期皮损处就不再发痒了，症状大减，又继续用药六七天，病症完全消失。她见到卢医师时心情异常激动地说：“这辈子都没想能治好的病竟然让您用十多天的时间完全治好了！真是太感谢您了！”

得知广大患者对卢氏“广济堂”医术的认可和赞扬，卢丙丽医师语重心长地对我说：“中医中药是我国传统医学瑰宝，蕴藏着十分丰富的医疗知识，对我国对世界医疗事业都有着积极的影响，尤其是对烧伤、皮肤病和一些功能性、神经性、病毒性疾病的治疗更有着独特的功效。2003 年春季我国出现的‘非典’治疗不就是发挥了中医药的强大优势吗？ 21 世纪是科学技术飞速发展的时代，大力研究推进中医药在临床治疗中的应用，将会成为临床医学发展的新亮点。”

选自 2006 年 7 月《漯河文史资料》第十四辑

源汇寨“德和堂”坐堂中医王德瑞

朱永辉 [1]

清末民初的漯河，繁华街区原只在源汇寨内。小寨的面积不足一平方千米，东距光绪二十九年（1903 年）建成的郾城车站（今漯河车站）二里许。京汉铁路建成通车，推动了商业活动的繁荣，加强了地域间文化的交流。就在漯河这片土地上，清朝末年却存在过 24 户世传中医，或从事专门医治，或从事药材经销，或从事医药兼营，为漯河人民行医治病、救死扶伤，被老百姓所称道。由郾城县迁入源汇寨内的世传中医王德瑞及其坐堂的中药铺“德和堂”是其中得到人们广泛传诵和给人们留下深刻记忆的典型，王德瑞本人也被群众誉为漯河中医“内科四大名医”之一。

一、王德瑞家学与成长历程

中医是中华民族文化的宝贵遗产，承载着我国古代先民同疾病做斗争的知识和经验，是在长期的医疗实践中逐步形成并发展起来的独特的医学理论体系。漯河虽建市较晚，但历史却很悠久。现在市区境内的翟庄遗址为裴李岗型文化，属于新石器时代早期的遗迹，距今 8000 年左右。南岗遗址和澧河北段遗址为龙山型文化，距今 4500 年左右。从这些历史文化的遗存来看，在远古时代，我们的祖先就已经开始在这片平坦富饶的土地上繁衍生息。但是在民国及其以前时期的漯河，像中国很多地方一样，存在着缺医少药、瘟疫横行的现象，加上各种自然灾害、

---

① 朱永辉，河南临颍县人，生于 1983 年 3 月，毕业于西藏民族大学，哲学硕士。漯河市教育电视台编辑。

社会动荡、连年战争，人民深受其害。尤其是流行病侵袭之际，更是人人自危、家家不安，医生便承载起了一种救死扶伤的社会责任和历史使命，为世人所推崇和尊敬，称之为先生。

西医自民国元年（1912 年）才由基督教会传入，民国 5 年（1916 年）才开设对外应诊的诊所。1949 年新中国成立以前，西医发展较为缓慢，所以在民众中起到较大作用的还是土生土长的中医。新中国成立后，医疗卫生事业得到迅速发展。由郾城县东街迁入源汇寨的“德和堂”坐堂中医王德瑞与其祖辈父辈，都是历史上为漯河医疗卫生事业发展作出过重大贡献留下美名，让人追念的中医先生。

王德瑞，字凤鸣，生于民国 2 年（1913 年），逝于 1972 年，享寿 59 岁，郾城县人，承袭于王氏中医世家。因其先天唇裂，故人称“王豁子先生”。其祖辈父辈皆从事中医事业，家学渊源独特，文化积淀深厚，为其营造了比较好的医学理论环境和实践氛围。所以他从小熏受药香、耳听善言、目视医德，加之幼上私塾，四书、诸子等多能熟读成诵，为其以后学习理解更加高深的中医理论知识打下了坚实的基础。特别是其中的阴阳学说、五行观念，更为其积累了宝贵的中医哲学理论。扎实的基本功底和后来认真的行医实践，最终使他成为漯河及周边地区中医“内科四大名医”之一。

每当年幼的王德瑞在背诵医药歌诀想要偷懒或是出了差错的时候，都要受到父亲的严厉训斥，或以教鞭敲头，继续诵读；或当即罚跪，从头再来。王德瑞本人学习也很刻苦，晚上经常伴灯读书、深夜不止，白天还要照方取药、熟记药名。朝朝如是，日日皆然，这是任何有成就的人的共同道路，王德瑞走得更艰难。用香油灯照明看书，每看一会儿都要用针挑拨灯芯，以致枕头上、被头上都是厚厚的油层。成长为一名优秀的中医绝非易事，要经历刻苦的学习和长期的实践，任何速成的教育和成长，都注定不会是结实的良材。就是在这样的氛围和环境中，在长辈常年的耳提面命下，王德瑞认真学习和实践，最终成就为一位有着自主学习和发展能力的医生。

二、王德瑞谦和温诚而又医德高尚

民国时期，王德瑞在漯河寨内受聘于中医“德和堂”坐堂应诊，此堂乃郾城义士孟庆武先生经营。解放后成为“仁和堂”坐堂中医。1956年公私联营以后，进入漯河联合医院（今第二人民医院）。后医院系统调整，又进入第一人民医院。他医术精湛而广泛。据《漯河市志》记载：“他精于内科、外科和妇科，善于针灸，尤以治外感湿热著称。常中西合诊、随症变通。治疗中风、鼓胀、水肿、风湿、胃脘疼痛等，针药兼施，数解奇难。”他曾经用针灸术使舞阳县一名哑人开口说话，一时声名鹊起，传为美谈。从此上门求医问药者络绎不绝。民国18年（1929年）政府曾颁布“废除中医案”，使漯河中医药发展受到限制，但这并没有削弱中医在群众当中的影响和作用。据资料统计，到新中国成立前夕，漯河中药店（堂）有43家，且多为医药兼营，比清末的24家已经有很大的发展。他们主要以诊疗内科、外科、妇科、儿科等常见多发病为主。当时的中医除了“德和堂”的坐堂中医王德瑞外，还有“广德堂”的坐堂中医左赞宇，还有中医刘少安、王邦杰，也都享有较高的声誉，人称“内科四大名医”。

古人说：“医者，仁术也。”医德是医生的行为准则，是医生的职业道德，是一般社会道德在卫生医疗领域里的特殊表现，是造就名医的重要因素。宋代《省心录·论医》中指出：“无恒德者，不可以作医。”明代龚廷贤说：“病家求医，寄以生死。”医生承载着群众的健康期盼，是病苦群众脆弱心灵的寄托。古人还说过：“德者，本也。”德是立身之本，也是行医之本。王德瑞在民国时代“德和堂”坐堂行医期间，谦和温诚地对待每一位来诊的病人，深受群众称赞。新中国成立后入漯河市人民医院中医科任中医师，每当他坐诊，来就诊的人总是特别多。

“文革”中，王德瑞被错划为“反动学术权威”“臭老九”，屡遭批斗。在生病期间，习惯用稀饭代白开水喝药。一次他偷偷跑回家里吃药，被人追到家里，看他在喝稀饭，被严厉指责：别人都在外面吃“忆苦思甜饭”，“反动学术权威”“臭老九”却在家里喝稀饭开小灶……王德瑞虽受屈辱，却顶着压力，应诊如常。其间还经常随漯河市医疗队下乡送医送药。每到一处，十里八乡的病患群众就闻风赶来，有郾城的，也有周边县市的。时任河南省委书记的潘复生、省长吴芝圃，都曾专程赶来漯河向王德瑞问诊。在下放舞阳县“改造”的1969年，给一名患者诊后开药方的时候，突然感觉身体不适，握笔不稳，终因劳累而患中风症，半身不遂。时许昌地委领导得知此事后，严厉指出：那么好的医生，怎么下放到如此艰苦的地方！病情稍有稳定，王德瑞在病榻上仍然坚持接诊，由他口述药方，儿子代笔书写。其场面令人感动！王德瑞去世七年之后的1979年，有一位来自西平县的病人，打听王德瑞的消息，要找他就诊。岂不知先生仙逝已经有七年了。

三、王氏中医文化遗存与家谱世系考订

王德瑞从医一生，从学语时开始诵读汤头歌诀，到以诊疗外感湿热病而著称的中医内科名士，再到虽身在病榻仍然接诊的老年德高医者，直到为最后一位患者诊疗之后，溘然长逝于病榻之上，王德瑞结合理论与实践，综其一生所得，创中医新方40余首。虽十年浩劫有所散佚，后经其后学“八大弟子”的整理校订，辑成《中医实践方剂》一册。书虽不厚，承载的却是一名平凡医者一生的心血；方虽不多，实践效果却是数解奇难。因其医界的影响，曾当选为漯河市二、三、四届人民代表大会代表，被誉为漯河中医名士。乡里名流曾联名赠送刻有“青囊寿世”的匾额，以表彰其医德之高尚、医术之高明。

王德瑞的父亲王干臣先生，清光绪年间生人，享寿55岁，中医外科专家，被誉为“活神仙”“王神仙”。民国年间携家眷从郾城县东街迁入漯河镇源汇寨，于“华洋春旅馆”开堂应诊。曾独创破疮消炎秘方：红升丹和白降丹。红升丹主治破疮，白降丹主治炎症，都屡见奇效。可惜秘方已失传无存了。王干臣传下来的中医古籍，经其子王德瑞的整理和刻苦研读，变成为新的知识和工具，并且保存至今。

在王德瑞及其前辈留下的遗物中，很多中医古籍都被焚毁于“文革”期间的“破四旧”运动中。至今保存的只有少量的明代木刻版、清代木刻版、民国铅字版的古籍，也有新中国成立以后在漯河市第一人民医院的中医讲义资料。

清刻本里有一套嘉庆八年（1803 年）版的《便易经验集》，由钱塘王师范作序，并附有程作霖、毛世洪、朱文藻等人的序言。该书封页与底页皆有破损，但内容尚完好，可阅读；因刊字苍劲，亦可作为书法帖临。

清末刻本里有一套《灵素集注节要》，“闽长乐陈修园念祖集注”“男元犀灵石参订”“孙男心典徽让、心兰芝亭，门再晚生棉九林福年仝校字”。纸质为黄草纸，线装。由此可知该书的大致情况。

清末刻本里还有一套《斋医书五种》（分别为《王氏医案》《医案续编》《温热经纬》《随息居饮食谱》《随息居霍乱论》），由上海广益书局印行。上海广益书局成立于光绪三十年（1904 年）。此套古籍封面皆有王德瑞的私人印章阳文“德瑞”二字。

民国铅字本有《最新伤寒论精义折中》，“民国甲戌岁冬日初版”，1934 年版，著作者为“豫州桐柏原籍婺源朱巧”，发行所是“北平琉璃厂直隶书局”，印刷所是“北平市京华印书局”。

新中国成立后有油印《伤寒论》讲义稿数页。还有数本中医中药书，多为新版，比较常见。

王德瑞与其父王干臣之前的先辈，已无资料可考。“文革”以前留存的三函“王氏祖匣”，也于“破四旧”运动中被烧。源汇寨中医王氏家谱世系简列如下：一世：王干臣（以前无资料可寻，故列为一世）。二世王德瑞（长男）、王凤翔（二男，解放前为中共漯河地下党员，解放初年去世）、王伯瑞（长女）。三世王德瑞有五男二女，虽有从事医疗事业者，但无从事中医事业者。现已延至第五代人。哲人其萎。当一代地方中医名士伴随着岁月的风尘走入历史时，我们的社会需要呼唤出更多的良医，真诚地为百姓解除无尽的病苦，解救身体，也解救心灵。

选自 2009 年 9 月《漯河文史资料》第十七辑

名牙医万二彦和他的牙医世家

万二彦供材　阎书华整理

在漯河市及周边县、乡，患过牙病的老一辈人中，几乎没有不知道联合医院（现在的市第二人民医院）牙科的老万医生的。

万医生幼年投师学习牙技。1952 年从事牙科专业后，刻苦钻研，坚持不懈，对医术精益求精。1956 年合作化后为漯河市创建了第一个牙科门诊，为周边县、乡培养了第一代牙医人才。至 1992 年退休，历半个世纪，他以精湛的医术、高尚的医德、谦和的态度，淡泊名利，兢兢业业，为成千上万的牙病患者解除了病痛，延长了寿命；为漯河市牙科医疗事业的发展作出了贡献，在广大牙病患者的心目中，塑下了一个美好的形象。

八年学徒苦

万医生名二彦，1929 年 12 月生于郾城县邓襄镇牛赵村。他幼年时期，父亲万振德在武汉经营了个小车马店，称得上是个小康人家。可是，在日寇侵占武汉，父亲带着盈余的财物归乡途中，被鬼子的飞机炸了个精光。父亲死了，万家变得一贫如洗。14 岁的万二彦不得不自谋生路，后经人介绍投身到界首镶牙技师王恒舰的门下学习牙技。

“徒弟，徒弟，三年奴隶，吃不完的剩饭，招不完的没趣。”这是旧学徒生活的写照。牙技徒工万二彦亦如其他行业的徒工一样，少不得为师父一家刷锅捣灶、洗衣抱孩。师父严厉乖戾，徒弟挨打受骂成了家常便饭。和二彦同时学徒的三个师兄弟，因为吃不了苦头，先后改行他去，唯有他咬牙坚持下来，白天干杂活，晚上秉灯做牙熬至深夜。人说

“教会徒弟，饿死师父”，手艺人都少不了有些保守。可是，二彦的吃苦耐劳、刻苦用心使师父看出他是个可造就的好苗子，天长日久的相处，师徒情感接近，师父对他不再保守了。师父在当时的界首镶牙界也称得上是拔尖的，脾气虽然古怪，但操作起来一向认真细致，干净利索，师父的好作风也影响了徒弟。

一般徒弟三年出师，而万二彦却整整学了八年。解放后，个体镶牙业从小联合到大联合，万二彦当了科主任，当年的师父成了他手下的一名技师。而他不仅不记恨师父的严厉打骂，反而认为“教不严，师之惰”，严师才能出高徒，所以，在多年的同科共事中，他治牙，师父镶牙，配合默契，关系融洽。20 世纪 80 年代师父病逝，是万二彦给他送的终。直到现在，逢年过节，他都要去拜望耄耋之年的师娘，以行徒弟之道。

第一个牙科创建

旧漯河只是郾城县的一个镇，虽属水旱码头，农副产品集散地，但是，人民生活贫困低下，包括牙医在内的医疗事业还相当落后，缺医少药，镶牙业被视为小手工业，尚属商业行当，未被列入医疗业。

1952 年万二彦出师后，独立门面，办起了自己的镶牙所，和他同行业的镶牙所总共有六七家。1954 年党号召农业、小工商业走合作化道路时，万二彦牵头组织了牙业合作组，称为小联合。当时，参加合作组的共 5 家 7 人：万二彦、戴子明及其子戴炳义、孙东灿、杜金亭、王建堂（王恒舰之兄）及其子王应国，名“漯河市镶牙联合所”，设在马路街中段，万二彦任主任。1956 年，党的“一化（工业化）、三改（对农业、手工业和资本主义工商业实行社会主义改造）”的过渡时期总路线在全国实施，万二彦的镶牙联合所于同年 6 月加入了集体性质的漯河市联合医院，联合医院后改为第二人民医院。

万二彦从学徒、独立经营至大联合，自始至终学的就是拔牙、镶牙，统称修复。牙坏了，除了用些简单的止痛消炎药，唯一的办法就是拔掉、镶修，全漯河市尚无一个治牙医生。联合医院的第一个牙科，初期的业务仍是单一的修复。为了弥补漯河市治牙的空白，1958 年联合医院派万二彦到许昌专区医院进修一年。其间，他学了口内科（口腔内科学）、口外科（口腔外科学）、口矫（口腔矫正学）等。以他小学的文化基础，他买了许多相关的口腔医学书籍刻苦研读，较全面地掌握了牙病治疗知识和技能。1959 年回到医院当上了第一个治牙医生，被授予口腔医士职称。1965 年，学无止境的他，又有幸被派往河南医科大学口腔科进修。在那里，他感到自己就像乡巴佬进城一样大开眼界。在小小的漯河市从没见过的口腔肿瘤、牙癌等大的疑难病症的手术治疗，他在随教授专家临床学习中都见识到了。同时，在教授们的指导下，他还啃了许多大部头的口腔学科理论，还用三四个月的时间学习了与之相关的耳、鼻、喉科医疗知识，他成了一个得心应手的牙病治疗医师。

自 1959 年万二彦挂出第一个口腔门诊科的招牌起，他在繁忙坐诊同时，为周边的县、乡培养了 10 多名口腔科医生。其中就有郾城县的第一个牙科医生李炳贵以及舞阳县、西华县、西平县牙医历史上的奠基人和开路先锋。

在“文革”后期才成立的漯河市第一人民医院牙科的第一代治牙医生于保芬、曹月琴也是万二彦的徒弟。他的徒弟牛兰根、曹红当上了二院附属口腔医院的院长，王应顺、王俊生等都已接替万二彦医生当上了二院牙科的骨干医师。

平淡中见高尚

万二彦从事牙技专业的 20 世纪 50 年代，正是共和国刚刚成立，生产力落后，物资不丰，设备简陋的时期。在美、日等发达国家和国内上海等大城市的镶牙业已经使用电动的离心器、熔合器、电烤箱铸牙时，漯河市的镶牙业，因买不起昂贵的洋设备，多年来仍沿用着传统而原始的手工操作。万二彦想为缺牙少齿的人镶嵌一副经久耐用的义齿，只好因陋就简以土代洋，用黄胶泥代替离心器，用煤炉代替烤箱。为此，他挖空心思，反复试验，吃尽苦头。一度，他试用一只带铁丝襻的小铁盒代替离心器，把铸合金装进模型内燃烧熔化后，用一支铁棍头上缠上纱布，插进盒内，像玩陀螺似的快速转动，不期失手，小盒带着灼热的铁棍牙料飞了出去，以其强力的惯性作用越过院墙，贴在了街上的一面墙壁上。至今谈起这个惊险之举，他还有些后怕。他说，“幸亏是贴在了墙上，如果是贴在人的头上、脸上呢……”

还有一回，为应急需，他连夜用高压锅蒸橡皮时，因过早揭盖，气没落尽，沸水涌出把他的双脚烫掉了一层皮，医治了半年才能独立行走。不过，这种笨办法铸出的牙也有其优越性，再小的牙也能铸造而且经久耐用。20 世纪 50 年代，万医生给百货公司的刘金荣用黄合金做的一副牙，戴了 20 多年，给万金合作社的张来轩铸的牙，戴了 30 多年。

万医生学的是拔牙、镶牙，但是，从他掌握了治牙医术并专门从事治疗门诊以后，他却从不轻言为患者拔牙。他常说，人的恒牙，对人的一生来说只有一副，拔一个少一个，不会再生，拔掉后镶出的牙再好也不如本牙那么运用自如，所以他一贯坚守的原则是能保住的牙决不轻易拔掉。

“牙痛不是病，痛起来要人命。”痛起来要命多是牙髓炎引发的，万医生在多年的临床中，熟练掌握了治牙髓炎的经验。把牙钻出一个针眼大的洞，用消炎水冲洗，这种快速止痛法常常使许多患者哭着进来，笑着离去。还有龋齿的修补，凡是有一点保留价值的，即使被蛀的牙面再大，他也要设法挖净填补。

断齿是最常见的现象，而且拔掉也是难度较大患者最害怕的事情。所以，凡是能保得住的断齿，万医生就用断根再植的办法，在残根上接上一个义齿。经万医生再植的义齿，也都能经得住时间的考验。

对于非拔不可的牙，万医生是慎之又慎。为防在拔牙过程中出现休克大出血甚至生命危险，他采用中医望、闻、问、查（化验血色素、量血压、拍片等）办法，对于凝血质差、贫血、白血症、糖尿病、心脏病、高血压、孕妊早期等患者，不适于拔牙的，暂时用保守疗法。

从 1956 年到 20 世纪 70 年代初第一人民医院建立牙科的十多年中，

万医生领导下的这个牙科一直是漯河市唯一的牙科，压力之重，可想而知。每天只要万医生门诊的门打开就难以关上。不管治、拔、镶都是些细活慢活，非快速可以解决的问题。许多患者为抢第一把交椅，早早就来排队。当时的治牙人员包括学徒实习最多也仅仅五六个人，而且不少慕名而来的患者，非万医生不治。万医生常常是一个接一个，几乎连直直腰、喘口气、方便一下、喝口水的工夫都没有。工作不计时间，劳动不计报酬。在这种信念的支撑下，万医生想的只是如何更快更多地为患者解除痛苦，从没想到过个人的安危得失，更没计较过个人的名利地位，日复一日，年复一年，平平淡淡，谦谦和和，踏踏实实，谨谨慎慎，把自己的全部精力和医技都奉献给了患者。医院给牙科门诊规定的日接诊限额是25—30人，而万医生最多接诊过60人。

高尚的医德，精益求精的医术，使他一直保持着“先进工作者”“优秀共产党员”的称号。可是常年超负荷的站立运转，积劳成疾，到他六十来岁退休时，原来笔挺的腰杆却过早地佝偻了，严重的腰脊损伤使他再也直不起来了。万医生在回首往事时，不禁感叹说：“几十年治疗中，我没有出现过一次大的医疗事故，靠的就是平平淡淡的劳动。”万医生不善言谈，更无豪言壮语，他用热心、耐心、细心、为求医者服务的一片赤诚，体现了内心深处的真善美。

潜移默化　子承父业

万医生有两男一女，都是“文革”时期的中学毕业生，形势使然，全都先后当了下乡知青。

大儿子志轩，1953年出生，1971年插队。1972年底回城后没有正式工作，父亲就近水楼台，来了个带子上朝，当了个不拿工资的学徒工，在应接不暇的父亲身边，他亲身感受到了牙科人才的缺乏，所以学习上格外自觉用心。父亲严格的要求和精心的教诲传授，一年多的时间，他就初步掌握了治、拔、镶的全面技能。可是在能谋个正式工难于上青天的年月，医院没有招工名额，父亲只能让儿子忍痛割爱，绕了一个弯，在有招工指标的被服厂谋取了一个正式工身份，两年后又转到了搬运医院，成了一名正式的牙科医生。1989年转回第二人民医院，1992年到第四军医大学口腔科进修一年。父亲退休后，他接替父亲撑起了第二人民医院牙科的名声，在第二人民医院成立的附属口腔医院当上了口腔内科的主任。他谦和、耐心、细心的工作态度，常常使一些老患者在他身上找到了老万二彦医生的影子。

二儿子万五一，出生于1956年，1976年下乡后有幸被征入伍，1980年复员分配到第一人民医院。开始，院领导欲分他到外科手术室学习麻醉或到医政科做行政工作，都被他拒绝了，最后他仍然选择了父兄从事的口腔科。问他为什么，他说:“我一小[①]常见父亲的门诊室挤满病人，不住手地干都治不过来。下班后，疲惫不堪地回到家里，还没端起饭碗，托着腮帮叫痛连天的病人又跟了进来，我就替父亲着急，亲身感受到牙科医生的缺乏，一心想在长大后帮父亲一把。”

万五一进牙科后先学的是修复牙技。1988年到湖北医学院进修儿童牙错合矫正一年，回院后建立了第一个牙矫室。几年的刻苦钻研，实际操作，他的“儿童错合畸形研究”项目，于1994年获得了漯河市科委科技进步二等奖。经河南医学院、省人民医院、湖北医学院教授专家鉴定，都认为在省内是较超前的项目，填补了漯河市牙矫的空白。

万二彦父子两代人因为生活时代的限制，都没有获得正式的科班学历，不仅在医疗知识上走了不少弯路，在职称待遇上也受了很大影响。老万医生以其在牙医界的名声和医术在退休时还只是个主治医师，没能获取高级职称。为了补上前辈的缺憾，万家父子把第三代——志轩的儿子万兵送进了河南大学医学院，成了一名正式的口腔系学生，圆了祖辈的大学梦，万氏牙医后继有人。

选自2004年7月《漯河文史资料》第十二辑

① 方言，即从小。

杨靖宇其人其事

关剑宙[①]

杨靖宇，男，字镇中，号杨二先生，生于1885年1月，漯河市召陵区后谢乡小寨杨村人。杨靖宇生前任陕西省宝鸡市政协委员，是爱国人士和一生颇多作为的慈善家。1965年1月于陕西省宝鸡市辞世。

杨靖宇出身于中医世家，自幼聪颖，勤奋读书，通晓世故，知书达礼。一生致力于兴邦立业，心志高远，仁慈宽厚，交友以立身，兴业图济世。其祖父杨怀中是知名中医。父杨妥仁，除传承父志行医救民外，兼理自家酒馆经营和农耕田产。由于杨家家风严谨，仁慈宽善，颇多义行善举，为乡里望族。

1906年，京汉铁路通车后，漯河通南达北，贯穿东西的水陆交通优势更显突出，物资聚散，商业流通更臻繁荣。此时的杨靖宇，在家风熏染和世故历练中铸就的宽厚仁达，以业兴邦，济世救民的人生志向亦日臻成熟。

1930年，杨靖宇在马路街东端（源汇区农业银行现址）开业兴办了以主要经营布匹、日杂百货、粮油等项目的和丰转运公司。同年，在坊子街西头开设油坊一间。

1930年，以“博爱、仁慈”为宗旨的漯河红十字会成立，杨靖宇自愿无偿地将自己地处大新街的十几间门面房提供给红十字会使用。当时，红十字会内设立一个太平水会，为漯河提供公共消防服务，置备手压式水车一台，是那个时期漯河最先进的消防设备。当时，杨靖宇为首任漯河红十字会会长。

1933年，以杨靖宇、梁冠英、卢荣宗、黄自芳、徐滋淑、杨汉臣、

① 关剑宙（缺）。

翟洪飞等九人联合创办了漯河第一家民族工业企业——大新街面粉厂，杨靖宇入股银币5万元，并任经理。面粉厂建有机房、仓库70余间，职工90余人，最多时有职工120人，日产面粉500—1200袋（每袋40斤）。厂址在大新街北段，紧邻沙河大堤，占地面积10亩。大新街面粉厂作为当时社会新兴的粮食精加工和市场需求量很大的精制面粉产业，加上杨靖宇经营管理有方，业绩隆盛。

1935年，杨靖宇在小寨杨村创办免费青少年武术习练班，招生约40人，白天读书学文，夜间操练习武。同期，杨靖宇协助黄自芳共同创办励行私立中学。由于杨靖宇出资份额较大，被校董们推举为校长。杨靖宇由此成为漯河民办教育的主要奠基人。其间，漯河励行中学也是中共漯河地下党组织从事活动的主要基地。

因漯河地处沙河、澧河和干河的三面包围，历史上每逢雨季汛期，内涝、水患不断，相当长的历史时期内，给漯河的社会经济和民生造成直接威胁，甚至灾难。1933年，为修堤筑防和改善河道治理，杨靖宇亲自出面与当时的国民政府交涉，从美国购进一列车（30节车皮）的小麦，用于沙澧河治理工程所用民工的酬劳。当时，一个民工出工一天发给三斤小麦作为劳务报酬，工程一年完成。此举一方面有效减少了长期以来沙澧河发生水患给漯河民众带来的水患灾难，另一方面也在一定程度上赈济帮扶了一部分下层饥民的基本生计，缓解了他们的生存危机。

1938年日军侵略中原，国民政府调派白崇禧部驻防漯河。当年10月，迫于日军飞机不断实施对漯河的疯狂轰炸，在白崇禧的干预下，面粉厂被迫迁至陕西省宝鸡市。

1938年，黄河决堤，豫东地区大面积受灾，大批灾民涌入漯河。面对随处可见的逃难饥民，杨靖宇挺身解囊，自己出资购置物资、租赁场地，在中华路西头开设了一处施饭场，兼而夏天备茶水，冬天施舍衣物，向来漯河逃难的灾民提供基本的生存保障。

1942年，河南连续出现大灾期间，杨靖宇叮嘱家人不准乘灾荒之机低价购买乡亲的田产土地。腊月初二，杨靖宇打开自家粮仓，拿出40石（每石300斤）谷子施舍给本村断粮户，以缓解其生存危机。次年开春，灾难更甚，杨靖宇专门从南方买来了20石稻谷，施舍给邻村的重灾家庭。又从宝鸡运回来一节火车皮麦麸皮，分施给附近的灾民。到麦收前乡亲们青黄不接之际，又把家中作坊烧酒用的麯料（用多种粮食发酵加工的酒麯成品或半成品）和接近成熟的20亩大麦分施给断粮乡邻和逃难灾民用于保命。

1942年，这次历时甚久的大灾荒中，由于杨靖宇的慷慨救助和无私施舍，小寨杨村没有因断粮饿死一人。同时，得益于杨靖宇及时赈济帮扶的周围村庄也极少有饿死人的情况。

1956年1月，一生倾心于慈善事业，仁达宽厚，济世救民，颇多作为的爱国志士杨靖宇于陕西省宝鸡市与世长辞。

补笔：本文系参考《漯河市源汇区文史资料（人物专辑）》相关章节及走访部分小寨杨村村民整理而成，不尽之处，或有误笔，诚望方家斧正，并对该文提供帮助的小寨杨村村民朋友表示感谢。

选自2015年12月《漯河文史资料》第二十二辑[①]

① 本文原标题为《小寨杨村仁达宽厚杨靖宇其人其事》。

自学成医的詹庚臣

周跃海　阎书华

一个普通公民，经过四十年如一日地自学拼搏，终于成为一位著名医生。他的奋斗历程和“攻疑难顽疾，展名医风采”的创业精神，令人仰慕。

詹庚臣读完漯河师范最后一个学期时，正是对未来充满憧憬和幻想的黄金年龄。凭他小学、初中、师范一直名列前茅的成绩，他梦想当一个文学家或科学家。但同时，他也和他的同龄人一样不谙世态炎凉。他所处的正是1957年和1959年“左”风吹遍全国城乡的非常时期。就在他和同学们正在热切等待着学校统一分配走上教师光荣岗位之时，大队以他参加了一个“反革命暗杀团”的莫须有罪名押他回家乡，强制劳动。

回乡初始，他还相信“出身不由己，道路可选择”。但是年中他所遭受的严刑吊打和不堪重负的劳动，不仅摧残了他的健康，也彻底摧毁了他的美梦。不过却没有摧垮他生活下去的勇气和发奋图强的意志。

詹庚臣生于缺医少药的穷乡僻壤，多少年他目睹许多乡亲有病不求医生，小病挺成大病，因贻误治疗而早亡的状况，心里很不好受。当时，他自己就面临着有病无钱治的困境。这时他想起了“不为良相要为良医”的古训。他的妻子和岳母出身没问题，母女俩都在郾城县医药公司归村医药门市部当营业员。妻子鼓励他利用有利条件自修学医。从此他开始了漫长艰苦的学医生涯。他选定了中医，因为中医只要凭一颗心、两只手就可以学会诊病，毋需像西医要有那套复杂的医疗设备。

于是，他如饥似渴地啃起了他原本一窍不通的中医书。凡是能弄得到的几个钱，全都用在买书上。他白天要干最脏最累的活，读书全在雨天和晚上的煤油灯下。中医读物大都是字难认、意难解的古文学，许多玄妙的名词、术语破解不了时，就借助于中医学上的白话文解。三四年中，由浅入深，先后读了《金匮要略》《内经知要》《药性赋》《汤头歌》《张仲景伤寒论》《黄帝内经》等古药书，还读了近代名医张锡纯的《医学衷参西录》《脉学》《中医学》等。

正在他执着于医学探讨的时候，“文化大革命”开始了。社队的造反派把他当成牛鬼蛇神戴高帽子游街鞭挞棒击的同时，将他视若生命的医书也当作“四旧”全部抄走焚毁了。留给他的唯一读物就是毛主席的著作。

在中医学读物中，他逐渐认识到人是一个整体，不能头痛治头、脚痛治脚，抓住一点不计其余。为了提高分析问题、认识问题的能力。他就借此机会学起了唯物主义辩证法，专心阅读了《人的正确思考是从那里来的》《矛盾论》《实践论》等毛泽东的哲学论著，系统地阅读《毛泽东选集》，适应当时的形势要求，熟背了“老三篇”和二百多条毛主席语录。这些政治读物使他受益匪浅。从《实践论》中他认识到了临床经验的重要，从《矛盾论》中他明确了在医治综合征、并发症时要首先澄源治本，找出主要矛盾，“抓住了这个主要矛盾，一切问题就迎刃而解了”。中医学强调“肾为先天之本，脾胃为后天之本”。在他后来的临床诊治中，他紧紧抓住脾胃这个“后天之本”，首先提高患者的抗病能力，再逐个攻克其他疾病。“老三篇”则坚定了他做个乡村医生全心全意为乡亲救死扶伤、解除病痛的世界观和不畏艰难险阻攀登医学高峰的“愚公移山”精神。叶剑英元帅的名诗：“攻城不怕险，攻书莫畏难，科学有险阻，苦战能过关”成了他的座右铭。

20 世纪 70 年代初，詹庚臣先从头痛发热的简易疾病入手，试着为乡亲们诊脉投药。经过实践验证达到了预期效果，乡亲们高兴，也增强了他的信心。

他接诊的第一例较大的病症是本村农民周毛松的女儿大面积烫伤。虽属一、二度轻度烫伤，但由于在医院住了 20 多天，创面感染分泌物不止。回村后找到詹庚臣，詹不怕脏不怕麻烦，用生理盐水细心为她清洗伤面。分泌物多的地方均匀地撒上烧伤灵、分泌物少的地方用清香油和自配的榆木灰等中药均匀地涂于创面，仅两天时间就基本上控制住了伤面分泌物，三天后大面积结痂，一周后伤愈。

初诊效果非凡，登门求医者跟着就多起来。

詹庄李氏，50多岁，因发烧外出求医三个月，不退热又发生腹胀，大小便不通。经詹观色、看舌、切脉，发现有外感和内伤，病久本虚，虚中有实。确定治疗原则是解表通里，速投大柴胡汤一剂，约3小时余，病人中焦气机运转，大小便皆通，大便泻出盆余，体温基本正常，思食纳谷，后略加药物调理，周内即得康复。

詹庚臣对症下药，使穷乡亲们以低廉的药费，收到药到病除的神速疗效。他的名声也随之由村内传到村外。

召陵殷侯村已故名医殷玉柱遗孀张氏，得了怪病，痛位在大腿根，表面不青不红不肿，但痛起来剧烈难忍，夜间尤甚。医院诊断为炎症，连用清热消炎和青霉素类药物20余日，病痛反而加重。詹庚臣问清疼痛部位，重按10分钟后，感觉自下发凉，诊脉沉紧，舌苔白腻，确认并非炎症，乃因寒凝筋骨，非温药不能解之。遂投汤头阳和汤一剂，疼痛骤减。药既中病，效不改方，又投药三剂，疼消痛止。

1978年，党的十一届三中全会不仅从政治上拨乱反正，也带来了科学的春天。詹庚臣不仅甩掉了压在头顶20年的“反革命”帽子，也获得了一个学医从医的宽松环境。1985年报考了河南函授中医专科。在教授的函授下，3年时间读完了中医大学全套教科书。深厚的理论根底和丰富的临床经验，使他顺利地考取了县卫生局组织的乡村医师资格，获得了行医执照。1989年县教育局与劳动人事局正式给他落实了政策，按复职安排，回到了他向往了整整30年的校园。这时他已是年近半百早生华发的人了。

在任校医期间，他像对待亲生儿女一样关爱着学生们的身体健康。

1993年在召陵一中任职时，见一个叫王剑的男生面黄肌瘦，就把他叫到身边，细问病情，了解他患的是免疫功能低下综合征，长期虚弱，忽发感冒，食欲不振，四肢无力。父母为他治病3年余，花费近3万元。他思想压力重，精神恍惚，成绩下降。詹医生抓住脾胃这个“后天之本”，先给他服用舒肝和健胃脾药，恢复脾胃功能。服药半月，该生食欲和精神好转，后又根据脏生理腑功能灵活加减药物，调整月余，使他恢复了朝气，坚持了正常学习。学生家长为答谢詹医生为孩子治愈了历时 3 年的疑难杂症，给他送了一块牌匾。

以服务学生健康为主，詹庚臣医生还兼治一些乡村疑难杂症，尤以治疗结肠炎和肾炎为擅长。现拈数例如下。

召陵寺后郑村男性农民刘某，29 岁，患慢性非特异性结肠炎三年之久，日腹泻三四次，多方求医，疗效不佳，形体消瘦，周身无力。找詹医生就医时，已恶化到日腹泻六七次。根据以往病史，经察色诊脉为脾虚肠寒型结肠炎，遂授“温肠宝”。因药对症，连服三个疗程后，刘恢复了劳动能力。

周口地区谭庄，男性农民张某，39 岁，患溃疡性结肠炎。病情时轻时重，求医 5 年，病情加重，日便脓血六七次，腹痛不止，卧床月余，被詹医生辨诊为脾虚湿热下注型结肠炎。授“清肠宝”一个疗程，日便减至一两次，稍有脓血，思进欲食。又给药两个疗程，终告痊愈。

11 岁的李小伟，患慢性肾炎达 5 年之久，经医院治疗好转，但仍反复发作。来詹投医时，已恶化 3 月余，全身浮肿，行动困难，面色苍白，尿蛋白 4 个“+”号。经望、闻、问、切，詹医生认定此乃小儿脏腑娇嫩，生机脆弱，脾肾功能尚未发育健全，长期过用抗菌消炎、清热解毒寒凉药品，挫伤了小儿正常生机及心肺脾肾之阳，致使病机由阳转阴，由实转虚，趋于恶化，出现尿毒症、肾病综合征，最终导致肾功能衰竭，成为难治性肾炎。于是，以“金匮肾气丸（汤）”合“参附汤”增损、平衡阴阳，药量由少增多，随症灵活加减。经一周密切观察治疗，肾脾阳气基本恢复，气机运转，尿量增加，食欲明显。又经两周治疗，尿量接近正常，脾肾功能恢复，水肿消失。月余症状全消。但因脏器损伤严重，病程较长，又以猪腰血肉之品配中药煎煮食之，以培补脏器，巩固疗效。至今十余年未再发作。

詹庚臣在坎坷的人生道路上艰难跋涉，向乡村医学科学高峰不懈攀登，不仅赢得广大父老乡亲和学生们的信赖和爱戴，也得到了国内外医学界的关注和认可。

1997 年，根据由卫生部主管、中国医科大学和中国乡村医生培训中心主办的《实用乡村医生》杂志的征文启事，詹先生寄去了他的《发热一案探讨》和《结肠炎临床观察与探讨》两篇论文，经评审录用，并应邀到黄山参加了中国基层医生临床经验学术交流研讨会，获得了“优秀学术论文”证书，其中《结肠炎临床观察与探讨》一文在 1997 年第二期《实用乡村医生》杂志上发表。

1998 年，设在北京的中国科学远程医疗保健学会协作中心从《实用乡村医生》杂志上发现《结肠炎临床观察与探讨》一文具有世界推广的价值，就将其推荐参加 1999 年 6 月在德国维尔堡举办的全球远程医疗国际协作东西方医学成果交流研究会，并邀请他到会交流，可惜他因花不起旅费没能到场。会后，大会组织者给他寄来了用英语题寄的“精品论文”证书、“奖励”证书及奖盘一个。这篇论文被选入香港医药出版社出版的《全球远程医疗与国际东西方医学研究》一书。

证书

编号：ZYLH1006014

詹庚臣同志：

鉴于您在医学领域中的探索与实践，您的论文《“运转枢机”佐以“清里通腑”辨治“发热奇案”》被载入《中国医学论文汇集》（中医古籍出版社出版）。

特颁此证

中华人民共和国卫生部咨询委员会
中国医学论文汇集编辑工作委员会
二00四年六月

詹庚臣论文入选《中国医学论文汇集》证书

2000年3月《结肠炎临床观察与探讨》一文和他应征后续的《发热奇案》(一)(二)(三)论文，被中国环境科学研究院、中国农业资源与区划学会、中国社会科学院人口研究所、清华大学环境科学与工程研究院、中国农业科学院农业自然资源和农业区划研究所5家联合评选为优秀学术论文，载入中国环境科学出版社出版的《中国人口、资源、环境与可持续发展战略研究》一书。同时，分别颁发了“优秀论文著作”证书。

1999年下半年，应设在马来西亚滨城的第二届世界中西医学术论坛年会执行委员的征文，詹写了《以阴阳为纲辨治肾炎难症》一文，参加年会交流，获“国际名医成果贡献奖”荣誉证书，本文收入香港医药出版社出版的《世界知名医家成果研究》一书。

詹庚臣的优秀学术研究成果受到国内、国际医学界的赞誉。1999年10月21日被香港国际传统医学研究会聘为会员。1999年10月26日由中科联北京科教文发展研究中心授予“医学专家”称号，并颁发了“医学专家委员”证书。2000年4月，被香港医药出版社、英国世界医药传统医学会、加拿大医学研究会、香港国际传统医学研究会联合聘为“课题教授”特聘编审。2000年7月24日，他的照片及简介作为中华医界名人被光荣地登载于香港国际传统医学研究会主办的《中华医药报》上。

让人惊异的是，几年来，如此的荣誉和奖励，詹医生竟获取了十多项!

四十年默默无闻的求索，四十年千磨万击的拼搏，60岁的詹庚臣先生终于实现了他青年时期的美好理想。

选自2005年7月《漯河文史资料》第十三辑[①]

① 本文原标题为《自学成医生——记召陵三中校医詹庚臣》。

源汇区抗击“非典”纪实

季　雪[1]

2003年，一场突如其来的灾难，肆虐的非典型肺炎（简称非典）病魔撕破了晴朗的天空，在广漠的空气中，在咫尺的呼吸间传播致命病毒，数以百计的生命花朵在病毒面前凋谢。

这是一张不同寻常的考卷，各级党委政府和广大党员干部再一次用精神做笔、用血汗做墨，认真完成抗击“非典”这道新的命题。

我们无法选择遭遇　但是我们可以选择主动与坚强

地处中原腹地的漯河市是河南省的内陆特区，沙、澧两河在此处相映交汇、携手东进，更显得钟灵毓秀。这里四通八达、商贾云集，更是全国食品工业基地之一。在“非典”横行的特殊时刻，漯河市的安危在全省乃至全国至关重要。作为特区之区的源汇区，不仅身系整个市区30多万人民群众的生命安危，还肩负着上级的重托和保证全市经济持续健康发展的重任。

“非典”告急！周边驻马店、许昌、周口等地相继出现“非典”疫情。如何拒“非典”于漯河市区的大门之外，确保多年来营造的宽松的经济氛围、优美的生态环境、优良的工作秩序不受“非典”病魔侵袭？这个重于泰山的责任无时无刻不在牵挂着源汇区领导们的心。为商讨防治对策，他们彻夜不眠，为使防治工作做到极致，他们殚精竭虑。在区卫生、教育等系统在全区率先开展防治“非典”工作的基础上，4月21

---

① 季雪，河南上蔡县人，1956年生，毕业于郑州大学政史系，曾任政协源汇区委员会副主席。

日，一个统揽全区防治“非典”工作的领导小组以最快的速度在源汇区成立。随着防治“非典”形势的严峻，5 月 10 日又组建了由全区各方面领导参与、各职能部门参加、集指挥、协调、督导等功能于一体的源汇区防治“非典”指挥部。指挥部从成立之日起，到防治“非典”工作取得阶段性成果之日止，人员昼夜值班，灯光彻夜通明，一项项决策应时而出，一道道指令高效运行。正在北京学习的区委书记，千里之外心系源汇，经常在第一时间把可借鉴的北京市的防治“非典”措施电告本区；区长熊广田既组织决策，又狠抓落实，火车站、居民区、工厂、乡村、交通要道等，无不留下他宣传引导、指挥督导的声音和身影。每一名区四大班子领导全天候奋战在防治“非典”第一线。为确保高、严、细、实的工作标准，区领导亲自审修外出返乡人员登记表、通知书，亲自听取每个细节的工作汇报。有的把办公桌搬到了第一线，有的干脆吃住在防治“非典”指挥部。区人武部、公、检、法等方面的领导每天在第一工作时间里，过问的第一件工作就是所包乡、村、办事处、社居委的“非典”防治。哪里有危险，哪里有困难，哪里就有领导干部的身影。他们的一言一行，与人民群众心心相印；他们的坚毅目光向奋战在一线的干群传递着胜利的信心和力量。

突出三个重点部位、抓好三类重点人群、实施三项重点措施是源汇区主动出击防治“非典”的重要举措。该区把卫生系统、教育系统、机关、市场、企业等公共聚集场所及所辖四个乡的“非典”防治工作列为重点部位，制定防治预案，突出抓好学生体检、医护人员技能培训、返乡人员体检等三类重点人群的防范工作，加大防治“非典”专项投入。设立区、乡与办事处、村与社居委三级隔离场所，建立健全防治“非典”信息处理和应急机制。全区逐级签订防治“非典”责任书，制订军令状，确保源汇区防治“非典”工作纵向到底、横向到边、三级联动、上下贯通、反应灵敏、高效快捷。一道牢固的抗击“非典”防线在漯河市区全方位布下。在整合优化区内人力、物力、财力资源的同时源汇区财政累计投入资金 125 万元，及时购买了防治“非典”物品，建立健全了防治“非典”设施，以强化各项措施的落实。组织消杀队伍巡回消杀，在各个入市口、交通站点设立监测登记体检站，在各个居民小区、大杂院、各入村路口设立外来人员检测点等。做到早发现，即在发热病人第一出现地点检测发现；早报告，即确认发热病人后5分钟之内必须逐级上报；早隔离，即由专业人员立即护送到指定的隔离场所；早治疗，即医疗单位随时指派技术骨干指导治疗。“四早”这张硕大的防治“非典”“处方”一时间铺就在漯河市区的四面八方。

返乡一人，登记一人；发现一人，隔离一人，确保万无一失。决不让一例“非典”患者流入漯河市区，决不让一丁点的“非典”疫情在漯河出现！长期在公民道德规范熏陶下的源汇干群在“非典”肆虐的特殊时期，更深刻地体会到“维护公众利益人人有责、对别人负责也是对自己负责”这句话的哲理。

马路街办事处在火车站出站口设立了返乡人员登记检测点。每天从疫区过往漯河的列车有17趟，到站旅客最多时达3000多人，无一例外地都要在这里进行体温检测，对其所返乡、镇、居住地门牌号码、联系电话及返乡时乘坐的车次、车厢等都要逐项登记。一回回地劝导、一次次地检测、一个个的电话使一批批返乡人员在周边地区、在漯河三县一区有了安全的去处，使漯河及周边地区人民群众的生命安全得到了保障。炙热的天气，不通气的隔离服，工作在这里的同志昼夜没有了时限，饮食顾不上一日三餐，他们冒着被“非典”病毒感染的高风险，进行着一般人难以忍耐的高强度工作，不到两个月，每个人都瘦了一圈。马路街办事处副书记、火车站检测点带班领导肖建国，为维护秩序嗓子喊哑了、双手被手套里的汗水浸白了，但他始终坚持工作在第一线。

5月11日，源汇区按照省卫生厅规定标准、花大力气建成的漯河市最早的返乡人员留观站在市区正式启用。凡乘车时与“非典”疑似患者密切接触并从漯河下车的乘客，经所乘车次通告，不论籍贯何处，一律在此劝留、观察、检测。一个多月的时间，先后就有170余人。13名工作人员坚守岗位，他们割舍亲情、爱情，顶住吵闹、叫骂，不厌其烦地为留观人员端水送饭、测量体温、处理粪便、焚烧垃圾、预防消杀等。青年医生李乔，30多天坚守在留观站，女朋友多次在留观站大门外相约，但他用高度的责任感告诫自己，不能相见！女朋友忍受不了当时反常的视而不见的冷遇，曾提出“分手”，李乔只能在电话中苦苦相劝。

一个又一个数不清的身影、呼不完的姓名在防治“非典”的岗位上默默无闻、无私奉献。筑就抗击“非典”牢固防线的物质是什么？是源汇干群的血肉之躯！

链环一个个套上，保障体系、应急机制一层层建立，但是，一旦出现“非典”，能否按照预案准军事化地快速出击？区长熊广田反复要求：“宁可把问题想得严重些、复杂些，宁可每个人在防治“非典”工作上再掉下几斤肉，也不能掉以轻心。各职能单位要立足于防大疫、打硬仗，关键时刻必须做到招之即来、来之能战、战之能胜！”为了检验真功，源汇区组织人力、物力、财力，首先在卫生部门进行检查、报告、运送、隔离、防护“非典”病人的实战演习。接着在乡一级组织了有基层民兵参加的接诊、防范等实地演习。演习不仅测试了基层人员的应急反应能力，训练了医护人员的实战技能，也及时找出了防范作中存在的不足并及时整改提高。源汇区一贯倡导的求真务实的工作作风再次将防治“非典”工作推向新的高度。难得市区群众说：遇“非典”，不惊慌，因为上有党中央；困难多，挺得住，区委政府在引路！

大协作不论前方后方　抗“非典”团结展示力量

沧海横流，方显公仆本色。

防治“非典”是一场没有任何思想准备、没有可借鉴工作经验的无硝烟战斗。危难之际，区委、区政府高屋建瓴，及时调动一切可调动的力量，及时发挥一切可发挥的优势，打响了团结协作防治“非典”的人民战争。

卫生部门在行动！4 月 16 日漯河市防治“非典”工作紧急会议一结束，区卫生局就着手公共卫生突发事件应急组织的建立及防治预案的制定和落实工作。他们整合全区卫生资源，从区属医院抽调 112 名医护人员进行应急培训。将全区 56 名村医、65 名个体医生、14 个社区卫生服务网点充实到各乡、办事处防治“非典”第一线，承担起群众防疫、返乡人员体温监测等工作。组织区直机关、学校等单位建立预防消杀队，组织卫生工作者建立发热病人转送队、返乡人员体检队等，分赴市区城乡落实防治措施。5月上旬，又抽调人员分赴2个入市口，对从驻马店方向来漯的车辆和人员进行检测消毒。区属各医院严格落实发热门诊登记制度、疫情报告制度，及时储备诊疗器械、药物，配备消毒车、隔离救护车、观察病房等。医护人员勤检测、细观察，冒着一旦有疫情首先被感染的生命危险；把关口，截源头，忍下来自返乡人员的种种不理解不配合；进社区、串农户，建起一个个群众性的防治工作网点。在区中心医院，我们向前来督导工作的区卫生局主持工作的副局长田平选提问：“关键时刻，医护人员中有没有人找理由退却？”田局长略带微笑地回答：“不但没有人退却，相反全体医护人员都争着上一线！”当问起防治组的同志与发热病人（当时的发热病人均为“非典”疑似病人）打交道心里害怕不害怕时，几个人笑着说：“每次完成任务后静下来的时候，心里不能说没后怕，有时我们相互安慰，有时我们半开玩笑地相互嘱托。嘱托中既有爱，又有痛，但在大爱与小痛之间，我们义无反顾地选择了用满腔的工作来爱人民爱社会。所以一接到某处有发热病人的指令，我们就什么也顾不上想，只有一个念头，以最快的速度赶到现场，认真检测，劝阻病人不能与亲人与他人接触，只能在留观站在隔离区与我们接触。”“后悔吗？”几乎同一个声音在回答：“不后悔！我们选择了从医，就要当好人民生命的守护神！”明知山有虎，偏向虎山行。在大家与小家、亲情与民情之间，医护人员有自我，但他们不能自我，他们以实际行动书写着中国大医之精诚，以实际行动证明他们无愧为新时期最可爱的人！

教育部门在行动！疫情当头，区教体局以高度的政治敏锐性及时向学生家长发出公开信，恳请他们配合区属学校的防范工作。为了学生的安全，他们建立了学生晨测及检查制度、校园消毒制度、缺勤学生、外出家长跟踪调查制度等。强化校园管理，普及防治知识，发现特殊情况立即现场解决，确保防治“非典”期间小学生的健康成长。在病魔猖獗、人心惶惶的非常时期，源汇区32所学校依然生机勃勃、书声琅琅。

公安、文化、计生、药品监督、物价部门在行动！4月27—29日，整个市区的网吧、电子游戏厅、歌舞厅等文化娱乐场所全部关闭。接着，凡不符合条件的市区餐饮业、服务业全部关停整顿。对市区内的流动人员、租房户一律拉网排查。育龄妇女健康检查统一落实防治“非典”的各项要求。销售假药、哄抬物价等发国难财的违法行为严惩不贷。教育引导、突击检查、微服暗访、帮助整改、惩办违规等，公安、文化市场管理、计生等方面工作人员40天的时间进行了上百次的执法执纪检查，付出的精力与艰辛远远超出了工作常规，他们全力以赴为防治工作保驾护航。为了区防治“非典”指挥部工作的正常开展，区文化广播电视局主动腾出租来的办公室，要人出人、要物出物，团员青年带头捐款支援防治“非典”工作。

市场在行动！区市场办建设局源汇工商分局抽调68名同志分派市区各专业市场。市场防治“非典”检测点设置了48个，按照谁主管谁负责的原则，全天候24小时值班，对进出车辆进行消毒，对购物人员登记、检测，全力维护市场的正常经营。

企业在行动！厂长经理不仅是生产经营的第一责任人，也是防治“非典”的第一责任人。随着全区企业防治“非典”组织防线的建立，企业内的每一生产车间、每一生产工地都成了防治“非典”的责任片区。职工人人建档、人人防护、人人班前测体温，厂长经理不例外。天桥建筑集团30多处建筑工地防范得力，民工不返乡，外来无干扰，平均工期较前提速。

社区在行动！5个办事处的干部职工全部走进社区，组织带领居民群众围剿“非典”。为随时向居民解疑释惑，各社区以医疗网点为依托，设立了24小时咨询台站，实行了属地管理责任制、居民小组长分包责任制、享受低保人员巡查报告责任制、小区居民多户联保责任制、商户联保责任制、联保小组责任制、外来人员排查报告逐级签字责任制、聘请社区党员参与监督责任制、过错追究责任制、举报奖励工作制等。顺河街办事处率先在社区居民中实行红、黄、绿、蓝四证出入制度。马路街办事处实行集中人力、物力、财力，全方位抗击“非典”的措施，天桥街办事处提出全员上阵抗击“非典”的策略。老街办事处在具体工作中就工作成效的认定实行了“三查三看”。一个个护院队、巡逻队相继成立，一批批下岗工人、市区居民自愿加入防治“非典”队伍中来。柳江小区退休职工张振海多次要求在小区门前值班检测。小区工作人员看他年龄大不同意他值班，他说这样是对他不信任。在他的多次要求下，这位84岁高龄的张大伯还是上了第一线。在抗击“非典”的特殊时刻，类似张振海老人的特殊事例不胜枚举、感人至深！

乡村在行动！“村自为战”是乡村防治“非典”的主要战略。全区4个乡50个行政村的干群清醒地认识到“非典”给人们的生命及生产发展带来的危害。在利用各种形式进行防治宣传的同时，乡村两级累计拨出劝阻返乡电话300余个，发出劝乡信函1043封。该区在推广后谢乡宣传发动到位、组织领导到位、防治措施到位经验的基础上，特别加强对乡村进出口道路的控制，加强对返乡人员和外来人员的体检监测，加强对农村集会、庙会、婚丧嫁娶事务的管理和引导，加强对乡属企业、个体工商户、公共聚集场所的管理和监督等。翟庄乡利用82个防治“非典”检测点和12个行政村的民兵、青年志愿者组成1900多人的巡逻队，在各自然村、辖区多次集中排查，劝阻外来人员，加强治安防范。孙庄乡着力构筑思想、技术、群防、督查四条防线抗击“非典”。干河陈乡集工作措施与保障体系于一体，周密部署，疏而不漏！难怪《漯河内陆特区报》记者在源汇区农村采访时写下的《市长要进村　也得量体温》的现场新闻在市区群众中传为佳话。

所有单位在行动！没有旁观的，没有等待的，没有推诿的，没有讲价钱的。抗击“非典”的紧急关头，源汇区任何一个单位都在严阵以待。区财政局千方百计保证防治“非典”专项资金的足额投入及后勤供给。为建设好高标准的返乡人员留观站，区财政局领导带领工作人员在杂草丛生、安全设施窃损一空的一个倒闭企业院内起早贪黑干了七天七夜。打井、接电、修建厕所、建焚烧炉、购买药品器械、安置床位等，高标准完成了留观站的建设工作，解了漯河市区防治“非典”的燃眉之急。区民政局驻毛寨村工作队先后投入6000余元，为该村购买防治“非典”宣传资料、消毒药品、办理出入证件等。区民族宗教事务局的两名工作人员，同时又是该局的局长、副局长，他们每天骑车往返于市区的13个宗教堂点，行程30余千米，反复做信教群众的疏导、引导及防治“非典”措施的落实工作，信教群众深受感动。真情在传递，责任在接力，效率在赛跑！什么叫激动人心？什么叫可歌可泣？在万众一心抗击“非典”的战斗场面中，人们才能深切感受到这些词语的含义！

普查、抽查、明察、暗访等，区纪检委、组织部、政法委的同志根据防治“非典”的工作进程，日夜督战，发现先进，及时表扬；发现问题，现场通报，以增强干部职工的责任意识。区委办、区人大办、区政府办等抽调得力人员组成防治“非典”指挥部秘书科，几个人不分昼夜地工作，饿了泡盒方便面，渴了喝口凉开水，困了趴桌子上打个盹，再困了用凉水洗洗脸。每天从方方面面的信息中披沙拣金，编发52期、上报24期共500余篇8万多字总结性、前瞻性、提示性、借鉴性、典型性等涵盖社会各方面的信息，又有谁不承认他们是抗击“非典”另一个战场上的英雄呢？

悠悠万事，导向为大。再说一说抗击“非典”工作中的区委宣传部吧。在新闻写作人员极度匮乏，拍摄设备、采访设备、采访车辆“三无”的条件下，凭借两条腿一支笔，先是深入一线采访，然后在脑海里取舍、定题，回到办公室伏案而作，再打印校对，再在最快时速内将稿子分别送往报社、电台……有时手头的稿件还没落笔，指挥部电话又传来命令：马上到某某现场采访或立即陪同省、市新闻记者采访……紧张重复的劳动，使任何一个健康的人都会感到体力脑力联合透支时的艰辛。就在这种状态下，宣传部的同志不叫一声苦和累，不仅自己拼命写，还组织带动基层通讯员分头写、联合写。因为他们与抗击“非典”的同志心相连、情相拥、爱相通。因为抗击“非典”的英雄谱太多太多，他们没有理由在宣传的岗位上使自己麻木不仁。他们以文字共鼓大勇，以文字抒发内心感动，愿文字彰显威力，愿文字呼唤出更多真情与关爱，让文字为抗击“非典”战士完成一曲曲赞美之歌！

保持共产党员的先进性教育活动　提升了基层党组织战斗力

防治“非典”不仅是对每一个基层党组织执政能力的考验，也是对每一个共产党员党性境界，责任意识、人格力量的检验。防治“非典”期间，源汇区承担了中央组织部组织的保持共产党员先进性教育试点工作。在先进性教育试点活动中，区委组织部通过调动共产党员先锋作用这一杠杆，一个个党组织成了抗击“非典”的坚强支点，一名名共产党员成了抗击“非典”的工作亮点。

庄严的党旗下，一支支共产党员突击队、共产党员志愿者服务队、老党员巡逻队纷纷成立。一处处的共产党员重温入党誓词，向党组织递交请战书。区百花纺织有限公司生产车间共产党员成立了生产突击队、质量攻关小组，以加班加点的实际行动支援抗击“非典”。区三江泵业共产党员自觉成立了垃圾清运队、扶贫互助队。在区人武部的组织下，由党员民兵带头，全区村级民兵组成60多个帮困小组，主动走进外出务工人员家庭帮助解决生活困难。农民们高兴地说：“当年的老八路又回来了！”“青春献党、服务到场”是区农经委党员在先进性教育活动中提出的响亮口号。区畜牧兽医站党支部7名党员组成抗击“非典”服务队，深入全区畜牧养殖场，指导农户对饲养圈舍进行消毒，面积达30000多平方米，有效防止了“非典”病魔通过畜禽在农村传播。

区人民医院20多名医务人员向党支部递交了入党申请书，16名共产党员要求分派到防治“非典”第一线。4月27日，共产党员石铁亮、刘海林、胡银栋三位同志接到翟庄乡梨园周、洼张两行政村的疫情报告，在防护设施还没完全具备的情况下，他们不顾个人安危，立刻赶赴现场，对从重点疫区务工回来的6名人员进行长达6小时的思想教育，最终使其同意隔离检查。区卫生局党委副书记、主持工作的副局长田平选不辞辛劳地一直奔走在防治工作第一线。一次，几个被隔离对象及其亲属带着生产工具在“非典”隔离区寻衅滋事，为避免冲突，他顾不上穿戴隔离服，上前与被隔离对象及其亲属面对面接触，耐心细致地做通了他们的思想工作，用真诚化解了一场一触即发的矛盾冲突。

万祥街小学党支部副书记万国政每天坚持到校巡查，不放过学校的每一角落。他背起消毒器给每个教室消毒，教师见了说：“万书记，您年龄大，让我们干吧。”他说：“我是一名共产党员，还是让我干吧。”区文明办共产党员姚五洲抽调在保持共产党员先进性教育办公室工作，当看到居住地社居委工作人员每天为排查外出务工人员、接送返乡人员忙得饭也吃不上、觉也睡不好时，他想，自己作为一名年轻的共产党员虽然不能直接参加抗击“非典”的工作，也应该为社区的“非典”防治奉献爱心。于是，他用自己微薄的工资购买了十箱方便面悄悄地送往社居委。干河陈乡副乡长、共产党员于保民，为不耽搁防治“非典”工作，多次说服亲人，两次推迟婚期，在群众中传为佳话。昆仑路社居委共产党员谢白石，自己出资400元购买消毒药品，主动承担起市武警消防支队1号、2号家属楼的消毒任务，坚持一个多月从未间断。后谢乡龙胜房地产公司经理、共产党员张晓军，为确保后谢乡防治“非典”工作方便快捷，无偿让出平时乘坐的轿车，自己徒步上下班。70多岁的退休职工、共产党员赵金行在防治“非典”之初，就自费印刷防治“非典”宣传页发往社区群众中，宣传页最后落款为“天桥街全体共产党员”。当问他为什么不写上自己的名字时，他说：“不印我个人的名字，是为了让大家知道天桥街的共产党员都在为防治“非典”做工作，为了在市民中树立共产党员的好形象！”

何尝不是啊！源汇区各级党组织牢记使命、恪尽职守，在各自工作领域里积极发挥决策、保证、监督、服务之功能，带领共产党员组成舍生忘死的战斗团体，冲刺在抗击“非典”的风口浪尖，还有谁去计较个人的利益与名利呢？哪里最棘手，哪里最困难，哪里最艰苦，哪里最危险，哪里总是有共产党员劳碌的身影。党组织的战斗堡垒作用在源汇人民心中屹立，共产党员先进性的旗帜高高飘扬在抗击“非典”的第一线！

党风带政风　政风促民风　民族精神成为防治“非典”的强大动力

党组织的战斗堡垒作用、共产党员的先进表率作用深深地感动着社会各界，防治“非典”使共产党的影响力、号召力进一步扩大和增强。全区近千名驻村、驻社居委、驻市场干部始终坚守在防治“非典”第一线，听民声、察民情、解民忧，与群众同吃同住同抗“非典”。各部门团结协作，心往一处想，劲往一处使，小团体意识在民族精神的震撼下没有了立足之地。接受任务不讲条件，开展工作不打折扣，完成任务不留死角，平时可以找到的拖拉疲沓现象被强烈的责任感驱得无影无踪。老街办事处干部张华春整日楼不漏户、户不漏人、人不漏项、项项在册地排查外来人员，丈夫住院她无暇照管，女儿上学寄宿在亲戚家中。办事处防治“非典”隔离区建成后，她又主动要求去工作。在那里她循循善诱、无微不至，给被隔离人员一会儿送书念报，一会儿端茶送物，使隔离区内人隔情不隔、人离爱不离。不论是香港回来的、台湾回来的，还是内地其他地方回来的被隔离人员，在哪里都感觉像回到了家。

干部转变作风，群众真心欢迎。每当看到基层干部忙碌的身影，一处处的群众就会说:“坐下歇会吧！”“喝口水润润嗓门吧！”“有情况我们随时向你们反映！”

市区各界态度鲜明。非公有制经济人士慷慨解囊，捐款捐物，支援防治“非典”;

各民主党派人士主动深入群众，宣传防治知识，并力促群众中的防治困难得到解决;

三胞眷属积极响应政府号召，准备外出的不再外出，该回来的暂缓回来;

市区13个宗教堂点认真落实防治“非典”措施，天主教的三位修女先后写出请战书，自愿到防治“非典”第一线做护理工作;

环卫工人向市区居民发出“讲究卫生保健康、从我做起抗“非典””的公开信;

干河陈村村民向市区农民发出不外出、不返乡、团结互助抗“非典”的倡议；

一页页倡议书、公开信雪片般飞向千家万户，一封封“我在抗击“非典”中”的群众性有奖书信寄往区电台；

区工会、共青团、妇联、文联、工商联、残联等部门依据各自工作特点，通过发动和组织，一系列的扶贫济困、走访慰问、义务宣传、捐款捐物等形式多样的支援抗击“非典”的有益活动应运而生。

5 月 12 日上午 8 时 30 分，火车站广场防治“非典”检测点上的同志正在忙碌，漯河通信分公司的 3 名工作人员驱车到来，他们二话不说，有的爬电杆，有的接拉线，有的调试话机，不到半个小时接通了电话。在场的工作人员后来才知道这是咋回事。原来，漯河通信分公司的常东红经理听说马路街办事处的同志，为了全市及周边地区人民的生命安全，在火车站广场搭建帐篷设立“非典”检测点，因没有固定电话联系工作很不方便，当即决定为该检测点义务安装一部电话，并免收话费。当我们得到消息赶去采访时，他们的人已走得无影无踪。电话安装后不到 1 个小时，从远处又驶来两辆小型货车，车上的人利索地把 20 件风靡全国的澳的利饮料、小帅才蛋黄派及 6 把特大型号的遮阳伞放到“非典”检测点后又要离去。我们看到后急忙上前采访，才知道这是郾城昌达实业有限公司和恒达食品有限公司的同志在向源汇区工作在一线的防治“非典”人员赠送慰问品。当我们让他们对着电视镜头讲上几句时，他们谁也不愿讲。离开时他们中的一名同志大声说：“别客气，咱们都是一家人！”在场群众感动地说：“防治“非典”变化真大，半个小时装部电话。防治“非典”人心齐，不分南北与东西！”

在激扬着民族精神的日子里，还有一支特殊的抗击“非典”队伍，那就是近几年由区委宣传部组织评选的漯河市区“十佳市民”。5 月 18 日晚 11 时，忙碌到深夜的“王二毛手擀面馆”的女老板付现枝，看到办事处的同志又风风火火地赶往火车站处理紧急情况时，她火热善良的心又一次被打动了，随即叮嘱饭馆工作人员赶快做饭，给火车站防治“非典”的同志送过去！很快，一大桶香味扑鼻的手擀面条、两大袋蒸馍、两件矿泉水无偿送到了火车站防治“非典”检测点工作人员的手中。优秀环卫工人、河南省五一劳动奖章获得者、共产党员杨桂平，在家庭经济十分拮据的情况下，从亲戚家借来500元钱，捐到市红十字会支援防治“非典”工作。个体医生贾长鹰，在捐款支持防治“非典”工作的同时，又免费熬制防治“非典”中草药，供贫困户和社区居民服用。热心社区文化事业的退休教师胡美存编排了简便易行的防“非典”“家舞”“家操”，带动周围群众强身健体。区司法局协理员郭群成、个体工商户李新宽、区曲艺戏剧家协会秘书长罗国强等，利用文艺方面的特长，编写出万众一心、众志成城、团结协作、和衷共济、迎难而上、敢于胜利这一展现民族精神的抗击“非典”文艺作品，并组织文艺爱好者排演，及时将节目搬上社区舞台。一个个“十佳市民”在党和人民最需要的时刻，倾其所能，无私奉献，以实际行动叫响了“十佳市民”的光荣称号。

在病魔肆虐、国难当头的日子里，干群同甘苦、共命运、心连心，当初不理解的理解了、不配合工作的配合了。5月初，在确山部队服役的尹浩杰回到老家（后谢乡河东王村）准备结婚。区、乡、村干部及时深入家中做思想工作，讲明当时人群集聚的利害。作为一名军人，尹浩杰当即表示与政府的要求保持一致，劝阻家人和亲朋，取消婚宴，把已准备好的糖果分送给亲朋，避免了人员流动，消除了疫情隐患。

查死角　建机制　抓机遇　宣战危机　促进发展

随着防治“非典”工作的深入和稳定，又一个积极的工作决策在区委、区政府领导的酝酿中形成。即在村自为战、居自为战、户自为战的基础上，切断传染途径，建立长效机制，大打攻坚战役！

空白多年的区疾病预防控制中心成立。人事部门打破常规，特批编制15名。辖区内的疾病监测与防治、卫生监督与监测、卫生宣传与教育、卫生防疫与指导、疾病预防与控制、突发卫生事件处理等事关人民生命健康的大事从此有了组织保障。

针对市区环境卫生基础设施老化、历史欠账较多等原因形成的问题，源汇区在完善公共卫生一日三扫、日检查、周巡查、月通报等管理机制的基础上，5月中旬，又广发《通告》、书写标语、展览版面，推行禁止乱吐、乱扔、乱倒的强力措施。各乡、办事处迅速掀起了查卫生死角、除“非典”隐患、告别不文明行为的群防群控新高潮。5月23日上午，区四大班子领导身先士卒，挥汗在治脏现场。区直干部职工自觉扛起扫帚铁锨，进社区，进村庄，扫街道，移垃圾，清沟渠。车站、商场、机关、学校、工地、车间、房前屋后、田间地头等到处拉开了讲卫生防“非典”的攻坚战。

随着第31个“世界环境日”（6月5日）的到来，区农委、区环保办公室等单位再次掀起“保护生存环境、禁止焚烧秸秆、落实法律法规、彻底围剿“非典””的宣传活动。一份份防治“非典”卫生知识、防治“非典”法律知识、防治“非典”典型案例、保护环境常识的宣传材料发往各方群众手中。区委宣传部、区文化部门顺势将暂停了的社区文化迅速启动。经过市体委有关方面的认可和区教体局的积极配合，全区各社居委开展了推广配乐家庭健身操活动。利用移动舞台，宣传防治模范，宣传讲卫生、讲文明、讲科学、树新风的社会意义，社区文化活动在6月掀起了高潮。

“非典”横行，惊慌不断。但内陆特区漯河却是学校不停课、工厂不停产、市场不停市。在家庭，人们勤洗手、勤开窗、勤运动；在户外，人们正常工作、正常交往、正常谈笑、正常购物……白天，男女老少健步在人民路大道；夜晚，爱心伴侣徜徉在街心广场，不经意时，还会有人向你投来一瞥真情的微笑。为什么这里的人们在“非典”期间不心存畏惧，反而充满信心地工作和生活？因为这里的各级党委和政府为这里的人民及时撑起了健康的保护伞！

防治“非典”取得了阶段性的成果。如何保持“非典”发病的零纪录、夺取防治“非典”与经济发展的双胜利？统筹兼顾、平战结合、整合力量，确保完成经济发展目标，主管工业副区长汪继顺的建议与区长熊广田的构思不谋而合。

区委副书记闫金榜、副区长焦红艳5月初就着手安排购买引进小麦收割机械，培训组织农机跨乡作业，组织农机维修分队、联系农业贷款、商讨优惠政策、奖惩办法等工作。5月30日上午，区委大院红旗飘飘、群情激昂，“抗‘非典’战三夏帮扶誓师大会”一结束，由1200多名干部、职工、教师组成的三夏帮扶工作队立即分赴所包乡村助收。外出务工人员家庭、被隔离人员家庭、困难家庭、缺劳动力家庭的麦收困难一下子迎刃而解。人心齐，泰山移。短短一周时间，全区2.5万亩小麦不仅顺利地颗粒归仓，而且未发生一起焚烧秸秆现象。源汇区的农村还闪耀着另一派现代风光：高效园区内无公害蔬菜长势喜人，花卉、小杂果基地按照规划顺利推进，畜禽养殖小区稳步扩建，新树种、新鱼种的引进等给近郊农业带来了勃勃生机。源汇区全面实现农业结构调整与农民致富双赢的时间已为期不远。

借助漯河没有发生一例“非典”疫情的晴朗天空，源汇区工业建设的“引擎”一刻也没有停歇。在防治“非典”的紧张日子里，区领导一次次深入重点企业、重点行业进行调研跟踪服务，一方面确保防治措施落实，另一方面紧握工业经济这一促进发展的“定海神针”不放松。从政策、资金、人才等方面对市场前景看好、科技含量高的企业给予全力扶持。实行项目拉动。年初开工建设的6个重点项目，至6月底已累计完成投资13288万元。兴茂钛化工有限公司新上国内领先的2万吨金红石钛白粉生产线、百花纺织有限公司新上具有国际水平的2万吨高档精纺生产线夜以继日地施工，不出三个月就可投产运营。占地2平方千米的源汇民营工业园在防治“非典”期间，以超常的速度完成了园区内水、电、路等基础设施建设工作，已签订意向项目19个，引资8200万元。一个大开放、大融资、大建设、大产业、大发展的工业基地已向人们展示出未来的曙光。

分包市场联系商户活动，这一源汇区推出的发展第三产业的切实措施在防治“非典”期间做到了常抓不懈。为最大限度地减少“非典”给市场经营带来的损失，该区在多方加强市场防治的同时，积极组织商户网上进货，实行物流配送，既减少了商户间的流动，又保持了市场的正常经营。至6月底，源汇区完成国内生产总值74310万元同比增长13.5%。地方财政收入完成4904.2万元，同比增长36.8%。

抗击“非典”尽显源汇干群光荣本色！经过50多天激烈壮怀的搏斗，“非典”这一看不见的凶煞敌人不得不沮丧地散去。

选自《漯河文史资料》第十六辑

后　记

整理建市以来前三十年《漯河文史资料》是七届漯河市政协确定的一项重点文化工程。任务确立之后，聘请熟悉我市历史文化并热心文史资料工作的学者组建了专项工作小组。专项工作小组首先认真学习了中国文史出版社出版的《文史资料学概论》（卞晋平、方兆麟等著），对主席会议确定的“去伪存真、去粗取精，补充完善、按系分类”的原则进行了认真的讨论和领会，在此基础上着手开展工作。

纳入本次整理范围的是1986年至2016年市政协征编的《漯河文史资料》共24辑、813篇、351万字，经剔除不符合文史资料体例和不宜出版的内容之后，确定选入史料共计630篇，280万字。

整理工作确立了“遵循国家有关法律、法规，遵循文史资料工作统战性特点，尊重历史见证人对历史事件的表述，以服务大局、服务社会为宗旨，深入挖掘史料价值，全面提高政治、史实和文字水平，更好发挥‘存史、资政、团结、育人’作用”的指导思想。专项工作小组逐篇审读这些史料，建立每周工作例会汇总审读中发现的问题，提出了“校、勘、注、附、表、补、删、插”八字整理工作法，并依据内容将纳入整理范围的文稿划分为八个部分，采取集中研讨、分工负责的方法开展整理工作。整理过程中，经过多次研讨并听取中国文史出版社梁洁同志的建议，又调整了分卷方案，确定为目前的12分册，其中曹代颖、张艳负责《古韵新辉》《百业春秋》《桑梓情思》3册；刘西森、陈思盈负责《抗战岁月》《解放战事》《河上风物》3册；马恒祥、蔡慧娟负责《沙澧英才》《杏坛双星》《生态今昔》3册；鲁锁印、夏跃进负责《民国往事》《校园漫忆》《沧桑巨变》3册。除了较为繁重的文字校勘之外，各组重新审读原文，进行充实梳理，在尊重撰稿人原稿的基础上，根据新发现对史料进行补充完善，对内容存疑或失实的进行更正。其间，收集并参阅大量的外来资料，不厌其烦地进行史料比对，可谓夙夜不息、历尽艰辛。

整理工作的全程中，吕岩同志两次主持主席会议进行专题研究，肯定了本次文史资料整理工作的意义，确立了文史资料整理工作的方案和原则，并多次听取汇报提出指导意见，使整理工作始终沿着正确的方向前行。分管副主席田冠亭、胡新峰同志在日常工作中高度关注，在关键节点协调帮助，为工作顺利推进提供了保障。安清跃、史凤民、刘颖峰为整理工作收集资料提供了有力支持。参加专项工作小组例会的牛青、李永杰、翟媛媛长期牺牲节假日休息时间，为专项工作小组精心服务，作出了应有的贡献。丛书送审稿校定后，秘书长袁国亮组织机关的黎联峰、杨为、李庆峰、蒋向军、刘勇、李聪燕、王玉、崔博、吕煜辉、王文君、赵彤、康家浩等参与审读并提出修改意见；出版社一校二校完成后，各专项小组进行了复审，最后由鲁锁印对复审发现的问题进行统筹，力求使各卷标准统一，格调一致。

丛书整理虽历时三年有余，仍觉时间紧促，加之庚子年疫情的影响，一些图文资料采集计划未能如期实施。参与整理的诸君虽倾心而为，亦力有未逮，实乃囿于学识。期待出版后读者斧正润色，为后继者立标杆，助漯河文史资料工作日益上台阶。

编　者

2021年12月30日